北宋

중국 역사상 나라를 가장 잘 다스리고
그 문화와 문학을 최고 수준으로 발전시킨 왕조

중국의 북송시대

김학주 지음

신아사

중국의 북송시대

머리말

나의『중국문학사』(신아사 발행) 중의 가장 두드러진 특징은 중국 역대 왕조 중 북송(北宋, 960-1127) 시대에 중국의 전통문학이 최고의 경지로 발전하였다고 보고 있는 것이다. 시와 고문(古文)을 비롯하여 사(詞)도 모두 북송 작가들의 작품이 가장 빼어나다. 따라서 수천 년의 중국 고전문학사의 발전도 북송 말년(1127)을 기준으로 하여 그 발전방향이 크게 달라졌다고 보고, 주(周)나라(B.C.1027-B.C.250)로 부터 북송에 이르는 시대를 〈고대〉, 그 이후 청(淸, 1661-1911) 말에 이르는 시대를 〈근대〉라고 규정하였다.

그뿐만이 아니라 북송은 어떤 다툼이나 전쟁도 없이 전설적인 선양(禪讓)의 방법으로 나라가 이루어졌고, 북송의 역대 황제들은 중국학자들이 옛날부터 가장 이상적인 나라를 다스리는 방법이라고 주장한 이른바 덕정(德政)을 실현하였다. 간혹 외국의 군대가 전쟁을 걸어와도 되도록 이들과 싸우지 않고 재물을 내주며 적을 달래어 그들을 되돌려 보냈다. 때문에 백성들은 전쟁 없는 태평스런 세상에서 농업이며 상업을 발달시키어 농촌과 도시가 모두 발전하고 부유한 생활을 하게 되었다.

그리고 나라의 중요한 직책에 군인은 등용하지 않고 문인들을 써서 문치(文治)를 하였다. 때문에 교육과 학문이 발전하여 문학뿐만 이 아니라 문화가 전체적으로 크게 발전하였다. 전통문화에 그치지 않고 낮은 백성들의 민간문화까지도 크게 성행하였다. 북송은 나라를 잘 다스리어 백성들이 안락하게 살 수 있었던 시대이다.

그러나 중국 사람들은 자기네 역대 왕조 중 밖으로 크게 위세를 떨치지 않은 북송을 별로 내세우려 들지 않는다. 그리고 역사나 문화 등을 논할 적에 보통 남송(南宋, 1127-1279)을 북송에 합쳐 '송' 또는 '양송(兩宋)'이라 부르면서 한 왕조라고 주장한다. 그러나 남송은 북송이 망한 뒤에 남쪽 작은 지역을 차지하고 나라의 명맥을 부지했을 뿐이고 그 시대에는 이미 이민족인 북송을 망친 여진족(女眞族)의 금(金)나라(1115-1234)와 원(元)나라(1206-1368)를 세운 몽고족(蒙古族)이 중국을 지배하였다. 때문에 이 시기, 곧 〈근대〉 이후로는 이들 이민족의 영향으로 중국문화가 이질적인 방향으로 흐르게 되는 것이다. 남송은 북송에 합쳐 같은 왕조처럼 그 정치나 사회를 논해서는 안 되는 것이다.

『중국문학사』에서는 이러한 사실을 모두 하나하나 밝히는 수가 없었다. 이미 일부 학자들 중에는 중국역사상 북송의 중요성을 주장한 이들도 있다. 그러나 중국 역대 왕조 중에 북송이란 나라가 그들의 정통문학을 가장 높은 수준으로 발전시켰을 뿐만이 아니라 나라도 가장 잘 다스렸고 학술과 문화도 모든 면에 걸쳐 최고 수준으로 발전시킨 사실을 종합적으로 논한 이는 없는 것 같다. 이상 지적한 북송에 관한 사실을 보다 구체적으로 밝히기 위하여 이 책을 쓰게 된 것이다. 독자 여러분들의 거리낌 없는 고견을 간절히 바라는 바이다.

2018년 1월

김학주 씀

중국의 북송시대

차례

중국의 북송시대

북송(北宋); 중국 역사상 나라를 가장 잘 다스리고 그 문화와 문학을 최고 수준으로 발전시킨 왕조

북송의 수도 변량(汴梁)의 모습을 그린「청명상하도」의 한 부분

제1장 앞머리에; 왜 북송(北宋)인가?

중국역사상 가장 이상적인 정치를 펴서 온 천하의 백성들과 이웃나라들이 모두 평화롭고 여유 있게 잘 지내고 중국의 학술 문화를 가장 높은 경지로 발전시켰던 왕조(王朝)는 북송(北宋, 960-1127)이다. 북송은 당(唐)나라(618-907)에 뒤이어 열다섯 나라가 생겨났다가 망한 어지러웠던 오대(五代, 907-979)의 끝머리에 후주(後周, 951-960)를 이어받아 변량(汴梁, 지금의 河南省 開封)을 도읍으로 하여 온 중국 땅을 다스렸던 나라이다. 다만 북송은 무력으로 다른 나라를 쳐서 멸망시키고 세운 나라도 아니고 또 주변 나라들을 정벌하고 억누르며 자기들만 잘 지내려고 하였던 나라도 아니다. 북송은 나라의 위세를 밖으로 크게 휘두르지 않았기 때문에 오히려 중국 사람들 자신은 자기네 역대 왕조 중 한(漢)나라(B.C.206-A.D.220)나 당(唐)나라처럼 북송을 밖으로 들어내 놓고 크게 자랑하려 들지 않는다. 그리고 흔히 중국의 학자들은 북송에 남송(南宋, 1127-1279)까지 합쳐 송(宋) 또는 양송(兩宋)이라 부르며 그 나라의 정치와 문화를 얘기하고 있다. 중국역사를 정통적으로 계승한 왕조로 북송을 뒤이은 왕조인 남송을 함께 내세우고 있는 것이다.

그러나 북송과 남송은 분명히 따로 떼어놓고 역사와 정치 문화를 얘기하여야 한다. 금(金, 1115-1234)나라는 북송을 멸망시키고 그 나라의 신하였던 장방창(張邦昌)을 초(楚)나라 황제라 하며 세워놓은 다음 북송의 휘종(徽宗, 1101-1125 재위)과 흠종(欽宗, 1126-1127 재위) 및 후비(后妃)와 종실(宗室) 사람들 등 궁전에 있던 2,000여 명의 사람들을 모두 잡아끌고 북쪽으로 돌아갔다. 금나라 군사들이 물러났으되 황제가 된 장방창은 불안하여 결국은 철종(哲宗, 1086-1100 재위)의 폐후(廢后) 맹씨(孟氏)를 받들며 섭정(攝政)을 시키고 휘종(徽宗)의 아홉째 아들 강왕(康王)을 황제로 모셨다. 강왕은 본시 금나라에 인질(人質)로 잡혀가 있었는데 도중에 여러 사람들의 도움으로 상주(相州, 지금의 河南省 安陽縣)로 물러나와 대원수부(大元帥府)를 개설하고 있었다. 강왕은 이에 따라 마침내 남경(南京, 지금의 河南省 商邱縣)에서 황제 자리에 올랐는데 이가 남송의 고종(高宗, 1127-1162 재위)이다. 고종은 변량으로 돌아가 금나라와 싸울 생각은 하지 못하고 그들을 피하여 남쪽 양주(揚州)로 갔는데, 다시 금나라 군사들이 쳐 내려오자 강남의 항주(杭州)로 도망하여 그곳을 임안(臨安)이라 부르며 이른바 남송 나라를 부지하기 시작한다. 그러나 남송시대에는 여진족(女眞族)의 금나라와 원(元)나라를 세운 몽고족(蒙古族)이 중원(中原) 땅을 모두 차지하고 강남(江南) 지방에까지도 정치적 문화적인 영향을 널리 크게 미치고 있었다. 남송은 나라의 명맥만 부지하였을 뿐이지 중국역사를 정통적으로 계승한 왕조라고 할 수가 없는 왕조이다.

어떻든 중국학자들 중에도 북송에 남송을 합친 송나라의 정치와 문화가 역사적으로 특출하였음을 인식한 학자들이 적지 않다. 그 중에서도 특출한 몇 학자들의 주장을 보기로 들어보겠다.

왕꿔웨이(王國維, 1877-1921)는 「송대의 금석학(宋代之金石學)」이란 글

에서 이런 말을 하고 있다.

> "그러므로 송나라 왕조 사람들의 지혜있는 활동과 문화의 여러 방면에 걸친 우수함은 이전의 한(漢)나라와 당(唐)나라나 이후의 원(元)나라와 명(明)나라도 모두 미치지 못하는 수준이다."[1]

다시 후스(胡適, 1891-1962)의 『호적구술자전(胡適口述自傳)』에도 다음과 같은 말이 보인다.

> "서기 1000년(북송 초기)에서 시작하여 곧장 현재에 이르기까지 …현대(現代)의 단계가 되고, …중국 문예부흥(文藝復興)의 단계가 되기도 하며, …중국의 '혁신세기(革新世紀)'가 되기도 한다."[2]

현대의 역사학자 등광밍(鄧廣銘)은 「송대 역사 연구에 관한 몇 가지 문제를 얘기함(談談有關宋史研究的幾個問題)」이란 논문에서 이렇게 논하고 있다.

> "송대는 우리나라 봉건사회 발전의 최고 단계였다. 송나라 시대에 있어서의 물질문명(物質文明)과 정신문명(精神文明)이 이루었던 높은 성과는 중국의 온 봉건사회 역사시대 중에서 전무후무(前無後無)한 수준이었다고 할 수 있다."[3]

---

1) 『王國維遺書』 第5冊 『靜安文集續編』(上海書店, 1983); "故天水一朝人智之活動與文化之多方面, 前之漢唐, 後之元明, 皆所不逮也."

2) 『胡適口述自傳』(華文出版社, 1989); "公元一千年開始, 一直到現在, …(爲)現代階段, …(或)中國文藝復興階段, …(或)中國的'革新世紀.'"

3) 鄧廣銘 「談談有關宋史硏究的幾個問題」(『社會科學戰線』 第2期, 1986); "宋代是我國封建社會發展的最高階段, 兩宋期內的物質文明和精神文明達到的高度, 在中國整個封建社會歷史時期之內, 可以說是空前絶後的."

역시 현대의 학자인 츤인꺼(陳寅恪)도「등광명〈송사직관지고증〉서(鄧廣銘〈宋史職官志考証〉序)」란 글에서 다음과 같은 말을 하고 있다.

> "중화민족의 문화는 수천 년을 걸쳐 발전하여 송나라 시대에 최고 단계에 이르렀다."[4]

이상 보기만을 보더라도 중국학자들 중에도 송이란 나라는 중국 역사상 정치에 있어서나 학술 문화 전반에 걸쳐서 가장 특출한 경지의 발전을 이룬 훌륭한 왕조였음을 인식하고 있는 이들이 적지 않음을 알 수 있다. 그러나 그들이 말하는 '송'나라는 '북송'이란 말로 바꾸어 써야만 그들의 이론이 합리화된다.

여기에서 다시 '송'이 아니라 '북송'이라는 말을 써야하는 까닭을 설명하겠다. 북송과 남송(南宋, 1127-1279)은 완전히 구별하여야 할 왕조이다. 앞에서 이미 말한 것처럼 서기 1127년에 여진족(女眞族)의 금(金)나라(1115-1234) 군대가 북송의 도읍인 변량을 포위 공격하고 이전 황제 휘종(徽宗)과 당시의 황제 흠종(欽宗)을 비롯하여 황족(皇族)과 궁인(宮人) 및 관리들을 모두 잡아 북쪽으로 끌고 가 북송은 완전히 망해버린다. 북송이 망한 뒤 휘종의 아홉째 아들이 남쪽 임안(臨安)으로 도망 가 남송(南宋)을 세우고 송나라의 명맥만을 유지한다. 때문에 중국 역사가들은 일반적으로 이 두 나라를 함께 붙여 '송' 또는 '양송(兩宋)'이라고도 부르며 송나라는 망하지 않고 유지되어 중국역사를 이어간 왕조라고 보고 있다. 그러나 이미 중국

---

4) 陳寅恪「鄧廣銘〈宋史職官志考証〉序」(『金明館叢稿 二編』, 上海古籍出版社, 1980); "華夏民族之文化, 歷數千載之演進, 造極于趙宋之世."

북부에는 북송 때부터 거란(契丹)족의 요(遼, 907-1125)나라, 황하의 하류 북쪽에는 여진(女眞)족의 금(金)나라, 서북쪽에는 당항(黨項)족의 서하(西夏, 1032-1227)나라가 세력을 떨치고 있었다. 금나라는 북송을 멸망시키면서 세력이 날로 커졌고, 다시 몽고(蒙古)족의 원(元, 1206-1368)나라에는 태조(太祖)인 징기스칸(成吉思汗, 1206-1227 재위)이 나와 국세를 온 세상에 크게 떨친다. 그리고 그들은 무력 만으로가 아니라 문화적으로도 한족(漢族)을 정복하려고 자기네 생활문화까지도 한족에게 강요한다. 때문에 그들의 영향은 남송의 지배 아래 있는 강남지역에까지도 미치어 중국의 전통문화는 북송이 멸망한 뒤에는 이전과 전혀 다른 방향으로 발전하기 시작한다. 남송은 이들과 싸워 빼앗긴 땅을 다시 찾을 생각도 못하고 강남땅 일부를 차지하고 얌전히 명맥만을 유지하고 있었다. 남송에는 금나라와 싸우자는 악비(岳飛, 1103-1142) 같은 장수도 있었으나 재상(宰相)인 진회(秦檜, 1090-1155)가 나서서 소흥(紹興) 11년(1141)에 악비를 잡아 가두었다가 죽여 버리고 금나라와 화의(和議)를 맺는다. 화의의 조건은 남송은 금나라에 해마다 은(銀) 25만 냥(兩)과 비단 25만 필(匹)을 바치며 신하(臣下)의 예로 금나라를 모시기로 하는 것이었다. 덕분에 당분간 중국 땅은 수십 년 비교적 평온한 나날을 보낼 수 있었다. 그러나 문화적으로는 온 중국이 이들 외족의 세력에 밀리게 된다. 원나라는 금나라를 쳐부수고(1234) 서아시아와 동유럽까지 원정을 하고 고려(高麗)를 침략하면서도 남송은 그대로 둔다. 남송은 중국 땅을 차지하고는 있지만 고분고분하여 전혀 문제가 되지 않는 존재였기 때문이다. 원나라는 쿠비라이(忽必烈)가 세조(世祖, 1260-1294 재위)로 즉위하자 다음 달 곧 남송에 사절을 파견하여 화의(和議)를 정식으로 요구한다. 남송은 꼼짝 못하고 그 화의 제의에 응하는데, 화의 조건은 분명치 않으나 남송이 금나라에 바치던 은 20만 냥과 비단 25만 필을 원나라에 바치며 금나라를 대하던 것과 같은 여러 가지 조건을 다 따르기로 하였던 것 같다. 그러나 이 화의도 오래 가지 못하고 원 세조의 지원(至元) 13년(1276)에는 원나라 군대의 공격으로 남송의 수도 임안(臨安)이 제대로 저항도 못하고 원나라의 손으로 들어가 남송은 망하게 된다.

중국 사람들은 남송이 고도로 발전한 북송의 문화를 그대로 이어받아 발전시킨 것으로 믿고 있다. 그것은 다음과 같은 저서들의 기록이 크게 영향을 끼치고 있는 것으로 믿어진다. 곧 맹원로(孟元老, 1126 전후)의 『동경몽화록(東京夢華錄)』에는 북송의 도읍 변량(汴梁)을 중심으로 한 지역의 궁정(宮廷)생활과 민간습속(習俗) 및 여러 가지 문화생활 등에 대하여 기술하고 있는데, 다시 내득옹(耐得翁, 1235 전후)의 『도성기승(都城紀勝)』· 오자목(吳自牧, 1270 전후)의 『몽량록(夢粱錄)』· 주밀(周密, 1232-1308)의 『무림구사(武林舊事)』· 서호노인(西湖老人)의 『번승록(繁勝錄)』 등의 책에는 남송의 임안(臨安)을 중심으로 하는 지역 사람들의 여러 가지 문화생활에 대한 실상이 기록되어 있다. 그런데 이들 책의 내용과 성격이 모두 비슷하다. 북송 때 고도로 발전한 생활과 문화가 남송으로 계속 이어진 것만 같다. 따라서 이들 책을 읽는 사람들은 이를 근거로 모두 남송은 북송의 문화를 그대로 이어서 발전시킨 왕조라고 믿고 있다. 그러나 여기의 남송에 대한 기록은 도읍인 임안의 왕실과 귀족 및 이들 주위의 시민생활을 중심으로 한 극히 제한된 일부지역의 현상을 쓴 것이다. 남송 시대의 그들이 점유하고 있던 중국의 남쪽 대부분 지역까지도 이미 오랑캐인 여진족과 몽고족의 영향으로 그들의 생활이며 문화가 크게 변화되고 있었다.

금나라는 태조(太祖) 천보(天輔) 3년(1119)에 여진문자(女眞文字)를 만들었는데, 세종(世宗, 1161-1189 재위)에 이르러는 여진의 문자와 언어를 크게 장려하며 자기네 풍속과 정신을 내세우고 누구나가 그 문화를 따르게 하려는 정책을 쓴다. 원나라도 세조(世祖) 지원(至元) 6년(1269)에 몽고문자를 만들고 몽고문자의 사용과 그들의 풍속이며 문화를 온 세상에 크게 펴려고 노력한다. 이에 남송 때에 이르러는 중국의 문화가 전반적으로 변화한다. 입는 옷이며 먹고 마시는 음식과 술 같은 것 까지도 모두 달라진다. 그리고 민간에 유행하는 노래와 춤 및 백성들이 즐기는 연예와 놀이 같은 것도 모두 달라졌다.

따라서 남송의 민간에는 이미 이전의 전통희곡(傳統戲曲)과는 노래의 가락이며 악기가 전혀 다르고 배우의 화장이며 옷가지도 모두 달라지고 연출방법도 완전히 달라진 새로운 대희(大戲)[5]가 유행하고 있었다. 여기에서 갑자기 희곡 얘기를 꺼내는 것은 왕궈웨이(王國維, 1877-1927)가 그의 『희곡고원(戲曲考原)』에서 중국 희곡의 정의를 "노래와 춤으로 고사를 연출하는 것"이라 했듯이, 중국의 옛날 희곡은 '소희'와 '대희'의 구별 없이 음악과 무용뿐만이 아니라 그 시대 중국문화를 종합적으로 가장 잘 대표할 수 있는 것이기 때문이다. 중국의 고전희곡 중에서 가장 먼저 생겨난 '대희'는 여진족과 몽고족의 영향 아래 북송 말 또는 남송 초에 생겨난 희문(戲文)이란 연극이다. 이 '희문'이 확실히 언제 어디에서 생겨난 것인지는 알 수가 없다. 그러나 원나라 주덕청(周德淸, 1277-1365)의 『중원음운(中原音韻)』에는 남송의 항주(杭州)에 가까운 오흥(吳興)에 『악창분경(樂昌分鏡)』

5) 臺灣의 曾永義가 그의 『詩歌與戲曲』의 「中國地方戲曲形成與發展的徑路」에서 옛날의 歌舞戲 같은 戲曲을 '小戲', 宋대의 戲文에서 元 雜劇·明 傳奇·淸 花部戲로 발전하는 大型化된 戲曲을 '大戲'라 구분하고 있다.

등의 '희문'이 연출되었음을 알려주는 기록이 있고, 같은 시대 유일청(劉一淸)의 『전당유사(錢塘遺事)』에는 "무진(戊辰)·기사(己巳)년간[6]에 『왕환희문(王煥戲文)』이 남송 도하(都下)에 성행하였다."는 기록 등이 있다. 다시 명(明)대의 축윤명(祝允明, 1460-1526)은 그의 『외담(猥談)』에서 "남희(南戲)는 선화(宣和, 1119-1125) 이후 남도(南渡)할 무렵(1127)에 생겨났는데 온주잡극(溫州雜劇)이라고도 불렀다."고 하면서 작품으로 「조정녀채이랑(趙貞女蔡二郞)」 등이 있었으나 많지는 않았다고 하였다. 또 서위(徐渭, 1521-1593)는 『남사서록(南詞敍錄)』에서 "남희는 송 광종(光宗) 때(1190-1194)에 시작되었는데, 영가(永嘉) 사람이 지은 「조정녀(趙貞女)」와 「왕괴(王魁)」 두 가지가 첫째로 나온 것이다."고 주장하고 있다. 이들 사이에는 서로 약간의 거리가 있으나, 대체로 북송 말에서 남송 초에 걸쳐 '희문'이 생겨났고, 남송의 민간에는 오랑캐 문화의 영향 아래 상당히 발전된 연극이 성행되었음을 얘기하고 있다. 여기에 보이는 온주(溫州)라는 도시는 남송이 차지하고 있던 저장(浙江)성 남쪽에 있는 도시이다. 중국의 민간에는 강남 지역에도 남송 초에 이미 오랑캐의 춤과 노래의 영향 아래 이루어진 희곡인 남희가 유행하고 있었던 것이다. 이 '남희'는 이 시기부터 중국에 음악과 춤은 물론 형식이나 공연 방식이 이전의 중국 전통희곡과는 전혀 달라진 새로운 대희(大戲)의 발전을 알려주는 것이다. 곧 이후의 중국 희곡은 '남희'에 이어 원대의 잡극(雜劇), 명대의 전기(傳奇), 청대의 경극(京劇)을 중심으로 한 화부희(花部戲) 등, 이전의 전통 중국희곡과는 음악이며 무용 및 연출방식 모두가 전혀 달라진 새로운

6) 咸淳 4·5年, 西紀 1268-1269.

희곡으로 발전하게 되는 것이다.

명대의 왕기덕(王驥德, ?-1623)은 그의 『곡률(曲律)』에서 이런 말을 하고 있다.

> "원나라 때의 북쪽 오랑캐 달달(達達)[7]이 쓰던 악기는 쟁(箏)·진(秦)·비파(琵琶)·호금(胡琴)·혼불사(渾不似) 같은 종류의 것이고, 그것으로 연주하는 악곡은 역시 한인들과는 다른 것이었다는 말이 『철경록(輟耕錄)』에 보인다. 그 가락이나 가사(歌詞)가 어떠했는지는 알지 못한다. 그러나 역시 각기 한 고장의 체제를 갖추었을 것이니 누가 오랑캐들에게는 사람다운 자가 없다고 하였는가?"[8]

금나라와 원나라의 영향으로 이루어진 새로운 중국의 '대희'는 이전의 희곡인 '소희'와는 공연 때 쓰이는 음악의 가락도 달랐고 성격도 달랐으며 그 반주에 쓰이는 악기도 완전히 다른 것이었다.

이러한 사실은 남송의 도읍인 임안(臨安)을 제외한 대부분 지역은 일찍이 남송 초에 이미 그 문화가 여진족과 몽고족 등의 영향을 받아 상당히 달라져 있었음을 뜻한다. 남송을 북송이란 나라의 연장이라 보는 것은 정치상으로 보거나 문화면으로 보거나 잘못임을 알 수 있을 것이다. 때문에 여기에서는 남송을 제외하고 북송만을 들어 그 정치 사회와 문화 및 문학을 논하는 것이다.

중국 사람들은 자기네 역대 왕조 중 나라를 가장 잘 다스린 자랑스러운 나라를 들라면 일반적으로 한(漢)나라(B.C.206-A.D.220)와 당(唐)나라(618-907)를 든다. 이 두 왕조는 대제국(大帝國)으로 자기네 전

---

7) 達達; 몽고족의 별칭으로 본시는 韃靼, 塔塔爾, TarTar 등으로 표기하였다.

8) 『曲律』 권4 雜論 第三十九下; "元時北虜達達所用樂器, 如箏·秦·琵琶·胡琴·渾不似之類, 其所彈之曲亦與漢人不同. 見輟耕錄. 不知其音調詞義如何, 然亦各具一方之製, 誰謂胡無人哉?"

통문화를 발전시키며 대외적으로 무력을 휘둘러 크게 나라의 위세를 떨쳤기 때문이다. 그러나 실상 대제국으로 더 크게 위세를 떨치어 대 중국의 터전을 확호히 한 것은 몽고족의 원(元)나라(1206-1368)와 여진족[9]의 청(淸)나라(1661-1911)이다. 그리고 그들의 오랜 역사를 통하여 나라를 가장 잘 다스리며 정치를 가장 잘하여 백성들이 가장 부유하게 잘 살도록 해주고 자기네 문화와 문학을 최고도로 발전시킨 나라는 북송이다.

일반적으로 중국사람들은 그들의 전통문화나 문학도 북송 보다는 당나라 시대에 더 발전했던 것으로 여기고 있다. 그러나 중국의 전통문화는 전반적으로 북송 시대에 발전의 정점에 달하고 있다. 여기에서는 중국의 고전문학을 중심으로 하여 북송시대에 중국의 전통문화가 전반적으로 가장 발전하였음을 밝힐 것이다. 보기로 한 부분을 꼬집어 말하면 중국문학자들은 중국 전통문학의 가장 위대한 작가로 흔히 이백(李白, 701-762)과 두보(杜甫, 712-770)를 시선(詩仙)과 시성(詩聖)이라 하면서 크게 추겨 세운다. 그러나 이들 시인은 북송 시대의 구양수(歐陽脩, 1007-1072)와 소식(蘇軾, 1036-1101)·왕안석(王安石, 1021-1086) 같은 문인들에 비하면 여러 면에서 훨씬 부족한 문인이었음이 증명될 것이다. 시를 제외한 산문이나 사(詞) 및 학술 연구와 나라나 백성들을 위하려는 노력은 당대 시인들은 송대 시인들과 견줄 수도 없는 수준이다. 그뿐 만이 아니라 북송 때에는 부드러운 정치로 말미암은 태평스러운 세상 속에서 농업뿐만이 아니라 상공업까지도 크게 발달하여 일반 백성들의 생활도 상당히 풍족하고 안온(安穩)하였고 교육도 보다 널리 보급되었다. 때문에 서민들의 생

9) 女眞族은 청나라를 세운 다음 遊牧을 하는 野蠻民族이라는 인상을 씻어내기 위하여 스스로 種族 이름을 萬洲族이라고 바꾸었다.

활에도 다른 어떤 시대보다도 많은 여유가 있어서 북송시대의 서민 연예나 놀이도 가장 높은 수준으로 발전을 이룩하였다.

중국역사상 북송이야말로 가장 정치를 잘하여 백성들을 가장 평화롭고 풍요롭게 잘 살 수 있게 하였고, 덕분에 이웃나라들까지도 평화로운 세월을 구가할 수가 있었다. 그리고 자기네 전통문화는 물론 학술과 문학 등 모든 면에 있어서 최고도의 발전을 이루었던 왕조가 북송이다. 말하자면 북송은 그들이 이상으로 받드는 전설적인 요(堯)임금과 순(舜)임금 같은 덕(德)을 바탕으로 하는 성인(聖人)의 정치에 가장 가까이 갔던 나라였다.

북송의 수도 변량(汴梁)의 모습을 그린 「청명상하도」의 한 부분

제2장
북송의 건국과 태조(太祖) 조광윤(趙匡胤) 및 그의 뒤를 이은 여러 황제들

북송(960-1127)을 세운 첫째 임금 태조(太祖) 조광윤(趙匡胤, 960-975 재위)은 본시 오대(五代)의 마지막 나라 후주(後周, 951-960)의 장군이었다. 역사 기록에 의하면 그는 두드러지게 큰 업적을 이룬 것도 없는데 어느 날 자신도 모르게 자기 밑의 장수들이 들고 일어나 그를 받들어 올려 나라의 천자(天子)가 되게 하였다. 그리하여 북송나라가 이루어졌다. 청나라 초기의 대학자인 왕부지(王夫之, 1619-1692)는 『송론(宋論)』 권1에서 송 태조에 대하여 이렇게 말하고 있다.

> "조씨(趙氏)는 낮은 지위에서 집안을 일으키어 이대(二代)에 걸쳐 낮은 장수로 어지러운 세상 속에 살아왔고, 그들의 성명도 세상에 잘 알려지지 않았다. 그런데 하물며 낮은 사람들에게 혜택을 베풀고 백성들의 바라는 뜻을 이루어 줄 수가 있었겠는가? 그는 후주의 세종(世宗)을 섬기었으나 서쪽으로 하동(河東)을 정벌하고 북쪽으로 거란(契丹)을 막는 데 화살 한 대 제대로 쏘는 공로도 없었다. …덕(德)을 쌓은 일이 없는 것도 그러하고, 공(功)은 조금밖에 이룬 것이 없는 것도 그 정도이다."[1]

1) "趙氏起家什伍, 兩世爲裨將, 與亂世相浮沈, 姓字且不聞於人間, 況能以惠澤下流, 繫邱民之企慕乎? 其事柴氏也, 西征河東, 北拒契丹, 未嘗有一矢之

조광윤(趙匡胤)

그러나 그가 밑의 장수들의 갑작스런 추대에 의하여 황제가 된 뒤 세상이 어지러운 시대였고 그 못지않은 세력을 지닌 장군들도 있었음에도 불구하고 그 조치에 반대하거나 반기를 든 장군이나 대신이 하나도 없었다. 어떻든 북송이란 나라의 건국은 중국역사상 가장 평화롭고 피 한 방울 흘리지 않은 이상적인 방식으로 이루어졌다. 본인의 의지와 전혀 상관없이 여러 사람들이 천자가 될 사람을 추대하고, 이전 나라의 임금으로부터 그가 임금 자리를 자연스럽게 물려받아 새로운 나라가 세워진 것이 북송이었다. 옛날 성인인 요(堯)임금과 순(舜)임금 때에 이 세상에서 덕(德)을 가장 많이 쌓은 사람에게 황제 자리를 물려주었다고 하는 선양(禪讓)과 같은 전설적인 방식의 건국이 실제로 이루어졌던 것이다.

먼저 북송 전의 오대(五代) 십국(十國)이란 어떠한 나라였는가 알아야 북송이 생겨난 역사적인 뜻을 보다 쉽사리 이해하게 될 것이다. 대제국으로 온 세상에 위세를 드날리던 당나라는 현종(玄宗, 713-755 재위)의 천보(天寶) 14년(755)에 일어나 전국을 휩쓴 '안록산(安祿山)의 난' 이후 나라의 정치가 매우 어지러워졌다. 특히 목종(穆宗, 821-824 재위)으로부터 선종(宣宗, 847-859 재위)의 시대까지 이어진 우승유(牛僧孺)와 이길보(李吉甫)에게서 시작된 이른바 우리당쟁(牛李黨爭)

勳. … 以德之無積也如彼, 而功之僅成也如此."

은 나라를 극도로 어지럽히고 환관(宦官)들이 멋대로 나라를 주무르게 만들었다. 그러자 '황소(黃巢)의 난'을 중심으로 하여 농민들의 반란까지 연이어져서 나라가 위태로워져 가게 되었다. 결국 서기 907년에 선무절도사(宣武節度使)로 있던 주전충(朱全忠, 852-912)이라는 장군이 일어나 명목만을 지탱하던 당나라 왕조를 무너뜨리고 변량(汴梁, 지금의 河南省 開封)을 도읍으로 삼아 후량(後梁, 907-923)이란 나라를 세웠다. 변량이란 도시는 황하(黃河) 가에 있는 도시인데, 그 당시에는 운하(運河)의 개통으로 강남 지역에서 장안으로 통하는 교통의 요지로 매우 번성하고 있었다. 후량이란 나라를 뒤이어 변량에 도읍을 한 후당(後唐, 923-936) · 후진(後晋, 936-946) · 후한(後漢, 947-950) · 후주(後周, 951-960)의 나라들이 연이어 일어났다 망하면서 52년 동안의 오대(五代)의 시대가 이루어진다. 그리고 이들 다섯 나라 이외에 다른 지역에도 그들과 동시에 10여 나라가 일어났다 망하여 역사가들은 대체로 이들을 '십국(十國)'이라 한다. 따라서 '오대'를 '오대 십국'의 시대라고도 한다. 오대 최후의 후주를 뒤이어 북송(北宋, 960-1127)이 이곳에 도읍을 하여 천하를 다스림으로써 마침내 변량은 천자(天子) 나라의 천하(天下)의 도읍이 된다. 후당 만이 뒤에 낙양(洛陽)으로 짧은 동안 도읍을 옮겼었다.

그러면 변량(汴梁)을 주로 도읍으로 삼았던 '오대' 다섯 나라의 흥망 과정을 간단히 살펴본다. 북쪽 중원 땅에 주전충이 세운 후량(後梁, 907-923)은 황제가 된 다음 권세가들이 서로 죽이며 권력을 다투기에 여념이 없었다. 그 틈에 진(晉)나라 임금 이존욱(李存勖)이 후량을 멸망시키고 후당(後唐, 923-936)을 세운다. 그는 변량을 떠나 낙양을 도읍으로 삼았다. 이존욱은 기(岐)나라와 촉(蜀)나라 및 형남(荊南)나라를 굴복시키고 남평(南平)나라로 만들어 준다. 후당도 공신들을 죽이고 정치를 잘 못 하는 틈에 권세가인 석경당(石敬塘)이 쳐들어와 다시 변량을 도읍으로 삼아 후진(後晉, 936-947)을 세운다. 그러나 곧 유지원(劉知遠)이 임금 자리를 빼앗고 후한(後漢, 947-951)의 고조(高祖)가 된다. 후한은 나라가 선지 겨우 4년 만에 다시 장군 곽위(郭威)가 임금을 밀쳐내고 황제 자리에 올라 '오대' 최후의 나라인 후주(後周, 951-960)의 태조(太祖)가 된다. 후주는 뒤를 이은 세종(世宗)에 이르기까지 나라의 위세도 크게 발전시키고 정치도 잘 한 셈이지만, 그 뒤를 어린 일곱 살의 공제(恭帝)가 잇게 되자 그 밑의 장군인 조광윤(趙匡胤)을 여러 사람들 모두가 추대하는 바람에 달리 어찌하는 수 가 없어 자기의 황제 자리를 자진하여 조광윤에게 넘겨준다. 이에 새로운 북송(北宋) 왕조가 이루어진다.

그리고 후량(後梁)시기(907-923)에는 산서(山西) 지방에 이극용(李克用)이 진(晉)나라 왕으로 봉해져 있었고, 섬서(陝西) 서쪽 지역에는 절도사(節度使)이던 이무정(李茂貞)이 기(岐)나라 왕이 되어 있었으며, 사천(四川)지방에서는 성도(成都)를 도읍으로 하여 왕건(王建)이 스스로 촉(蜀)나라 왕, 강소(江蘇)·안휘(安徽)·강서(江西)지역을 근거로 하여는 왕악(王渥)이 승주(昇州, 지금의 南京)를 도읍으로 오(吳)나라 왕 자리에 올라 있었다. 그리고 장강(長江)을 중심으로 하는 남쪽 지방에서도 여러 절도사(節度使)들이 제각기 나라를 세우고 스스로 임금이 되었다. 절강(浙江)지방에는 전류(錢鏐)가 항주(杭州)를 도읍으로 하여 오월(吳越)나라의 왕, 호남(湖南)지방에는 마은(馬殷)이 담주(潭州, 지금의 長沙)를 도읍으로 하여 초(楚)나라 왕, 복건(福建)지방에서는 왕심지(王審知)가 복주(福州)를 도읍으로 하여 민(閩)나라의 왕, 광동(廣東)지방에는 유은(劉隱)이 광동(廣東)을 도읍으로 하여 남한(南漢)의 왕이 되어 활약을 하였다. 그리고 북쪽 유주(幽州)절도사 유수

광(劉守光)이 유주(幽州)를 도읍으로 하여 연(燕)나라 임금, 호북(湖北)의 서부지역에는 형주(荊州)절도사 고계흥(高季興)이 형주(荊州, 지금의 江陵)를 도읍으로 하여 형남(荊南)의 왕으로 행세하였다.

다음 후당(後唐)시기(923-936)에 가서는 이미 앞에서 얘기했듯이 연(燕)·기(岐)·촉(蜀)·형남(荊南)을 합치어 형주(荊州)를 도읍으로 한 남평(南平)나라가 이룩되었다. 그리고 말엽에는 사천(四川)절도사 맹지상(孟知祥)이 성도(成都)를 도읍으로 하여 후촉(後蜀)나라를 세우고 스스로 황제가 되었다.

후진(後晋)시기(936-947)에는 강남의 오나라가 이변(李昪)에게 빼앗기어 승주(昇州)를 도읍으로 남당(南唐)나라가 되었다. 남당은 곧 민(閩)나라를 쳐부수었다. 후한(後漢, 947-951)이 후주(後周, 951-960)로 바꾸어지자 후한 유지원(劉知遠)의 동생이 하동(河東)지역을 지키고 있다가 자립하여 태원(太原)을 도읍으로 하여 북한(北漢)나라를 세우게 된다. 이때 남당은 또 초나라를 쳐 부신다. 이 나라들은 모두 나라를 길어야 수십 년 밖에 지탱하지 못하고 망하였다.

이들 중에서 오(吳, 892-937)·남당(南唐, 937-975)·오월(吳越, 893-978)·초(楚, 896-951)·남한(南漢, 905-971)·민(閩, 893-945)·전촉(前蜀, 891-925)·후촉(後蜀, 925-965)·남평(南平, 곧 荊南, 907-963)·북한(北漢, 951-979)의 열 나라만을 지목하여 '십국'이라고 부른다.

후주(後周)시기에 와서는 남당·오월·후촉·남한·북한·남평의 여섯 나라만이 남아 있었다. 후주는 결국 어린 공제(恭帝, 959-960 재위)가 즉위한 뒤 바로 여러 사람들의 뜻을 따라 자기 밑의 장군인 조광윤(趙匡胤)에게 황제 자리를 넘겨주어 북송(北宋) 왕조가 이루어진다. 북송은 곧 나머지 여섯 나라도 모두 흡수하여 명실 공히 천하를 통일하여 다스리는 천자(天子)의 나라가 된다. 이때 중국의 동북쪽에는 거란족(契丹族)의 요(遼)나라(907-1125)가 커가고 있었다.

'오대 십국'이라는 시대는 당나라 때 여러 지방을 맡아 관할하던 '절도사(節度使)'라는 장군들의 왕조 쟁탈전이 이어진 혼란을 극한 시대였다. 어느 나라건 임금이 어린 사람으로 바꾸어지거나 전쟁으로 말미암아 나라를 다스리는 데 허점이 생기기만 하면 그의 밑에 있던 장수가 무력으로 그 나라를 무너뜨리고 새로운 자기의 나라를 만들었다. '오대'란 이러한 수많은 나라가 짧은 기간에 생겨났다 망했다 한 혼란이 이어진 시대이다.

변량(汴梁, 지금의 開封)에 도읍을 하고 있던 후주(後周)는 이처럼 어지럽기 짝이 없던 '오대'에 후한(後漢)나라를 무너뜨리고 일어섰던 오대의 마지막 나라였다. 그런데 이 '후주'의 귀덕절도사(歸德節度使)이며 검교태위(檢校太尉)라는 지위의 장수였던 조광윤은 갑자기 자기 밑의 군사들이 함께 그를 밀어 올려주어 자연스럽게 새로운 나라의 임금이 된다. 후주의 어린 임금 공제(恭帝)는 여러 사람들의 뜻을 따라 황제 자리를 조광윤에게 물려주고 물러나 평화로운 중에 새로운 북송나라가 이루어진다. 이에 조광윤은 북송의 첫째 황제인 태조(太祖, 960-975 재위)가 되는 것이다. 요(堯)임금에서 순(舜)임금 그리고 다시 하(夏)나라 우(禹)임금에게로 황제의 자리를 그 사람의 덕(德)에 따라 물려주었던 전설시대의 선양(禪讓)이 중국 역사상 실제로 이루어졌던 것이다. 정확한 기록은 없지만 그에 못지않게 중요한 자리에 있던 장군들도 조광윤이 황제 자리에 오르는데 아무도 반대를 하거나 항거를 한 일이 없던 것을 보면 조광윤은 평소에 많은 덕을 쌓아 여러 사람들로부터 많은 존경을 받고 있었음이 분명하다.

다시 조광윤이 북송의 태조가 된 특별한 경과를 좀 더 자세히 살펴보자. '후주'는 태조(太祖, 951-954 재위)에 이어 세종(世宗, 954-959 재위)으로 이어지면서 나라의 세력도 어느 정도 확장되고 나라도 비교적 잘 다스려지고 있었다. 세종의 현덕(顯德) 6년(959)에 거란(契丹)족의 요(遼, 916-1125)나라가 북한(北漢)나라와 손을 잡고 잃었던 땅을 되찾겠다는 명목으로 중원(中原) 땅으로 쳐들어왔다. 후주의 세종은 먼저 선발군을 전쟁터로 파견하고 다음 날 주력부대를 출전시키려고 도읍인 변량의 진교역(陳橋驛)에 정예부대를 모았다. 그 정예부대의 지휘자가 조광윤이었다. 마침 그때 후주의 세종이 갑자기 병이 들어 누었다가 죽어서 어린 7세의 공제(恭帝, 959-960 재위)가 뒤를 잇게 되었다. 이러한 사실을 안 그의 밑의 장수들이 한밤중에 모여 의논한 끝에 모두가 자기들의 장군인 조광윤을 새로운 나라의 임금으로 모시기로 만장일치로 가결한다. 이때 조광윤은 술에 취하여 장막 안에서 아무 것도 모르고 잠을 자고 있었다. 장수들의 권유로 조광윤의 동생 조광의(趙光義)[2]와 조보(趙普, 921-991)가 장막 안으로 들어가 조광윤을 깨운 다음 이 사실을 알리고, 장수와 군인들은 모두 칼을 빼어 들고 장막 앞마당에 줄서서 "지금 우리에게는 여러 부대의 통솔자가 없으니 장군님을 천자(天子)로 모시겠습니다." 하고 소리를 질렀다 한다. 본인이 대답할 틈도 주지 않고 곧 이어 한 사람이 누런 천자의 옷을 들고 들어가 조광윤에게 입혀주자 모든 사람들이 줄지어 서서 절을 하면서 '만세'를 불렀다. 이것은 전혀 조광윤 자신의 뜻이 아니었던 것 같다. 그리고는 정식으로 임금 자리를 차지하기 위하여 여러 사람들이 그를 부축이어 말에 태운 다음 임금의 궁전으로 가려 하자, 조광윤은 그제서야 말고삐를 잡고 서서

2) 뒤에 太祖의 뒤를 이어 皇帝 자리에 올라 太宗(967-997 在位)이 됨.

여러 장수들에게 말하였다. "내가 명령을 내린다면 당신들은 모두 따라주겠소?" 모두들 말에서 내려 "명하시는 대로 따르겠습니다!" 하고 대답하였다. 그러자 조광윤이 말하였다.

> "임금 공제와 태후(太后)는 내가 이제껏 받들고 모시던 분들이오! 그리고 공경대신(公卿大臣)들은 모두 나의 동료들이오! 당신들은 오늘부터 그 분들에게 함부로 굴어서는 안 되오! 근세의 제왕들은 군사를 일으키어 한 나라의 도읍으로 들어가면 모두 군사들을 풀어 크게 약탈을 하도록 하였는데 이를 '항시(碎市)'라 하였소. 당신들은 '항시'를 하거나 나라의 창고를 털면 안 되오! 일이 잘 되면 당신들에게는 후한 상이 내려질 것이오. 그대로 따르지 않는다면 그런 자는 죽여 버리겠소! 그래도 되겠소?"[3]

여러 장수들은 모두 절을 하고 대열을 가다듬은 다음 조광윤을 모시고 황제의 궁전 안으로 들어갔다. 그리고 조광윤을 정식으로 황제로 추대하였다.[4] 이때가 북송 태조의 건륭(乾隆) 원년 정월이었다.

궁전으로 들어갔을 적에 궁전 안에는 궁전을 지키는 장수와 이전의 재상 범질(范質, 911-964?)과 당시의 재상 왕부(王溥, 922-982) 같은 사람들이 있었으나 아무도 반항하지 않고 조광윤을 새로운 나라의 황제로 모두가 받아들였다. 그리고 후주의 공제는 바로 나와서 조광윤에게 임금 자리를 물려주는 글을 올리고 신하의 예를 갖추었다. 이 사건을 중국역사에서는 흔히 '진교의 변란(陳橋之變)'이라 부

---

3) 司馬光『涑水紀聞』권1 ;"主上及太后, 我平日北面事之, 公卿大臣皆我比肩之人也, 汝曹今日毋得輒加不逞. 近世帝王, 初擧兵入京城, 皆縱兵大掠, 謂之碎市. 汝曹今毋得碎市及犯府庫. 事定之日, 當厚賚汝. 不然, 當誅汝! 如此可乎?"

4) 이상『宋史』권1 本紀 第一 太祖 및 司馬光『涑水紀聞』권1 등의 기록 종합하였음.

르지만 이는 결코 '변란'이 아니다. 중국역사상 가장 평화롭고 이상적인 새로운 나라를 세우고 새 황제를 옹립한 위대한 역사적인 사건이었다. 중국학자들은 북송이라는 나라를 위대하게 평가하고 싶지 않아서 이처럼 훌륭한 일을 '변란'이라 부르고 있는 것이다. 임금인 공제도 여러 사람들의 권유로 순순히 임금 자리를 조광윤에게 물려주었던 것이다. 조광윤은 황제가 된 다음 후주의 임금인 공제와 세종의 부인 부후(符后)를 서궁(西宮)으로 옮겨 살도록 하고, 공제의 칭호는 정왕(鄭王)이라 하고 부후는 주태후(周太后)로 높이어 주었다 한다. 그리고 이전 왕조의 사람들 모두에게 조금도 위해를 가하지 않고 적절한 대우를 하였다.

그런데 어찌하여 그의 밑의 장수들이 본인의 뜻도 물어보지 않고 조광윤을 황제로 받들어 모셨고, 어찌하여 다른 장군이나 대신들도 그러한 일에 반대를 하거나 반기를 들고 일어난 사람이 전혀 없었느냐는 것이다. 사마광(司馬光, 1019-1086)의 『속수기문(涑水紀聞)』 권1의 기록에 의하면 주나라 공제가 왕위에 오른 뒤 국사(國史)를 편수(編修)하는 관리인 직사관(直史館)으로 있던 정기(鄭起)란 사람이 재상(宰相)인 범질(范質, 911-964)에게 글을 올리어 "조광윤은 여러 사람들의 마음을 얻고 있어서 금병(禁兵)을 지휘하게 하여서는 안 된다"고 알리었으나 범질은 말을 듣지 않았다고 한다.[5] 조광윤이 여러 사람들의 마음을 잡고 있다는 사실을 미리 알고 있던 사람들도 있었음을 알려주는 대목이다. 조광윤의 부하들은 조광윤을 황제로 받들어 세운 다음 그 사실을 모든 나라 안의 궁전과 도읍 및 지방을 지키고 있던 장군들에게 알리었다. 석수신(石守信, 928-984)·왕심기(王

---

5) 『涑水紀聞』 권1; "周恭帝之世, 有右拾遺直史館鄭起, 上宰相范質書言; 太祖得衆心, 不宜使典禁兵. 質不聽."

審琦, 925-974) 등 조광윤 못지않은 지위와 세력이 있는 장군들이 있었으나 아무도 이 갑작스런 사건에 반대를 하는 사람이 없었다. 지방에 나가있던 장군들 중에도 황제가 된 조광윤에게 반기를 든 사람은 별로 없었다. 왕칭(王偁, 1188 전후)의 『동도사략(東都事略)』 권22에 주나라 때부터 지방을 지키던 장군인 이균(李筠)과 주나라 태조의 조카인 이중진(李重進)이 반역의 뜻을 품었었으나 간단히 북송 태조의 군대에게 평정된 사실이 「이균전(李筠傳)」과 「이중진전(李重進傳)」에 간단히 기록되어있을 따름이다. 도읍인 변량(汴梁)을 비롯하여 후주나라 전체가 평온하게 후주로부터 북송나라로 옮겨갔던 것이다.

혹 후주의 장군인 조광윤이 눈부신 공적을 이루고 모든 사람들이 존경하고 따를만한 덕이 있는데, 반대로 후주의 임금들은 덕이 없어서 대신이나 장군들이 백성들을 잘 다스릴 훌륭한 임금 감으로 찾아낸 사람이 조광윤이라 생각할 수도 있다. 그러나 『오대사(五代史)』의 「주서(周書)」는 물론 『송사(宋史)』 태조본기(太祖本紀)의 기록 어디에도 조광윤이 후주에서 모든 사람들이 황제로 그를 추대할 정도의 공로를 세웠거나 모든 사람이 존경하고 따를만한 어진 덕이 있었다는 기록은 보이지 않는다. 다만 송나라 태조가 된 다음의 그의 모습은 매우 훌륭한 황제이다. 아무래도 후주의 장수로 활약할 적부터 밑의 사람들의 존경을 받고 모든 사람들이 따르는 훌륭한 인물이었는데도 그러한 사실을 들어내 보일 역사적인 사건으로 기록할만한 일에 관계되는 사건이 없었다고 보는 수밖에 없다. 곧 역사책에 기록할만한 조광윤의 덕망이나 공적과 연관이 있는 사건이 없었다는 것이다.

후주의 임금들도 덕이 없거나 형편없는 사람들이 아니었다. 후주를 세운 태조 곽위(郭威, 951-954 재위)는 후진(後晉)을 무너뜨리고 일어선 후한(後漢, 947-950)의 장수였는데, 요(遼)나라 군대의 침입을 막으려고 대군(大軍)을 이끌고 북쪽으로 가다가 되돌아와 '후한'을 무너뜨리고 후주를 세웠다. 그리고 겨우 4년도 못되는 동안 임금 자리에 있었지만 그의 업적을 보면 나라의 터전을 튼튼히 키우고 사람됨도 훌륭하고 문화도 존중할 줄 아는 임금이었다. 『구오대사(舊五代史)』 태조기(太祖紀)를 보면 그가 산동(山東) 곡부(曲阜)의 공자묘를 찾아갔을 때, 신하들은 임금에게 "공자는 임금의 신하였던 사람이니 절을 하지 말라"고 하였지만 태조는 "공자는 영원한 황제들의 스승인데, 공경하지 않을 수가 있느냐?"고 하면서 제대로 예를 갖추고 제사를 올렸다. 그리고 곡부에 사는 공자의 직계 후손과 그의 제자 안회(顏回)의 직계후손을 불러 만나본 다음 그들에게 각각 곡부령(曲阜令)과 주부(主簿)라는 벼슬을 내려주었다. 그리고 죽음을 앞두고는 자기가 죽은 다음 자기의 장례는 흙을 구어 만든 와관(瓦棺)을 써서 간소하게 지내라고 유언을 할 정도로 검소하고 꾸밈이 없는 사람이었다.[6] 그리고 『구오대사』 태조기(太祖紀)의 끝머리에는 "사신왈(史臣曰)" 하고 태조에 대한 비평을 한 중에 다음과 같은 대목이 보인다.

> "(태조가 황제가 된 뒤) 일 개월 만에 잘못된 정책을 모두 개선하여, 일 년이 지나자 여러 사람들이 마음으로 크게 따르게 되었다. 어찌 이처럼 좋은 방향으로 바꿀 수가 있었는가? 변화에 끝없이 잘 대응한 분이시다."[7]

---

6) 『舊五代史』 권110 周書 三 太祖紀 第三의 기록 의거.

7) "期月而弊政皆除, 逾歲而羣情大服. 何遷善之如是? 蓋應變之無窮者也."

태조를 뒤이은 세종(世宗, 954-959 재위)은 역사적인 요구를 따라 천하의 통일작업을 추진한 임금이란 평가를 받는다. 서기 955년에는 후촉(後蜀)을 공격하여 진(秦, 지금의 甘肅 天水)·봉(鳳, 지금의 陝西 鳳縣) 등의 네 주(州)를 차지하고, 955년에서 958년 사이에는 남당(南唐)을 쳐서 장강(長江) 이북의 14주를 차지한다. 다시 959년에는 요(遼)나라를 쳐서 와교관(瓦橋關)·익진관(益津關) 등 연운(燕雲) 16주의 일부를 다시 빼앗는다. 그리고 이어 역주(易州)도 빼앗는다. 세종은 계속 북쪽으로 진군하려다가 병이 나서 서울인 변량(汴梁)으로 돌아와 곧 39세의 한 창 나이에 죽는다.[8]

『신오대사』 주본기(周本紀) 12의 세종의 업적을 쓴 끝머리에 세종을 종합적으로 평하면서 이런 말을 하고 있다.

> "세종은 짧은 5, 6년 동안에 진(秦)·농(隴)을 빼앗고, 회수(淮水) 동쪽지벽을 평정하고, 삼관(三關)을 수복하였으니, 그의 군사적인 위세(威勢)는 오랑캐들과 중원의 나라들을 두려워 떨게 하였다. 그리고 나라 안으로는 유학(儒學)을 닦고 문학을 하는 선비들을 초청하여, 나라의 제도를 연구하고 『대주통례(大周通禮)』와 『대주정악(大周正樂)』[9]을 편찬케 하고, 형법(刑法)의 원리를 논의케 하였다. 그 제도와 운영의 방법은 모두 후세에도 본뜰만한 일이다. 그의 사람됨은 밝게 모든 일에 통달하고 용기가 있고 과감하며 말을 하면 이론이 매우 정연 하였다."[10]

『구오대사』의 세종기(世宗紀) 끝머리에서는 "사신왈(史臣曰)"하고

---

8) 『舊五代史』 권119 周書十 世宗紀 第六의 기록 의거.

9) 이 책 이름은 『舊五代史』 권118 周書 九世宗紀 第五에 보이는 온전한 책 이름을 따른 것임.

10) 『新五代史』 권12 周本紀 第十二; "世宗區區五六年間, 取秦隴, 平淮右, 復三關, 威武之聲, 震慴夷夏. 而方內延儒學文章之士, 考制度, 脩通禮, 定正樂, 議刑統. 其制作之法, 皆可施於後世. 其爲人, 明達英果, 論議偉然."

세종의 업적을 총괄하면서 "신과 같은 전술과 웅대한 이상은 바로 일대의 빼어난 황제였다.(神武雄略, 乃一代之英主也.)"고 말하고 있다. 세종은 오대의 여러 나라 임금 중에서 으뜸가는 훌륭한 임금이었다. 그리고 『중국문학가대사전(中國文學家大辭典)』[11]을 보면 후주의 현덕(顯德) 초년(954) 태자태보(太子太保)가 되었던 양응식(楊凝式, 873-954)·후주를 섬기면서 태사(太師) 겸 중서령(中書令)이 되었던 풍도(馮道, 882-954)를 비롯하여 30명에 가까운 후주에서 활약한 문인들의 이름이 보이고, 후주에 태어나 송나라에 가서 벼슬한 문학가들도 적지 않은 수이다. 이를 보면 후주라는 나라는 후진(後晉)·남당(南唐)과 함께 학술과 사(詞)를 중심으로 한 문학의 발전에도 크게 기여한 나라라고 할 수 있다.

그런데 서기 959년 이처럼 위대한 업적을 쌓고 있는 후주의 세종이 북쪽의 요(遼)나라 군대와 싸우러 나가려 하던 중에 갑자기 병이 들어 누었다가 죽었을 뿐인데, 조광윤의 밑의 장수들이 세종을 뒤이은 공제(恭帝, 959-960 재위)를 무시하고 조광윤을 황제로 모시려고 모의한 이유는 정말 알 수가 없다. 세종이 죽은 뒤 일곱 살의 어린 공제가 뒤를 이었다는 이유뿐이다. 기록상으로는 공제가 서기 959년에서 960년 사이 2년 동안 임금 노릇을 한 것 같기도 하지만 실제로는 하루도 임금 자리에 제대로 앉아 있지 못하였음이 분명하다. 『송사』 태조본기(太祖本紀)의 기록을 보면 조광윤 밑의 장수들이 새로운 임금을 추대하려고 모의를 시작한 것은 아직 후주의 세종(世宗, 954-959 재위)이 병이 들어 누어 있었던 서기 959년 6월 이전이었음이[12] 분

11) 楊家駱 主編, 臺灣 世界書局 1962年 發行.

12) 周 世宗은 西紀 959年 6月에 죽었기 때문이다.

명하다. 그리고 조광윤은 곧 이들의 추대로 임금이 되는데, 후주의 궁전에서는 그와 동시에 세종이 죽고 어린 공제가 임금 자리를 잇게 되었다. 그리고 조금 뒤에 주위 여러 사람들의 권유로 공제는 임금 노릇을 제대로 해보지도 못하고 임금 자리를 순순히 조광윤에게 넘겨주었다. 그 사이는 몇 개월밖에 걸리지 않았다. 그리고 조광윤이 정식으로 '송(宋)' 나라의 성립을 선언하고 '태조'가 된 것은 역사상 960년 정월(正月)이라고 하지만 실지로 황제에 옹립된 것은 959년이었을 것이다.

정말로 '하늘의 명(天命)'이 조광윤에게 내리어 피 한 방울 흘리는 일 없이 위대한 송나라가 세워졌다고 보는 수밖에 없다. 이러한 왕조의 성립부터가 북송은 중국역사상 가장 이상적이고 평화로운 바람직한 방법으로 나라가 이루어졌다. 이처럼 이상적인 방법에 의하여 이루어진 나라이기에 그 나라 임금이 어진 정치를 베풀지 않을 이가 없는 것이다. 나라가 선 뒤로 태조를 비롯하여 그를 뒤이은 여러 황제들이 모두 훌륭한 정치를 하여 평화로운 속에 풍요로운 나라를 이루어 백성들이 안락하게 잘 살고 학술과 문화가 크게 발달하는 나라를 이루게 되었던 것이다.

실상 북송이 천하를 통일하게 되는 기초는 앞서서 후주의 세종이 닦아주었다고 할 수도 있다. 송나라 태조 조광윤은 그가 닦아놓은 기초를 이어받아 결국 다시 천하를 통일하는 왕국을 이룬 것이다. 송나라를 세운 태조 조광윤은 천하통일을 목표로 남북으로 진군하여, 963년에는 형남(荊南)나라를 항복시키고, 965년에는 후촉(後蜀), 971년에는 남한(南漢), 975년에는 남당(南唐)을 쳐서 항복을 시키어 뜻을 거의 다 이루어 가다가 976년에 죽었다. 나머지 나라들은 태종(太宗, 976-997 재위)이 뒤를 이은 뒤 태평흥국(太平興國) 3년(978)에 오월(吳越)나라 임금이 견디다 못해 항복을 해 왔고, 979년에는 북한(北漢)나라마저 쳐서 항복시키어 천하를 통일하게 되었다.

북송 태조는 '후촉'·'남한'·'남당' 같은 나라를 쳐부수고도 항복한 임금들에게 나라 땅을 떼어 봉해주고 손님을 대접하듯 잘 대우하여 주었다. 보기로 개보(開寶) 9년(976) 정월달에 전 해에 잡아온 '남당'의 임금 이욱(李煜, 937-978)을 명덕문(明德門)에 나가 만나는데 포로 취급을 하지 않고 손님처럼 대하였다. 그리고 며칠 뒤에는 이욱을 위명후(違命侯)에 봉해주고 그의 자제들과 신하들에게도 그들 신분에 걸 맞는 벼슬을 내려주고 있다.[13] 다른 어떤 왕조의 천자들에게서도 볼 수 없었던 통이 크고 무척 너그러웠던 임금임을 알 수가 있다. 왕부지(王夫之)도 그의『송론(宋論)』에서 조광윤을 대수롭지 않은 사람이라 말하면서도 이 문제에 대하여는 다음과 같은 칭송하는 말을 하고 있다.

> "이욱(李煜, 南唐 임금)·맹창(孟昶, 後蜀 임금)·유창(劉鋹, 南漢 임금)은 역시 항복한 임금들인 데도 나라를 봉하여 받고 귀빈의 예로 대접 받았으니 그들이 응당히 받을 대우가 아니었다. 송나라에서 두터이 대해 준 것이다."[14]

북송 태조는 자기에게 항복한 나라의 임금들에게도 임금으로 대우해줄 정도로 무척 너그러운 마음의 소유자였다. 정말 어진 덕(德)을 지닌 인물이었다. 태조 조광윤은 항복한 나라의 임금들뿐만이 아니라 그 밑의 신하나 장수들까지도 잘 대우해주며 그들을 부리었

---

13)『宋史』권1 太祖本紀 의거.

14) 王夫之『宋論』권1 太祖; "李煜·孟昶·劉鋹, 亦以降王以亨國封, 受賓恪之禮, 非其所應得者也. 宋之厚也."

다. 때문에 그들은 힘을 다해 북송을 위하여 일하였다. 『송사(宋史)』 권271에는 오대(五代)에 활약하던 장군들로 북송에 들어와 다시 일을 한 16명의 전기가 「열전(列傳)」 제 30으로 모아져 있는데 그들 전기를 총평한 끝머리 "논왈(論曰)"에서 이렇게 말하고 있다.

> "태조는 천하를 차지한 뒤 모든 오대의 신하들 모두를 은사(恩賜)와 신의(信義)로 잡아주어 그들의 불안한 마음을 안정시켰고 또 그들의 위세와 힘을 빌리어 나라 안 사방을 안정시켰다. 그러므로 한 때 오건유(吳虔裕)와 채심정(蔡審廷) 같은 무리의 여러 장수들은 여러 번 정토(征討)하는 전쟁에 나가 모두 공로를 세웠다. 마령종(馬令琮) 같은 이는 하내(河內)를 수비하면서 군대와 양식을 저축하였다가 천자의 군대를 마중해 주었고, 해휘(解暉)는 호남(湖南)을 공격하면서 거센 반항을 무릅쓰고 싸워 적의 장수를 사로잡았다. 이들은 충성을 다하고 큰 전과를 올려 특히 칭찬할만한 자들이다."[15]

이처럼 너그러운데도 북송이란 나라는 바로 천하를 지배하는 천자의 나라로 발전하였다. 오대의 후주(後周)를 뒤이었지만 오대의 다른 여러 나라들처럼 길어야 10여 년, 짧으면 4년 동안 나라를 지탱하다가 그 밑의 절도사(節度使)나 장수들에 의하여 나라를 빼앗겨 버리는 단명(短命)의 왕조도 아니었고, 다른 여러 나라들과 함께 중원 땅의 일부를 차지한 작은 나라가 아니라 바로 온 천하를 통일하여 다스리는 천자(天子)의 왕조로 일어섰던 것이다.

조광윤은 북송나라 태조가 된 다음 먼저 당나라 때 장군들이 맡던 여러 지방의 절도사(節度使) 제도를 무력화 시키고 군대 지휘권과

---

15) 『宋史』 권271 列傳 第30; "論曰; 太祖有天下, 凡五代之臣, 無不以恩信結之, 旣以安其反側, 亦藉其威力, 以鎭撫四方. 故一時諸將吳虔裕·蔡審廷之徒, 數從征討, 咸有勞績焉. 若馬令琮守河內, 儲兵食以迎王師, 解暉擊湖南, 冒鋒鏑以禽敵將. 此忠藎驍果, 尤可稱者."

나라의 통치권을 모두 중앙으로 모아들이었다. 당나라 때에는 이 절도사들이 자기가 맡은 지역의 정치까지 맡고 온갖 권세를 멋대로 휘두르자 황제는 전혀 힘을 못 쓰게 되어 당 제국이 망하고 오대로 이어졌다. 오대에 들어와서도 이 절도사들의 세력이 여전하여 여러 왕조들은 세워진지 얼마 가지 못 하고 이들 장군들에 의하여 망해 버렸다. 송 태조는 이러한 폐단을 막기 위하여 절도사 대신 지방의 행전장관으로 문신(文臣)을 지주(知州)로 임명하였다. 그리고 지주와 권한이 같은 통판(通判)을 한 사람 더 임명하여 서로 권한을 견제하도록 하고, 따로 전운사(轉運使)를 두어 지방의 재정을 관할토록 하였다. 따라서 지주나 통판은 재정에 전혀 손을 댈 수 도 없었다. 그리고 지방의 용감하고 빼어난 군대는 중앙으로 불러들이어 금군(禁軍)으로 삼았다. 따라서 정권(政權)과 사법권(司法權)·재정권(財政權) 및 병권(兵權) 등의 모든 권력이 중앙의 황제에게로 모아지게 되었다.

중앙의 정치제도도 완전히 개혁하였다. 중서성(中書省)을 마련하여 민정(民政)을 담당하게 하고 이전의 재상급인 동평장사(同平章事)를 두세 명 임명하였다. 그리고 그 밑에는 부재상(副宰相)에 해당하는 참지정사(參知政事)를 두세 명 더 붙였다. 다시 두 명의 추밀사(樞密使)와 그 밑의 부사(副使)를 우두머리로 하는 추밀원(樞密院)을 두어 군정(軍政)을 담당하게 하였다. 이를 양부(兩府)라 불렀는데 그곳 우두머리들은 모두 문관(文官)을 임명하여 권력은 황제에게 집중되도록 하였다. 다시 궁전 안의 일을 처리하는 문하성(門下省)이 있어 이들을 합쳐 삼성(三省)이라 하였다. 당나라 때에는 재상부(宰相府) 밑의 장관인 병부상서(兵部尚書)가 군정을 맡았었다. 병부상서는 재상 밑에 있기 때문에 군사에 관한 일을 재상의 뜻을 어기며 멋대로 처리하는 수는 없었다. 그러나 북송 시대에 와서 '추밀원'은 재상 밑에 속하는 관청이 아니라 '재상부'와 대등한 위치에 있는 관청이 되었다. 따라서 나라를 다스리는 데 있어서 군정의 비중은 당나라 때보다 훨씬 강해졌는데 그 일을 맞는 책임자는 문관이었다. 그러니 나라의 정치를 통할하는 문관 중에 가장 높은 지위를 차지한 재상급의 인물이라 하더라도 권한이 분산되어 황제를 넘볼만한 권력을 갖는 일이 없게 되었다.

한편 태조는 진심으로 문화적인 방법과 어진 덕(德)을 바탕으로 하여 나라를 다스리려 노력하였다. 그는 조정의 정전(正殿)을 '문덕전(文德殿)'이라 이름 붙이고 있다. 북송 태조 조광윤은 '문덕'을 바탕으로 천하를 다스리려고 애썼기 때문에 궁전의 정전 이름을 그렇게 붙였던 것이다. 그리고 태조가 문신 위주의 정치를 시작한 것은 군인들이 무식한 때문이기도 하다. 외국에는 군벌(軍閥)이 오랜 동안 정권을 쥐고 나라를 다스린 경우가 있지만 중국의 경우에는 거의 없다. 중국에서는 한자를 쓰기 때문에 군인이 쉽사리 글을 배워 유식한 지식인이 되기 어렵기 때문이다. 무식해도 싸움을 잘 할 수 있는 군인은 있겠지만, 글을 모르면 군대의 통솔이나 보급은 물론 백성들과의 원만한 관계조차도 유지하기 어렵다. 태조 스스로 신하들에게 "나는 무신(武臣)들이 모두 책을 읽어 사람 다스리는 도리에 통했으면 좋겠다고 생각하는데, 어떠한가?" 하고 신하들에게 묻는데, 신하들은 아무도 대답을 하지 못하였다.[16] 태조는 군대를 지휘하는 장수들도 모두 글공부를 한 사람이기를 바랐던 것이다. 곧 군대까지도 '문덕'으로 지휘하였으면 좋겠다고 생각했던 것이다.

16)『宋史』권1 太祖本紀; "乾隆三年(962) … 上謂侍臣曰, 朕欲武臣盡讀書以通治道, 何如? 左右不知所對."

문신들을 많이 등용하다 보니 공부를 한 문신들의 수요가 나날이 늘어났음으로, 결국 태조는 이를 충당하기 위하여 과거(科擧)를 보아 관리로 등용할만한 공부를 잘 한 진사(進士)들을 뽑게 된다. 『송사』 권1의 태조본기(太祖本紀)를 보면 건덕(乾德) 원년(963)·건덕 2년·건덕 4년·개보(開寶) 3년(970)·개보 5년·개보 8년 등에 과거와 관계되는 기사가 보인다. 태조는 한 번 과거를 볼 때 대략 30명 정도의 진사를 합격시켰다. 이보다 약한 유교의 경전으로 시험을 보는 명경과(明經科)의 경우에도 그 정도의 인원이었다. 그러나 태조를 뒤이은 태종(太宗, 976-997 재위) 때에는 한 번에 진사를 100명 넘게 합격시켰고, 그 수는 이후로 계속 늘어 제3대인 진종(眞宗, 998-1022 재위)의 대중상부(大中祥符) 2년(1009)에는 과거에는 합격을 하고도 벼슬을 하지 못하는 진사가 2,000명이 넘는 정도가 되었다. 태조의 문관 위주의 정책과 과거제도는 태조가 죽은 뒤 동생 조광의(趙光義)가 뒤를 이어 태종(太宗)이 되고, 그 뒤의 임금들도 태조의 뜻을 계속 받들어 발전시키어 결국 북송 나라는 중국역사상 가장 훌륭한 문관을 중심으로 하여 정치가 이루어지는 곧 덕(德)으로 나라를 다스리는 왕국이 되었다.

명(明) 나라 시내암(施耐庵, 1296-1370)이 썼다는 소설 『수호전(水滸傳)』은 북송 말엽인 선화(宣和) 연간(1119-1125)에 산둥(山東) 지방에서 반란을 일으켰던 난폭한 송강(宋江) 등의 얘기를 꾸며 쓴 것이다. 때문에 소설의 서문이라 할 수 있는 맨 앞머리의 설자(楔子)에는 북송의 시대상을 먼저 독자들에게 알려주려고 북송의 학자 소옹(邵雍, 1011-1077)이 쓴 북송의 건국과 태평스런 세상을 이끈 북송의 정치를 칭송한 시를 한편 인용하고 있다. 그 시에서는 어지러웠던 오대를 뒤이어 역사상 유례가 없는 평화로운 방법으로 송 태조가 나라를 세운 경위와 북송의 태평스러웠던 세상 및 그 시대 백성들을 풍요롭고 편안하게 잘 살도록 이끈 정치를 칭송하고 있다. 먼저 소옹의 시를 여기에 인용한다.

> 어지러운 오대의 난리가 이어지더니,
> 하로 아침에 구름 걷히고 다시 하늘이 들어났네.
> 풀과 나무는 백년을 두고 새로운 비와 이슬 맞게 되었고,
> 책 실은 수레는 옛 강산에 만 리나 늘어서 있네.
> 백성들 사는 마을에도 비단 옷이 널려 있고,
> 이곳저곳 누각에선 풍악 소리 들려오네.
> 온 세상 태평하고 별 일 없는 세월이라
> 어디에나 꾀꼬리 울고 꽃 피어 있으니 해가 높이 뜨도록 잠을 자네.
>
> 紛紛五代亂離間, 一旦雲開復見天.
> 분 분 오 대 난 리 간 　일 단 운 개 부 견 천
> 草木百年新雨露, 車書萬里舊江山.
> 초 목 백 년 신 우 로 　거 서 만 리 구 강 산
> 尋常巷陌陳羅綺, 幾處樓臺奏管絃.
> 심 상 항 맥 진 라 기 　기 처 루 대 주 관 현
> 天下太平無事日, 鶯花無限日高眠.
> 천 하 태 평 무 사 일 　앵 화 무 한 일 고 면

이 시는 소옹의 문집인 『이천격양집(伊川擊壤集)』 권15에 실려 있는 「성대한 교화(敎化)를 보면서 읊음(觀盛化吟)」이란 두 수로 되어 있는 시의 앞 시를 옮겨놓은 것이다. 문집의 시와 몇 글자 다른 구절이 있으나 대의를 파악하는 데에는 큰 차이가 없어서 그대로 옮겨 놓았다. 소옹은 삼황(三皇)과 오제(五帝)에서 시작하여 중국 역대의 정치 상황을 그가 살았던 북송 시대에 이르기까지 10여 수의 시로 읊고 있다. 『수호전』의 설자(楔子)에서는 이 시를 인용하고 난 뒤 본문에서, 송 태조가 황제가 되어 이 세상에 나타나자 "붉은 빛이 하늘 가득 찼고, 특이한 향내가 하루 밤이 지나도록 흩어지지 않았

다.(紅光滿天, 異香經宿不散.)"고 한 뒤, 다시 "영웅답고 용맹스러운 위에 지혜와 도량이 넓고 큰은 옛날의 제왕들도 모두 이 왕조의 천자에는 미칠 수가 없다.(英雄勇猛, 智量寬洪, 自古帝王都不及這朝天子.)"라고 지극한 칭송을 하고 있다. 그리고 천자 자리는 다시 태종(太宗, 976-997 재위)에 이어 진종(眞宗, 998-1022 재위)·인종(仁宗, 1023-1063 재위)으로 계승되는데 북송은 이 기간 더욱 세상이 평화롭고 백성들이 부유한 훌륭한 나라로 발선하였음을 상소하고 있다. 그리고 이어서 영종(英宗, 1064-1067 재위)·신종(神宗, 1068-1085 재위)·철종(哲宗, 1086-1100 재위) 시대에도 세상이 평화로웠음을 강조하고 있다. 여기까지 얘기를 한 다음 세상이 이처럼 태평스러우니 지금부터 얘기를 시작하겠다고 하면서 『수호전』의 장회(章回)로 된 목록을 실은 다음 소설을 시작하고 있다. 북송의 끝머리 두 황제인 휘종(徽宗, 1101-1125 재위)과 흠종(欽宗, 1126-1127 재위)의 얘기가 없는 것은 이 소설이 휘종 말엽에 있었던 얘기를 바탕으로 한 것이기 때문이라는 것과, 흠종은 어린 위에 임금노릇도 제대로 하지 못했기 때문일 것이다. 그러나 휘종이 미술과 음악에 조예가 깊은 대단한 예술 애호 황제였다는 사실 하나만으로도 세상은 이전보다 훨씬 어지러워지기는 하였지만 개인적으로는 얼마나 평화를 추구하는 황제였을까 짐작이 갈 것이다.

소옹의 『이천격양집(伊川擊壤集)』에는 「성대한 교화를 보면서 읊음(觀盛化吟)」이란 시가 두 수로 되어 실려 있는데, 둘째 시는 후반부가 다음과 같다.

> 태어난 뒤 오직 풍년이 들어 잘 사는 것만을 보아왔고
> 늙도록 난리를 겪어본 일이 없네.
> '다섯 가지 일'이 이전 시대에도 있었는지 따져 보니
> 요임금 이후로는 전혀 없던 일이네.

生來只慣見豐稔, 老去未嘗經亂離.
생 래 지 관 견 풍 임 노 거 미 상 경 란 리
五事歷將前代擧, 帝堯而下固無之.
오 사 력 장 전 대 거 제 요 이 하 고 무 지

그리고는 그 뒤에 이 시에 보이는 '다섯 가지 일(五事)'에 대하여 설명하는 다음과 같은 자주(自注)를 붙여놓고 있다.

> "첫째 일(一事)은 북송이 생겨날 적에도 시장이 그대로 열렸다는 것이다. 둘째 일(二事)은 조광윤이 임금이 된 뒤에 다시 천하를 지배하는 천자(天子)까지 되었다는 것이다. 셋째 일(三事)은 죄 없는 사람을 한 사람도 죽인 일이 없다는 것이다. 넷째 일(四事)은 백 년 동안에 꼭 사대(四代)의 천자가 이어져 왔다는 것이다. 다섯째 일(五事)은 백 년 동안에 신하들 중에 배반하는 사람이 없었다는 것이다."[17]

소옹이란 시인이 자기가 살고 있는 북송이 얼마나 이상적인 나라라고 생각하고 있었는가 알 수 있는 일이다. 그리고 그러한 나라가 된 공로를 모두 북송의 황제들에게 돌리고 있다.

현대 사학자인 샤쑹이우(夏曾佑)의 『중국고대사(中國古代史)』를 보면(p.252) "중국 역사에는 한 가지 공식이 있었다."라고 하면서 그 공식을 다음과 같이 설명하고 있다.

> "태평스러운 세상은 반드시 혁명으로 전쟁이 치러진 뒤의 사오십 년간이다. 이 뒤로부터 융성한 세상이 대략 100년 동안 이어진다. 100년 뒤에는 다시 어지러운 현상이 일어나고, 다시 수십 년 동안 더욱 익어 마침내는 대란이 오게 되어 다시 혁명이 일어나는 형국이 된다. 한(漢)·당(唐)·송(宋)·명(明)의 나라들이 다 그러하였다. ……
>
> 대란이 일어난 뒤에는 백성들 수가 줄어들어 자연 생산되는 물건들이 그

17) "一事; 革命之日, 市不易肆. 二事; 以據天下在卽位後. 三事; 未曾殺一無罪. 四事; 百年方四葉. 五事; 百年無腹心患."

> 들을 먹이고도 남음이 있게 되고, 호걸이나 혼란을 일삼는 무리들도 모두 이미 죽어버려 살아남은 사람들은 혼란을 싫어하며 구차하게 살면서도 과분한 소망 같은 것이 없다. 이것이 바로 태평 세상이 오는 원리이다."[18]

샤쑹이우의 이론을 참고로 하면서 소옹이 말한 "다섯 가지 일(五事)"을 되짚어 보기로 하자. "첫째로 북송이 생겨날 적처럼, 시장이 그대로 열리는 일"을 보여준 사회의 실상과 같이, 중국 역사상 왕조가 바꾸어질 적에 백성들의 사회생활이 그대로 평온하게 이어져 온 일은 전혀 없었다는 것이다. "둘째로 조광윤이 작은 나라의 임금이 된 뒤 다시 자연스럽게 천하를 지배하는 천자(天子)가 된 일"처럼 중국 역사상 자연스럽게 천하를 다스리게 된 천자도 없었다는 것이다. "셋째로 무고한 사람을 한 사람도 죽이는 일 없이" 북송처럼 나라를 세우고 천하를 다스린 왕국도 중국 역사상 없었다는 것이다. "넷째로 백 년 동안에 평화롭게 4대 째 천자가 이어지면서" 천하가 북송처럼 잘 다스려진 일도 없었다는 것이다. "다섯째로 백 년 동안에 신하들 중에 배반하는 사람이 하나도 없었던 일"도 중국 역사상 없었던 일이라는 것이다.

그 시대를 산 학자 소옹이 "요(堯)임금 이후로는 전혀 없던 일이네." 하고 읊고 있듯이, 북송 나라와 같은 나라를 세우는 일에서 시작하여 천하를 덕으로 다스리는 일에 이르기까지 위대하고 훌륭했던 왕국은 지극한 덕으로 세상을 다스렸다고 하는 전설적인 요임금 이후로는 없었던 일이라는 것이다. 곧 중국역사상 천자가 덕으

---

18) "中國歷史有一公例." "太平之世, 必在革命用兵之後四五十年. 從此以後, 隆盛之世約及百年. 百年之後, 又有亂象, 又醞釀數十年, 遂致大亂, 復成革命之局. 漢·唐·宋·明, 其例一也. … 大亂之後, 民數減少, 天然之産, 養之有餘. 而豪傑敢亂之徒, 並已前死, 餘者厭亂苟活, 無所奢望. 此卽太平之原理."

로 세상을 다스리어 이루어진 태평성세는 북송 시대에 와서야 실지로 이루어진 것이다.

북송 태조 조광윤은 천자가 된 뒤 이전에 자기 밑의 장수들이 자신을 임금으로 추대했을 적에 임금 자리를 받아들이는 조건으로 내걸었던 세 가지 조건, 곧 "첫째 후주나라 왕족을 조금도 해치지 말 것, 둘째 사대부(士大夫)들은 죽이지 말 것, 셋째 도읍에서 약탈을 하지 말 것"을 요약하여 돌비석(石碑)에 새겨놓고 후손들이 그대로 지켜줄 것을 유언하였다 한다. 이 훈계가 새겨진 돌비석은 궁중 깊숙이 감추어 놓아 새로 임금 자리에 오른 사람만이 볼 수 있게 하였다 한다. 따라서 세상에서는 그런 비석이 있는 줄도 몰랐었으나 서기 1127년 금나라가 북송을 쳐부수고 도읍 변량(汴梁)을 점령한 뒤 왕궁을 두드려 부수자 그 비석이 나타나 세상 사람들이 그런 사실을 알게 되었다 한다.

앞에서 인용한 청대의 대학자 왕부지(王夫之, 1619-1692)의 『송론(宋論)』에서는 송나라 태조 조광윤은 하늘의 명을 받아 천자가 될 만한 공을 세운 것도 없고 닦은 덕도 없는 사람이었다고 평가하면서도, 그 책에서는 이런 말도 하고 있다.

> "송나라가 일어나자 천하가 통일되어 백성들은 편안히 살게 되었고 정치는 잘 다스려졌으며 문화와 학문이 발전하였다."[19]

북송 태조 조광윤은 개보(開寶) 9년(976) 10월 한 밤중에 죽고, 그 뒤를 친동생인 조광의(趙光義)가 이어받아 태종(太宗, 976-997 재위) 황제가 된다. 태조의 아들도 20세가 더 된 덕소(德昭)와 18세의 덕방(德

---

19) "宋興, 統一天下, 民用寧, 政用乂, 文教用興."

芳) 두 명이 있었으나 당시 38세의 동생이 뒤를 이은 것이다. 그것은 태조의 어머니인 두태후(杜太后)가 7세의 어린 공제(恭帝)에게 임금 자리를 물려주어 나라가 망하였던 후주(後周)의 경우를 보기로 들면서 태조에게 황제 자리를 동생에게 물려주는 것이 좋다고 죽기 전에 훈계하였기 때문이라 한다. 두태후는 나라를 세우는 데 큰 공을 세운 대신인 조보(趙普, 921-991)와 태조를 불러놓고 훈계를 했다고 하는데, 그 자리에 태종도 함께 있었다고도 한다. 이에 따르면 태조 조광윤은 황제 자리를 아들이 아닌 동생에게 물려줄 정도로 너그러운 사람이었다. 혹은 큰아들 나이 20세였으니 너무 어린 나이도 아닌데, 어머니 뜻을 따라 아우에게 황제 자리를 넘겨 준 것은 태종 조광의는 매우 총명한 반면 자기 아들들은 아둔한 편이라고 생각했기 때문인지도 모른다.

태조의 뒤를 태종이 이은 데는 다른 곡절이 있었다는 주장을 하는 이도 있다. 태조가 개보 9년 10월 10일 한 밤중에 서거하자, 태조의 송황후(宋皇后)는 환관인 왕계은(王繼恩)에게 명하여 아들 덕방(德芳)을 태조의 관 앞에서 황제 자리를 뒤잇게 하려고 급히 불러드리도록 하였다. 그러나 왕계은은 송황후의 명과는 달리 태조의 아우 조광의에게 가서 급히 궁전 안으로 들어오도록 일러주었다. 아들이 아닌 황태제(皇太弟) 조광의가 궁전으로 들어오자 송태후는 크게 놀라면서 순간적으로 입술을 떨며 "폐하! 우리 모자(母子)에게 자비를 베풀어 주십시오!" 하고 애원하였다 한다. 날은 밝아오고 있었다. 곧 날이 밝자 바로 그 날 태조의 관 앞에서 태종이 북송의 제2대 황제로 즉위하고, 그 해 12월 22일에는 태조의 '개보 9년'이 열흘도 남지 않았는데 연호를 태평흥국(太平興國)이라 바꾸는 혁명적인 방법을 써서 그때부터 자기가 황제가 되었음을 공식적으로 선언하였다 한다.

보통 경우에는 앞 황제가 연초(年初)에 서거하더라도 연호(年號)는 다음 해에 가서 바꾸고 공식적으로는 연호가 바꾸어진 해부터 황제 자리를 계승한 것으로 친다. 앞에서도 인용한 왕부지의 『송론』을 보면, 북송의 태조가 "그의 아우가 자기 아들을 잘 포용하지 않을 것을 알면서도 두태후의 명을 따른 것" 곧 "어머니 뜻을 따르고 아우를 사랑하였음(順母而愛弟)"을 어질고 덕 있는 행위로 칭송하고 있다. 그러나 뒤에 태종이 자기가 황제 자리를 잇는 데 큰 역할을 했다는 환관인 왕계은을 계속하여 신임하고 중히 쓴 것을 보면 여기에는 태종 자신의 뜻도 상당히 작용한 결과였다는 생각이 들기도 한다.

아무래도 태종은 그의 형 태조 정도로 마음이 너그럽고 덕이 두텁지는 않았던 것 같다. 태종이 황제가 된 뒤 태조의 장남인 덕소(德昭)는 자살을 하였고, 송태후(宋太后)도 죽었으나 태종은 제대로 복상(服喪)하지 않았다고 한다. 그러나 나라를 다스리는 능력은 매우 뛰어나서 태종은 황제가 된 뒤 태평흥국 3년(978)에 오월(吳越)나라 임금이 스스로 자기 나라를 북송에 바치며 굴복하여 왔고, 다음 해에는 북한(北漢) 마저 태종이 직접 쳐서 멸함으로써 명실 공히 천하통일을 완성하였다. 그리고 모든 면에서 태조의 뜻을 그대로 받들어 북송나라를 크게 발전시킨다. 특히 태종은 스스로 "나는 다른 좋아하는 것은 없고 오직 독서를 좋아한다."[20]고 말했을 정도로 책 읽는 것을 좋아한 임금이다. 따라서 숭문원(崇文院)을 세워 세상의 책들을 수집하게 하고, 또 강남(江南)과 서촉(西蜀)의 항복해온 신하들에게 명하여 『책부원귀(冊府元龜)』·『태평어람(太平御覽)』·『태평광기(太平廣記)』 등 수천 권에 이르는 책을 편수(編修)케 하는 등 학술문

20) 王夫之『宋論』권2 太宗; "太宗曰; 朕無他好, 惟喜讀書."

화 진흥의 기틀을 마련하기도 하였다.[21] 『송사』 권5의 태종본기(太宗本紀) 에는 "찬왈(贊曰)" 하고 본기를 끝맺음한 곳에 다음과 같은 대목이 보인다.

> "…전쟁이 끊이지 않고 천재가 계속되고 있다. 잡힌 포로들이 끌려오고 있는데도 백성들은 전쟁을 모르고 있고, 장마와 가뭄에다 해충과 메뚜기 떼도 온 세상에 퍼져있는 지경인데도 백성들은 혼란하다고 생각하지 않고 있다. 그 까닭이 무엇인가? 황제가 자애로움과 검소한 생활을 보배로 삼고,… 학문을 장려하며 많은 것을 배우려 하며, …군자가 말하기를 '낮은 백성들의 뜻을 따라서 천자 노릇을 한다.' 하였는데, 태종을 두고 한 말인가!"[22]

태종도 거의 태조 못지않은 덕으로 나라를 다스리고 학문을 존중한 천자였음을 알 수 있다. 태종의 뒤를 이은 천자들도 모두 태조의 뜻을 받들어 나라를 평화롭게 잘 다스리어 북송은 크게 번영을 누리었다.

태종을 뒤이은 아들 진종(眞宗, 998-1022 재위)은 총명하여 "경전을 한 번 공부하면 모두 외어버리는 사람이었고", 교육에 힘쓰고 학문을 장려하였으며 「숭유술론(崇儒術論)」을 지어 돌에 새기어 국학(國學) 앞에 세우기도 한 황제이다. 함평(咸平) 4년(1001)에는 조명(詔命)을 내리어 학생들을 모아놓고 글을 가르치는 곳과 주(州)와 현(縣)의 학교 같은 곳에 모두 유가의 중요한 경전들인 『구경(九經)』을 내려주었는데,[23]

---

21) 『宋史』 권5 太宗本紀 의거.

22) 『宋史』 권5 太宗本紀 ; 贊曰 ; "…干戈不息, 天災方行. 俘馘日至, 而民不知兵 ; 水旱螟蝗殆徧天下, 而民不思亂. 其故何也? 帝以慈儉爲寶,… 講學以求多聞,… 君子曰 ; '得乎丘民而爲天子.' 帝之謂乎!"

23) 이상 『宋史』 권6 本紀 권6 眞宗 의거.

『송론(宋論)』에서 왕부지(王夫之)는 이것이 "서원(書院)의 시작이었다." 고 말하고 있다.

『송사(宋史)』 권296 열전(列傳)에서는 "논왈(論曰)"하고 그 시대 문신들을 논평하면서 태종과 진종에 대하여 이런 말을 하고 있다.

> "태종은 유학(儒學)을 숭상하여 정치 일을 하는 여가에는 책을 읽는 것으로 낙을 삼았으며, 한림시독학사(翰林侍讀學士)를 두어 선생으로 모셨다. 진종도 선황(先皇)의 뜻을 잘 이어 시강학사(侍講學士)라는 겸직 자리를 두어 내각에 그런 직명을 지닌 조직을 마련하고 박학(博學)한 이들로 하여금 번갈아가며 숙직(宿直)을 하면서 서로 여유있게 강론(講論)을 하도록 하였다. (이상 여러 뛰어난) 학자들을 좌우에 두었으니 좋은 것을 배우는 것이 특히 많았으니, 어찌 글 뜻을 강론하는 데 그칠 뿐이었겠는가?"[24]

태종과 진종은 이처럼 학문에도 열의가 대단하였다. 이처럼 학문을 좋아하고 숭상하는 풍조도 이후의 북송 황제들에게 께속 이어간다.

옛날부터 글공부를 할 때 교과서처럼 누구나 읽던『고문진보(古文眞寶)』 전집(前集)은 시집인데도 권1이「권학문(勸學文)」이며 앞머리에 다음과 같은「진종황제권학(眞宗皇帝勸學)」이란 시가 실려 있다.

> 집을 부유하게 하려고 좋은 밭 살 것 없다네!
> 글 가운데에는 어디에나 수천 섬의 곡식이 있네.
> 편히 살려고 큰 집 지을 것 없다네!

---

24)『宋史』 권296 列傳 第55; "論曰; …太宗崇尙儒術, 聽政之暇, 以觀書爲樂, 置翰林侍讀學士以備顧問. 眞宗克紹先志, 兼置侍講學士, 且因內閣以設職名, 俾鴻碩之士更直迭宿, 相與從容講論. …(呂文仲·潘愼修·杜鎬·查道之諸學士)置諸左右, 啓沃尤多, 豈直講論文義而已哉?"

글 가운데는 어디에나 황금으로 된 집이 있네.
문을 나설 때 따르는 사람 없다고 한할 것 없다네!
글 가운데에는 수레와 말이 무척이나 많네.
장가를 들려는데 좋은 중매 없다고 한할 것 없다네!
글 가운데에는 얼굴이 옥 같은 여자도 있네.
사나이가 평생의 뜻을 이루고자 한다면,
육경(六經)을 부지런히 창 앞에 펴놓고 읽어야만 하네.

富家不用買良田, 書中自有千鍾粟.
부 가 불 용 매 량 전 서 중 자 유 천 종 속
安居不用架高堂, 書中自有黃金屋.
안 거 불 용 가 고 당 서 중 자 유 황 금 옥
出門莫恨無人隨, 書中車馬多如簇.
출 문 막 한 무 인 수 서 중 거 마 다 여 족
娶妻莫恨無良媒, 書中有女顏如玉.
취 처 막 한 무 량 매 서 중 유 녀 안 여 옥
男兒欲遂平生志, 六經勤向窓前讀.
남 아 욕 수 평 생 지 육 경 근 향 창 전 독

이 시는 진종황제가 백성들에게 글을 읽고 공부하기를 힘쓰게 하려고 지은 시이다. 얼마나 학문을 중시한 황제인가 알 수가 있다. 이런 황제가 다스린 나라이기 때문에 문관을 중시하는 정책이 잘 시행된 것이다.『송사』의 진종본기(眞宗本紀) 끝머리에는 "찬왈(贊曰)" 하고 "진종은 총명한 임금(眞宗英晤之主)."이라 결론짓고 있다. 정말 학문을 중시한 총명한 임금이었음에 틀림이 없다.

그 뒤를 이은 인종(仁宗, 1023-1063 재위)도 천성이 인후(仁厚)하고 관유(寬裕)한 위에 42년 동안이나 황제 자리에 있으면서 북송의 평화와 번영 및 학술문화를 확정시킨 임금이다. 인종은 앞 임금들이 추진한 문치(文治)를 이어받아 더욱 발전시키어 결국은 후세의 역사가들이 '경력지치(慶曆之治)'라고 칭송하는 이상적인 정치를 이룩하였다. '경력'은 인종 때의 연호(1041-1048)이다.『고문전집(古文全集)』의 전집 1권「권학문」에는 진종의 시 바로 뒤에 또『인종황제권학(仁宗皇

帝勸學)』이라는 다음과 같은 시가 실려 있다.

> 내가 배움이 없는 사람을 보니,
> 그에게 견줄 만한 물건은 없는 듯하다.
> 만약 풀과 나무에 견준다면,
> 풀에는 영지(靈芝)가 있고 나무에는 춘목(椿木)이 있다.
> 만약 새와 짐승에 견준다면,
> 새에는 봉황새가 있고 짐승에는 기린이 있다.
> 만약 똥과 흙에 견준다면,
> 똥은 오곡을 살지게 하고 흙은 백성들을 기른다.
> 세상의 무한한 물건들에,
> 배움 없는 사람에게 견줄 만한 것은 없다.
>
> 朕觀無學人, 無物堪比倫.
> 짐 관 무 학 인 무 물 감 비 륜
> 若比於草木, 草有靈芝木有椿.
> 약 비 어 초 목 초 유 령 지 목 유 춘
> 若比於禽獸, 禽有鸞鳳獸有麟.
> 약 비 어 금 수 금 유 란 봉 수 유 린
> 若比於糞土, 糞滋五穀土養民.
> 약 비 어 분 토 분 자 오 곡 토 양 민
> 世間無限物, 無比無學人.
> 세 간 무 한 물 무 비 무 학 인

인종황제는 매우 적극적으로 공부를 하지 않은 사람은 이 세상에서 가장 천한 존재임을 강조하고 있다. 공부를 안 한 사람은 풀과 나무만도 못하고 새나 짐승만도 못하며 심지어 똥이나 흙보다도 쓸 데가 없는 존재라고 읊고 있다. 이처럼 공부하기를 강조한 황제이니 그가 이전 황제들의 뜻을 받들어 문치(文治)에 매우 힘을 기울였음은 당연한 일이다. 인종은 학문을 바탕으로 하여 덕으로 나라를 다스리기에 힘쓴 임금이다. 『송사』 인종본기(仁宗本紀)에서도 "찬왈(贊曰)"하고 인종을 이렇게 평하고 있다.

"인종은 공경스럽고 검소하고 인자하고 너그러운 것이 그의 타고난 천성이다. … 임금과 신하 위아래가 남을 위하고 동정하는 마음으로 충실하고 착실한 정치를 하여 송나라 삼백여 년의 기틀을 쌓고 다져 놓았다. … 옛 글에 이르기를 '임금이 되어 어짊을 지킨다.' 하였는데, 인종이야말로 그 말을 유감없이 실천하였다."[25]

황제들이 이러하였기 때문에 이때에 이르러는 어느 시대보다도 많은 학식과 정치적인 경륜을 지닌 명신(名臣)들이 쏟아져 나와 임금을 보좌하여 북송이란 나라는 중국 역사상 가장 평화롭고 번영을 누리는 나라가 된 것이다. 그때의 명신으로 여이간(呂夷簡, 977-1042) · 범중엄(范仲淹, 990-1053) · 부필(富弼, 1004-1083) · 구양수(歐陽脩, 1007-1072) · 한기(韓琦, 1008-1075) 등 이루 헤아리기 어려울 정도로 많다. 『송사』 권197 병지(兵志)를 보면 "인종 때에는 천하에 오랜 동안 전쟁이 없었다. 천성(天聖) 4년(1026) 칙명(勅命)으로 여러 지방의 일 년에 만드는 무기의 양을 반으로 줄이게 하였다."[26]는 기록이 있다. 이미 인종 때의 북송은 태평성세(太平盛世)를 구가하는 나라였음을 알게 한다.

구양수(歐陽脩)

인종에게는 아들이 없어 사촌 형인 복왕(濮王)의 아들이 뒤를 이

25) 『宋史』 권11 仁宗本紀; "贊曰; 仁宗恭儉仁恕, 出於天性. … 君臣上下惻怛之心, 忠厚之政, 有以培壅宋三百餘年之基. … 傳曰; '爲人君, 止於仁.', 帝誠無愧焉!"

26) 『宋史』 권197 志150 兵11; "仁宗時, 天下久不用兵. 天聖四年, 詔減諸路歲造兵器之半."

어 황제가 되었는데 그가 영종(英宗, 1064-1067 재위)이다. 영종은 "천성적으로 효성이 지극하고 글 읽기를 좋아하였으며, 놀면서 즐기고 허튼 짓을 하지 않았으며, 입는 옷도 선비처럼 검소하였다."[27]고 한다. 스스로도 공부에 힘쓰고 교육도 장려하였다. 그는 병이 나 불편한 중에도 앓은 몸을 이끌고 이틀에 한 번씩 이영각(邇英閣)에 나가 공부를 함으로써 사람들에게 모범을 보였다 한다. 그러나 4년도 제대로 임금노릇을 못하여 『송사』 영종본기(英宗本紀)에는 "찬왈(贊曰)" 하고 끝머리에 "비록 질병으로 크게 업적을 이룰 수는 없었지만, 앞으로 백세(百世)를 두고 임금의 높은 풍도(風度)를 우러러보고 지극한 덕을 읊조리게 하였으니, 얼마나 대단한 일인가!"[28]하고 애석한 정을 들어내고 있다.

왕안석(王安石)

그 뒤를 이은 신종(神宗, 1068-1085 재위)은 "타고난 성격이 공부하기를 좋아하여 스승에게 배우느라 해가 저물도록 밥 먹는 것도 잊기 일쑤여서 영종이 늘 내시를 보내어 공부를 멈추게 하였다."[29]는 정도이다. 따라서 스스로 공부를 열심히 하면서 이전 황제들의 정치 이상을 이어갔다. 그러나 북송이 일어나 평화와 번영을 누린지 100년이 넘어가자 걱정 없이 돈을 쓰면서 산 덕에 경제정책

27) 『宋史』 권13 英宗本紀; "帝天性篤孝, 好讀書, 不爲燕嬉褻慢, 服御儉素如儒者."

28) 『宋史』 권13 英宗本紀; "贊曰; … 雖以疾疢不克大有所爲, 然使百世之下, 欽仰高風, 詠歎至德, 何其盛哉!"

29) 『宋史』 권14 神宗本紀; "而天性好學, 請問至日晏忘食, 英宗常遣內侍止之."

을 비롯하여 사회 여러 면으로 모순이 들어나기 시작하였다. 나라의 수지(收支) 만 보더라도 세입(歲入)이 1억1613만 민(緡)인데 비하여 세출(歲出)은 1억3186만 민(緡)이어서 적자(赤字)가 약 1,500만 민(緡)이나 되었다. 이에 조칙(詔勅)을 내리어 "이재(理財)가 당금(當今)의 급무(急務)"라 강조하였지만 하루아침에 개선될 수는 없는 일이었다. 당시에 큰 파동만을 일으키고 만 왕안석(王安石, 1021-1086)이 제시한 신법(新法)의 시행으로 결과는 정쟁(政爭)을 크게 일으켰을 따름이다. 이처럼 오래 두고 쌓여온 사회의 모순은 일시에 해결될 수는 없는 것이다. 적어도 신종 같은 성실한 임금이 몇 대는 더 이어지며 노력이 기울여져야만 해결을 기대할 수 있을 것이다. 여하튼 신종도 공부하기를 좋아하고 교육에도 힘쓴 훌륭한 임금이다. 『송사』의 신종본기(神宗本紀)에서는 왕안석의 신법을 시행한 것을 잘못이라 비판하면서도 「찬(贊)」에서 다음과 같은 평을 하고 있다.

> "그분은 임금 자리에 올라서도 일에 소심하고 겸손하였으며, 대신들을 존경하고 두려워하며 곧은 말을 들으려 하였고, 백성들의 어려움을 살펴주고 고아나 의지할 곳 없는 이들을 돌보아 주고 노인들을 부양해주고 어려운 이들을 구제해 주었다. 궁실을 짓지 아니하고 놀러 다니는 일을 하지 아니하고 나라 다스리는 일에 정력을 다하여 크게 일을 이룩하려 하였다."[30]

그 뒤의 철종(哲宗, 1086-1100 재위)도 "성격이 장중하고 공부에 힘쓰고 똑똑하였다."[31]는 임금이어서 덕으로 나라를 잘 다스리었으나 신

30)『宋史』 권14 神宗本紀; "贊曰; 其卽位也, 小心謙抑, 敬畏輔相, 求直言, 察民隱, 恤孤獨, 養耆老, 振匱乏. 不治宮室, 不事遊幸, 厲精圖治, 將大有爲."

31)『宋史』 권17 哲宗本紀; "皇太后曰; … 皇子性莊重, 從學穎悟."

종 때 시작된 신법을 두고 추진파와 반대파가 다투는 바람에 나라의 정치 분위기는 어지러울 수밖에 없었다. 그런 중에도 나라의 평화와 번영은 지속되었다.

다시 뒤를 이은 휘종(徽宗, 1101-1125 재위)은 실상 북송의 마지막 황제나 다름없다. 선화(宣和) 7년(1125) 말에 금(金)나라 군대가 하북(河北)과 산서(山西) 두 방향에서 남쪽으로 쳐내려와 도읍인 변량을 포위하자 휘종은 임금 자리를 태자에게 넘겨주고 금나라에 금 500만 냥(兩), 은 1000만 냥, 소와 말 10만 마리, 비단 100만 필(匹)을 보내주기로 한다. 그때 황제 자리에 오른 이가 흠종(欽宗, 1126-1127)이다. 금나라는 그러나 곧 핑계를 대고 다시 변량을 포위 공격하여 정강(靖康) 2년(1127) 4월에 북송 궁중의 보물과 함께 휘종과 흠종 이하 황제의 집안 사람들과 궁인(宮人) 및 관리들 1000수백 명을 잡아 북쪽으로 끌고 가 북송은 망하게 된다. 따라서 휘종의 뒤를 이은 흠종 황제는 겨우 1년 남짓 짧은 세월을 황제 자리에 앉았다지만 제대로 임금노릇은 해볼 겨를이 없었다.

이 실질적인 북송의 마지막 황제인 휘종은 19세에 황제 자리에 올랐는데, 문학뿐만이 아니라 음악과 미술까지도 좋아하여 북송의 문화를 진흥시키는데 공헌하였다. 휘종 때에 와서도 신법당(新法黨)과 반대파 사이에 정쟁이 이어져 정치적으로는 어지러웠지만 오랜 평화와 경제적인 번영을 바탕으로 한 때 '선화문화(宣和文化)'라고 부르는 호화롭고 사치스런 문화를 꽃피웠다. '선화'는 휘종 때의 연호(1119-1115)이다. 북송의 정치를 비판하는 이들은 황제가 궁정에서 지나치게 사치스런 생활을 하며 즐겼고 관계(官界)는 재물의 낭비가 지나쳤다고 말하고 있다. 『송사』 휘종본기(徽宗本紀)에서는 "찬왈(贊曰)"하고 다음과 같은 말로 휘종에 대한 기사를 끝맺고 있다.

"… 옛날부터 나라 임금이 자기가 좋아하는 취미에 빠져 뜻을 잃고 욕망을 좇으면서 법도를 무너뜨리면 망하지 않는 이가 드물었다. 휘종은 그게 심하였기 때문에 특히 들어내어 경계를 삼도록 하려는 것이다."[32]

북송의 황제들은 모두 공부를 많이 하여 문학에만 조예가 깊었을 뿐만이 아니라 음악과 회화도 모두 상당히 좋아하였다. 그들은 모두 태조의 뜻을 이어받아 덕을 바탕으로 문인(文人) 위주의 평화를 추구하는 정책을 펴서 북송이란 나라가 중국역사상 가장 정치를 잘 하여 평화와 번영 속에 백성들을 걱정 없이 안정된 생활을 누리게 하고 학술과 문화도 가장 뛰어난 수준으로 발전시켰다. 북송의 마지막 황제인 흠종(欽宗)은 서기 1125년 말에 휘종으로부터 황제 자리를 물려받아 1126년에 황제가 되었으나 도읍인 변경도 이미 황하를 건너 온 금나라 군대에게 몇 차례나 포위공격을 당하였고, 결국 서기 1127년 4월에는 휘종과 함께 금나라 군대에게 잡히어 북쪽으로 끌려갔으니 임금 노릇도 제대로 못해본 셈이다. 휘종이며 흠종이며 북송에 대한 금나라 군대의 침입과 압력이 계속되었지만 전쟁은 할 줄도 모르는 황제들이었다.

32) 『宋史』 권19 徽宗本紀; "贊曰; … 自古人君玩物而喪志, 縱欲而敗度, 鮮不亡者. 徽宗甚焉, 故特著而爲戒."

제3장
문관(文官) 위주의 정치와 북송 지식인들의 특징

북송의 정치가 안정되어감에 따라 더욱 문신(文臣)들이 쓰이는 비중이 커졌다. 태조를 뒤이은 태종은 글공부를 한 문신들을 더욱 중히 써서 문관 위주의 정책을 굳혀 놓는다. 태종은 스스로도 "나는 별다른 좋아하는 것이 없으나 유독 책 읽는 것만은 좋아한다."[1]고 했을 정도로 공부하는 것을 좋아했으니 문신을 중시한 것은 당연한 추세이다. 그리고 태종은 이방(李昉, 925-996)을 비롯하여 여러 학자들을 불러 모아 『문원영화(文苑英華)』·『태평어람(太平御覽)』·『태평광기(太平廣記)』 등 500권에서 1000권에 이르는 거대한 양의 백과전서 성질의 유서(類書)를 여러 가지 편찬케 하였다. 그리고 문신들을 불러들이어 일을 시키고 벼슬도 내리면서 이전보다 봉급도 훨씬 많이 늘려주었다. 진종(眞宗)도 이를 본떠서 양억(楊億, 974-1020)·왕흠약(王欽若, 962-1025) 등에게 명하여 1000권에 달하는 『책부원귀(冊府元龜)』를 편찬케 하였다. 이와는 성격이 좀 다르지만 영종(英宗) 때에는 사마광(司馬光, 1019-1086)이 편찬국(編纂局)을 차려놓고 294권에 달하

1) 王夫之 『宋論』 권2 太宗; 太宗曰; 朕無他好, 惟喜讀書.

는 거질의 중국통사인『자치통감(資治通鑑)』을 편찬 발행하였다. 이 밖에도 수많은 북송 문인들의 시문(詩文)의 총집(總集)과 별집(別集)을 비롯하여 무수한 저술이 발간되었다.

경덕(景德) 2년(1005)에 진종황제가 국자감(國子監)에 가서 서고(書庫)를 시찰하다가 그 곳의 책임자인 좨주(祭酒)로 있는 형병(邢昺, 932-1010)에게 물었다. "책을 찍는 목판(木板)이 얼마나 있소?" 형병이 대답하였다. "우리나라 초기에는 4000개가 못되었는데, 지금은 10여만 개나 되어 경(經) 사(史)에 관한 책과 그 해설서가 모두 갖추어져 있습니다. 제가 젊었을 적에 공부하면서 보면 경전(經傳)을 다 갖추고 있는 학생은 백 명 중 한두 명도 되지 않았는데, 서로 다 베끼어 줄 수가 없었기 때문입니다. 지금은 판본(板本)이 모두 갖추어져 있어 선비 집안은 모두 그것을 갖고 있습니다. 이것은 바로 공부하는 사람들이 때를 잘 만난 행운이옵니다." 황제는 기뻐서 말하였다. "나라에서 학문을 숭상한다 하더라도 사방이 무사하지 않다면 어찌 이렇게 될 수가 있었겠소?"[2] 북송 시대에는 이처럼 책의 목판인쇄(木板印刷)가 발달했었다.

이처럼 많은 책들이 큰 규모로 인쇄되는 바람에 인쇄술이 정교하게 발달하고, 본시는 나무 판에 글자를 새기어 책을 찍어내는 목판(木板) 인쇄가 주류였으나 뒤에는 활자(活字)까지도 발명되어 출판의 새로운 시대를 열게 된다. 그리고 지식인들이 크게 늘어나 책을 읽는 사람들이 많아지자 책의 인쇄는 높고 낮은 관청에서 내는 관각본(官刻本) 뿐만이 아니라 민간에도 유행하여 민간에서 찍은 우수한 방각본(坊刻本)도 많이 나왔다. 민간에 책을 찍어내어 책을 팔아 돈

2)『續資治通鑑長編』 권60 의거.

을 버는 서방(書房)과 서포(書鋪)·서붕(書棚)도 크게 늘어, 여인중(余仁仲)의 만권당(萬卷堂) 같은 지금까지도 좋은 책을 낸 출판사라고 알려진 '서방'들도 있다. 그 밖에 개인 집안에서도 책을 내어 가각본(家刻本) 또는 가숙본(家塾本)이라 부르는 책들도 많이 나왔다.

이는 북송으로 들어오면서 공부를 한 지식인인 사대부(士大夫)가 나라를 이끄는 중심세력으로 확실한 자리를 잡았음을 뜻한다. 북송을 이끈 지배세력인 지식인 곧 그 시대 '사대부' 또는 '문관'의 특징을 이해하기 위하여 그 북송 '문관'이 이루어진 역사적인 배경을 더듬어 보기로 한다.

중국의 역사를 들춰보면 진(秦)나라(B.C.221-B.C.206) 한(漢)나라(B.C.206-A.D.220) 시기부터 귀족(貴族)들이 나라의 정치와 경제를 독점하기 시작하여, 위(魏)나라(220-265)·서진(西晉)나라(265-317) 이후 당(唐)나라(618-907) 중엽에 '안록산(安祿山)의 난(755-763)'이 이러나기까지의 시대는 종족(宗族)을 중심으로 하여 대지주(大地主)이며 고관(高官)인 대족(大族)들이 나라와 사회를 완전히 장악하고 있었다. 서민들은 모두 여러 지역의 크고 작은 귀족들 아래 붙어서 살아가는 수밖에 없었다. 그런 세상에서는 아무리 뛰어난 재능을 갖고 있다 하더라도 특수한 경우가 아니면 자기의 재능을 발휘하여 지배계급으로 발돋음 하는 수가 없었다. 관리를 공정하게 뽑아 쓴다는 명분 아래 임금의 권한에도 위협을 가하게 된 귀족들의 세력을 누르려고, 수(隋)나라 때(581-618)부터 과거제도(科擧制度)가 시행되었다. 그리고 그 과거제도는 당나라에 와서 형식상 자리를 잡게 된다. 그러나 '대족'의 자제들이 아니라면 과거에 급제할만한 공부를 하는 수가 없었다. 따라서 서민들에게 과거제도는 그림의 떡이나 같은 것이었다.

그러나 전성과 평화를 누리고 있던 당나라에 갑작이 '안록산의 난(755-765)'이 일어나 중원 땅을 휩쓰는 바람에 우선 나라의 정치와 경제를 지배하던 대족들이 모두 하루아침에 망해버렸다. 내란을 주도한 안록산(安祿山, 705-757)과 사사명(史思明, ?-761)이며 그 주력부대가 이민족 출신이었고, 당나라 조정에서는 반란을 진압하기 위하여 화흘(回紇)을 중심으로 하는 다른 나라에 반란을 진압하기 위한 구원군(救援軍)을 요청하여 끌어들였다. 이에 당나라는 갑자기 외국 군대들이 들어와 멋대로 싸우면서 살인과 약탈을 일삼는 무정부 상태에 가까운 나라가 되었다. 이 틈에 망해버리지 않을 수가 없던 것이 당나라 정치와 경제를 지배해온 '대족'들이다. 외국의 힘을 빌리어 반란을 진압한 뒤에도 사방 여러 나라의 힘은 강해진 반면 당나라 조정은 자기 나라 여러 지방을 다스리는 장수들인 절도사(節度使)를 마음대로 통어(統御)하지 못하는 형편이 되었다.

대족이 망해버리면서 새로이 등장하기 시작한 것이 낮은 계급 출신의 새로운 사대부(士大夫)들이다. 이들은 나라가 어지러워진 중에도 자신이 애쓰고 공부하여 형편없는 집안 출신이면서도 지배계급으로 발 돋음을 한 사람들이기 때문에 생각이 보다 실질적이고 합리적이었다. 따라서 당나라 중기(756) 이후 오대(五代, 907-960)를 거쳐 북송에 이르도록 200여 년 동안 교양 없는 군인들에 의하여 나라의 운명이 좌우되고 있는 시대에, 이 새로운 사대부들은 묵묵히 더욱 충실히 스스로를 닦고 새로운 문화를 건설해야 한다는 자각과 함께 실력을 쌓아갔다. 그들 새로운 지식인들의 노력이 북송으로 이어져 큰 열매를 맺게 되는 것이다.

사상면에 있어서는 한유(韓愈, 768-842)가 「원도(原道)」·「원성(原性)」·「원인(原人)」 같은 글을 지어 유학의 도통론(道統論)을 내세우고 성(性)·정(情) 같은 이전의 유학자들은 연구 과제로 다루지 않던 형

이상학적(形而上學的)인 명제(命題)를 학문연구의 주제로 삼기 시작하였다. 그의 제자인 이고(李翱, 772-842)도 『복성서(復性書)』 등을 지어 『중용(中庸)』·『대학(大學)』 등을 바탕으로 성(性)·정(情)의 문제 등을 연구하였다. 이에 현실적인 문제를 중심으로 학문의 주제를 삼아온 공자의 유학이 크게 변화하게 된다.

그리고 문학면에 있어서도 이 새로워진 지식인들에 의하여 새로운 경향의 작품들이 창작되게 된다. 우선 중국 고전문학 발전의 중심을 이루어온 시의 성격이 변한다. 두보(杜甫, 712-770)가 대란을 몸소 겪으면서 사회와 서민 생활에 깊은 관심을 보이며 개성적이고 현실주의적인 시를 씀으로서, 새로운 시의 발전을 선도하였다. 바로 원진(元稹, 779-831)·백거이(白居易, 772-846) 등이 그 현실을 대변하는 경향의 시를 뒤이었고, 그들은 시어(詩語)까지도 흔히 원화체(元和體)[3]라는 서민의 구미에 맞는 쉽고도 저속한 용어를 쓰려 하였다. 그리고 시의 내용에 있어서도 낮은 서민의 서정을 바탕으로 하는 시를 썼다. 한유(韓愈)와 유종원(柳宗元, 773-819) 등은 산문에 있어 지나치게 형식을 존중하는 변려문(騈儷文)을 반대하고, 내용을 충실히 표현하는 고문(古文)을 쓰기를 주장하며 실천하였다. 그리고 민간에 역사적인 얘기나 전설을 연창(演唱)하던 속강(俗講)의 영향으로 소설인 전기(傳奇)의 창작이 유행하게 된다. 이 전기소설은 대부분 '고문'으로 쓰게 되어 새로운 산문의 사용에도 크게 힘을 보태게 된다. 또 서민에의 관심은 민간가요를 바탕으로 한 장단구(長短句)로 이루어진 새로운 시인 사(詞)를 문인들이 짓기 시작하게 한다. 다시 이 시기에 새로 생겨난 문학으로 변문(變文)이 있다. 변문은 유명한 돈황

3) 『新唐書』 元稹傳, "元和"는 唐 憲宗의 年號.

문권(敦煌文卷) 가운데에서 발견되었다. 변문은 가창(歌唱)하던 운문부분과 강설(講說)하던 산문부분을 엇섞어 일정한 얘기를 기술한 것이 대표적인 형식의 것이다. 이는 불교의 영향뿐만이 아니라 민간에 성행하던 속강(俗講)도 그 발전에 역할을 하였다고 보아야 할 것이다.

북송에는 이 당나라 중엽에 새로워진 지식인의 성격을 더욱 확실히 발전시키어 정치와 사회의 중심세력으로 자리를 잡는다. 이전의 학자들이 사상적으로 새로운 분야를 추구한 것을 이어받아 여러 학자들이 이학(理學) 또는 신유학(新儒學)이라 부르는 새로운 유학(儒學)을 추구하게 된다. 그리고 문학면에 있어서도 당나라 중엽부터 시작된 시· 고문·사·소설·변문 등에 걸친 문학개혁의 움직임을 만당(晩唐)·오대(五代)의 파란을 거치면서도 그대로 착실히 계승 발전시키어 큰 결실을 맺게 된다. 더구나 북송의 황제들은 문관 위주의 정치를 하게 되어 이들 지식인들이 사대부로서 정치적으로나 사회적으로나 나라를 이끄는 지배세력으로 발전한다.

북송의 사대부들은 이렇게 이루어져 발전하였기 때문에 그 성격이 다른 시대의 사대부들과는 전혀 다르다. 북송 지식인들은 자기들이 이 나라의 중심세력이 되었음을 스스로 깨닫고 그 책임도 자각하였다. 그리고 그들은 자기들의 노력이 새로운 건전한 사회와 고도의 문화를 이룩하였다는데 대한 자부심도 갖게 되었다. 따라서 이들은 지식인으로서의 사회에 대한 자각을 하게 되어 세상을 살아가면서 지식인으로 나라와 사회 또는 백성들을 위하여 무엇을 어떻게 할 것인가 올바른 길을 추구하게 되었다. 더욱 열심히 공부하고 세상을 위해 공헌하려고 애쓰면서 사람들이 살아가는 현실적인 문제뿐만이 아니라 사람과 사물의 내면적인 문제까지도 추구하게 되었다.

북송의 사대부 계층 사람들 중에는 어려운 집안 출신도 적지 않았다. 당나라 때처럼 사대부가 되는 특권이 그가 타고난 집안의 조건에 의하여 좌우되는 것이 아니라, 그 자신이 닦아서 몸에 지닌 학식과 교양에 의하여 주어졌다는 자각을 하게 되었다. 따라서 북송 시대에 와서는 사대부들 사이에 지식인으로서의 자부심이 강해졌다. 북송에 과거에 합격한 진사들 중에는 낮은 서민 집안 출신이 적지 않았다. 『송사(宋史)』에 전기가 실려 있는 북송 166년 동안에 활약한 사람 수는 1,533명인데 그 중 가난하고 낮은 집안 출신으로써 과거(科擧) 시험에 합격하여 벼슬을 한 사람이 55.12 퍼센트나 된다고 한다. 그리고 북송에서 일품(一品)으로부터 삼품(三品)에 이르는 벼슬을 한 사람 중에 농촌이나 보잘 것 없는 집안 출신의 사람들이 대략 53.67퍼센트에 달했는데, 북송 말기에는 무려 64.44퍼센트에까지 이르렀다 한다.[4] 실제로 태조 때의 나라를 세우는데 공신으로 재상을 지낸 조보(趙普, 922-992), 태종 시절의 지제고(知制誥) 벼슬을 한 왕우칭(王禹偁, 954-1001), 진종(眞宗) 때의 재상이었던 구준(寇准, 961-1023)과 한림학사(翰林學士)였던 형병(邢昺, 932-1010), 인종(仁宗) 밑에서 참지정사(參知政事)를 지낸 범중엄(范仲淹, 989-1052) · 신종(神宗) 때의 재상 왕안석(王安石, 1021-1086) 등이 모두 농가 집안이거나 형편없는 집안 자식들이었다.

북송의 사대부들은 모두 자기의 노력으로 많은 공부를 하여 지배계급에 올라 높은 벼슬도 하고 학자로 행세하게 된 사람들이다. 그렇게 된 그들의 가장 중요한 무기는 학식이었다. 그러므로 북송

4) 陳義彦「從布衣入仕情形分析宋布衣階層的社會流動」(『思與言』 第9卷 第4期, 1971. 11.) 의거.

의 지식인들은 모두 자기가 쌓은 학식을 바탕으로 정치적인 경륜을 가지고 정치에 참여하는 정치가가 되는 한 편, 넓고 깊게 공부하여 중국의 역사나 유가의 경전에 대한 일가견(一家見)을 갖춘 학자로 행세하기도 하며, 이 세상을 위한 개성적인 시나 글을 쓰는 문인으로 활동하기도 하였다. 그들은 황제 앞이나 대신들 앞에서도 정치 문제나 학문이나 교육 등을 논하면서 언제나 자기 소신을 당당하게 내 세웠다. 따라서 그들이 지은 시나 글에는 그 시대 지식인들의 특징을 발휘하는 개성적인 내용과 새로운 사상 같은 것이 담기어 있었다.

보기로 나라의 정치에도 소신을 가지고 참여하고 새로운 경향의 학문연구와 시와 사(詞) 및 부(賦)와 고문(古文) 전반에 걸친 새로운 북송 문학의 길을 열었다고 평가 받는 구양수(歐陽脩, 1007-1072)를 든다. 구양수는 가난한 집안에 태어났고 네 살 때 아버지가 돌아가시어 어머니 밑에서 땅바닥에 글씨 쓰는 연습을 하면서 자라났다. 그는 열심히 공부하여 과거 시험을 보아 진사가 된 뒤, 인종(仁宗) 경력(慶曆) 연간(1041-1048)에는 지제고(知制誥)·용도각직학시(龍圖閣直學士)와 한림학사(翰林學士) 등 높은 벼슬을 거치기도 하였으나 성격이 바르고 곧아서 임금 앞에서도 언제나 하고 싶은 말을 다하였다. 그는 신종(神宗)이 시행하려는 왕안석(王安石, 1021-1086)의 신법(新法)을 앞장서서 반대하였다. 그러나 한편으로 자기의 정적(政敵)이었던 여이간(呂伊簡, 977-1042)의 아들 여공저(呂公著, 1018-1089)를 조정에 추천하기도 하고, 자기와 늘 정견이 달라 부딪치는 사마광(司馬光, 1019-1086)도 조정에 추천하였다. 사람이 바르고 훌륭하다고 여겨지면 개인적으로는 자기의 정적의 아들이든 정견이 다른 사람이든 상관하지 않았던 것이다. 이런 성격 때문에 정치 생활이 무난할 수가 없다.

구양수 뿐만이 아니라 북송의 유명한 지식인들의 정치생활에는 모두 파란이 적지 않다.

구양수는 경전(經傳) 공부를 하면서도 단순히 이전 학자들의 학설을 그대로 받아들이지 않았다. 『시본의(詩本義)』 16권을 지어 『시경(詩經)』의 시를 해석함에 있어 전통적인 주석(注釋)으로 믿고 있는 『모전(毛傳)』과 정현(鄭玄, 127-200)의 『전(箋)』을 따르지 않고 많은 곳을 자기 나름대로 풀이하고 있다. 그리고 『역동자문(易童子問)』 3권에서는 이제껏 『역경(易經)』 중의 '십익(十翼)'은 공자가 지은 것이라 믿어 왔으나 구양수는 여러 가지 과학적인 증거를 들어 이 십 편의 글은 한 사람이 쓴 것일 수가 없고 더구나 공자가 지은 것이 아님을 증명하였다. 이것은 중국 경학 연구의 새로운 길을 연 업적이다. 그리고 중국의 전통 역사서는 『서경(書經)』·『춘추(春秋)』·『좌전(左傳)』 등 모두 경전(經傳)의 범위에 속하는 것이었다. 그러나 구양수는 황제의 명을 받들어 『신당서(新唐書)』 225권과 『오대사기(五代史記)』 74권을 편찬하였는데 자신의 소신을 바탕으로 역사를 객관적으로 기술하여 새로운 역사관을 정립하였다. 실은 그에 앞서 이미 소개한 사마광(司馬光)이 『자치통감(資治通鑒)』을 써서 중국의 역사를 사실에 입각하여 기술함으로써 새로운 역사관을 세웠다. 그가 쓴 옛날의 역사적인 사실은 "세상을 다스리는 데 언제나 거울이 되는 역사"라는 뜻에서 『자치통감』이라 책 이름을 붙인 것이다. 구양수는 여기에서 한 발자국 더 나아가 사람들이 살아온 모습을 더욱 객관적으로 쓰고 정리하여 경학으로부터 완전히 독립한 역사학의 새로운 길을 분명히 제시하였다. 그리고 옛날 비석이나 쇠그릇에 새겨진 글은 붓글씨와 글을 쓰는 데의 참고로 삼는 한편 옛날의 귀한 물건을 모아 골동품으로 감상하는 대상이었다. 그런데 구양수는 이런 것들을 모아 『집고록발미(集古錄跋尾)』 10권을 지었는데 이를 통해서 금석학(金石學)이 옛날 일과 그 시대의 문화를 올바로 알아내는 역사를 보조하는 학문으로 자리를 잡게 되었다.

소식(蘇軾)

문학에 있어서는 고문가 윤수(尹洙, 1001-1047)와 시인 매요신(梅堯臣, 1002-1060) 등을 사귀면서 북송 문학개혁의 터전을 넓혀갔다. 인종(仁宗) 때에는 지공거(知貢擧)가 되어 과거를 관장하면서 소박하고 간명한 고문으로 답안을 쓴 이들만을 뽑았다. 왕안석(王安石, 1021-1086)·증공(曾鞏, 1019-1083)·소식(蘇軾, 1037-1101)·소철(蘇轍, 1039-1112) 같은 고문 대가들은 모두 구양수의 그러한 방침 아래 뽑혀진 사람들이었다. 구양수는 여기에 든 사람들과 함께 고문(古文)이 중국의 산문으로 완전한 자리를 잡게 하였다. 곧 당대의 한유와 유종원 등에게서 시작된 고문운동(古文運動)은 구양수에 이르러 완성된 것이다.

북송 초기에는 만당(晩唐)의 이상은(李商隱, 812-858) 같은 유미주의적(唯美主義的)인 시를 쓰려는 이른바 서곤파(西崑派)가 대세를 이루고 있었다. 그러나 구양수는 그러한 경향의 시에서 벗어나 사람의 일과 세상일을 중시하고 개성적인 방법으로 그 시대 사람들의 일과 서정을 시로 읊기 시작하였다. 같은 시대의 매요신 시의 평담(平淡)한 기풍과 소순흠(蘇舜欽, 1008-1048) 시의 호방(豪放)한 풍격을 좋아하여 새로운 경지의 북송시를 창작하게 된다. 그는 시에 있어서 아름다운 형식보다도 그 속에 담는 내용의 표현을 더 중시하였다. 또 화려한 수사(修辭)보다도 문장의 기세(氣勢)와 풍격(風格)을 더 존중하였다. 이론의 전개도 피하지 않고 어떤 일의 서술도 피하지 않았다. 그래서 "산문으로 시를 짓는다.(以文爲詩)"는 비판을 받기도 하였지만 당대의 시보다 한 단계 더 발전한 새로운 시를 쓰는 길을 연 것이다. 그렇다고 당시에서 닦여진 서정(抒情)·서경(敍景)·서사(敍事)의 수법이나 여러 가지 시의 격식과 수사의 방법 등 어느 하나도 버린 것은 아니다. 그러니 구양수는 이전의 시보다도 내용이나 형식이 더욱 확장된 새로운 풍격의 송시를 이룩한 것이다. 그리고 시에 관한 『육일거사시화(六一居士詩話)』를 써서 이후 수많은 『시화(詩話)』의 저술이 나오며 시 평론의 새로운 길을 열게도 하였다.

당나라 중엽에 새로 개발된 형식의 시인 사(詞)도, 구양수가 시와는 달리 아름다운 서정(抒情)을 추구하는 새로운 북송의 문학으로 발전시키기 시작하였다. 여성적인 서정과 섬세한 감상 또는 부드럽고 염정(艶情)이 담긴 내용들을 시와는 다른 새로운 운문인 사로 읊기 시작한 것이다. 시와는 달리 그의 사가 여성적인 감상과 염정이 넘치는 청신하고도 가벼운 서정을 위주로 하고 있는 것은, 사가 민간가요에서 발전한 것이라는 성격 때문일 것이다. 시에서 발휘하지 못한 자신의 가볍고 아름다운 서정을 그는 새로운 형식의 시가를 통해서 발휘하여 사가 북송을 대표하는 문학형식으로 발전하게 하였다. 이처럼 그 시대의 정치적 학술적 거목이면서 문단의 맹주(盟主)의 역할을 하였기 때문에, 북송시대의 문학을 이끌고 개혁할 수가 있었다. 그의 모든 작품을 모아놓은 『구양문충공집(歐陽文忠公集)』 153권이 있다.

이처럼 구양수는 북송의 정치가이며 학자이며 동시에 역사학자이기도 하고 새로운 문학의 개척자이며 창조자이기도 한 것이다. 구양수 뿐만이 아니라 북송 지식인들의 생활은 모두 중심이 공부하고 책을 읽는 것이었다. 그들은 사람들을 위하고 세상을 올바로 이끌려는 마음을 가지고 넓고 깊게 열심히 공부하고 책을 읽기 때문에, 훌륭한 정치가에다가 뛰어난 학자이며 좋은 글을 쓰는 문학자가 되는 것이다. 구양수뿐만이 아니라 사마광(司馬光, 1019-1086)·왕안석(王安石, 1021-1086)·소식(蘇軾, 1037-1101) 등이 모두 그러한 모습이다. 모두가 자기 소신에 당당하고 자신의 능력을 다하여 세상과 나라를 위하여 공헌하려고 노력하였다.

그들은 스스로 공부하여 쌓은 학문을 바탕으로 올바른 길을 추구하려 하였기 때문에 다른 사람들과 정치나 사회문제에 있어서는 의견을 달리하고 충돌도 하여 당쟁(黨爭)을 일으키기도 하였지만 공의(公義)에 있어서는 자기와 의견이 다른 사람을 존중하고 도아주기까지도 하였다. 보기를 들어보자. 인종(仁宗) 때 재상인 여이간(呂夷簡, 977-1042)이 곽황후(郭皇后)를 내치려 할 때 간관(諫官)으로 있던 범중엄(范仲淹, 989-1052)은 이의 부당함을 황제에게 극력 간하였고 또 『백관도(百官圖)』를 지어 올리며 바르지 못한 관리의 인사정책도 비판하였다. 그러나 뒤에 범중엄이 지방 관리로 나가게 되자 여이간은 범중엄에게 조정에 있는 정적들을 대비하라고 충고해 주었다. 그리고 뒤에 다시 두 사람이 함께 황제 앞에 나가게 되었을 적에 황제가 범중엄에게 "두 사람은 정견이 달라 이전에 많은 충돌을 하여 유감이 많을 터인데 이제 마음을 푸는 게 어떠냐?"고 묻자 범중엄은 "저이들이 정견이 달랐던 것은 나라 일을 처리하는 방법이었습니다. 인간적으로는 전혀 유감이 없습니다." 하고 대답했다 한다. 그들은 정견은 달라 충돌을 하였지만 계속하여 인간 면에 있어서는 언제나 친구처럼 생각하면서 서로 존경하며 지냈다.

다시 왕안석이 신법(新法)을 추진할 적에 소식은 적극적으로 그것을 반대하였는데, 그들 두 사람 사이의 관계를 살펴보기로 하자. 신종(神宗) 초기에 왕안석이 부수상 급인 참지정사(參知政事)가 되면서 이른바 신법(新法)으로 정치를 개혁하려 하자 소식은 적극적으로 범중엄·구양수·사마광 등과 함께 '신법'의 시행을 반대하여 귀양을 가는 등 핍박도 많이 받았다. 그러나 신종 말기인 원풍(元豐) 연간(1078-1085) 후기에 두 사람은 금릉(金陵, 지금의 南京)에서 시를 써서 주고받으면서 서로의 문학과 올바른 인격을 존경하며 지냈다. 소식이 왕안석에게 써서 보내준 시[5] 중에는 "공을 좇아 사귐이 십년이나 늦었다고 후회되네!(從公已覺十年遲.)"라는 구절이 있다.

다시 소식과 장돈(章惇, 1080 전후)의 관계를 보자. 장돈은 왕안석의 신법을 지지하면서 반대파인 소식 등을 억누르는 데 앞장섰던 인물이다. 왕안석이 희녕(熙寧) 9년(1076) 7년 동안 지켜온 재상 자리를 내려놓고 금릉(金陵)으로 가서 쉬게 되자 장돈은 그 뒤를 이어 신법을 추진하였다. 그러나 만년에 소식이 장돈의 아들 장원(章援)에게 보낸 편지에 이렇게 말하고 있다. "나는 엄친(장돈)과 40여 년 사귀였는데 중간에 처신은 서로 약간 달랐지만 사귀는 정만은 전혀 변한 일이 없었네.[6] 그들은 신법의 추진에는 의견이 달라 당쟁(黨爭)을 하였지만 인간 면에 있어서는 계속 서로를 존경하며 지내온 것이다.

왕안석과 여혜경(呂惠卿, 1024?-1104)의 관계도 그러하다. 여혜경은 본시 구양수가 왕안석에게 추천해 준 사람으로, 왕안석과 경전(經

5) 「次荊公韻四絶」 其三 (『蘇軾詩集』 권24, 中華書局 1982 刊本 p.1251).

6) 「與章致平二首」 其一 (『蘇軾文集』 권55, 中華書局 1986 刊本 p.1643); "某與丞相定交四十餘年, 雖中間出處稍異, 交情固無所增損也."

傳)에 관한 뜻이 같아서 '신법'을 강행하는 데 함께하였다. 뒤에 왕안석이 금릉(金陵)으로 가서 쉬다가 다시 조정으로 복귀하려 할 때 여혜경은 왕안석이 다시 들어오는 것을 막았다. 그래서 소식은 여혜경은 '간사한 인간'이라 비판하였다. 그러나 왕안석은 뒤에 여혜경에게 보낸 편지에서 이렇게 말하고 있다. "당신과는 한 마음이었는데 뜻을 달리했던 것은 모두 나라 일 때문이지 어찌 딴 마음이 있었기 때문이겠소? 같은 조정에서 분위기가 어지러울 때 당신은 오직 나를 도왔거늘 내가 당신에게 무슨 유감이 있겠소? 사람들은 당신에 대하여 다른 말을 하는 이가 있지만 나는 상관하지 않소. 그런데 당신도 어찌 나를 책망할 이가 있겠소?"[7]

그뿐 아니라 그들은 황제 앞에서도 자기 생각을 언제나 바르고 당당하게 말하였다. 육유(陸游, 1125-1210)가 자기 조상들에 관한 얘기를 쓴 『가세구문(家世舊聞)』 권상(卷上)을 보면 그의 고조(高祖)인 육진(陸軫)이 인종 밑에서 벼슬하고 있을 적의 얘기가 한 토막 실려 있다. 한 번은 인종 앞에 나가서 육진이 손에 들고 있던 홀(笏)로 황제의 걸상을 가리키면서 이런 말을 하였다 한다. "세상의 간사한 영웅들 중에는 이 자리를 엿보고 있는 자들이 많습니다. 폐하께서는 반드시 일처리를 잘 하셔야만 오랜 동안 보전하실 수 있겠습니다."[8] 그러나 인종은 화를 내지 않고 다음 날 "대신들에게 그의 말을 전하면서 '육진은 순박하고 곧기가 이러하다오.' 하고 말하였

7) 「答呂吉甫書」(『臨川先生文集』 권73, 『四部叢刊』本) ; "與公同心, 以至異意, 皆緣國事, 豈有他哉? 同朝紛紛, 公獨助我, 則我何憾于公? 人或言公, 吾無與焉, 則公何尤于我?"

8) "天下奸雄睥睨此座者多矣. 陛下須好作, 乃可長得."

다."[9]고 한다. 또 사마광의『증광사마온공전집(增廣司馬溫公全集)』권1을 보면 사마광이 희녕(熙寧) 2년(1069)에 신종 앞에서 자기와는 반대로 왕안석의 신법(新法)을 지지하던 여혜경(呂惠卿, 1024?-1104)과 경전의 구절 해석과 당시의 나라 정책을 놓고 거리낌 없고 격렬한 논쟁을 벌인 경과를 적고 있다. 이때 신종은 정책을 시행하는 데에는 신법을 지지하면서도 아무 말 없이 두 사람의 논쟁을 오랜 동안 들어주었다 한다. 북송의 지식인들도 훌륭하지만 그들을 신하로 잘 거느려준 인종이며 신종 같은 북송의 황제들도 모두 훌륭한 인물들이었다.

여기에 보기를 든 사람들뿐만이 아니라 북송의 지식인들은 대부분이 곧고 깨끗하였다. 그들에게는 개인의 뜻보다도 이 세상을 바탕으로 하는 공의(公義)와 대절(大節)이 있을 뿐이었다. 그들은 공론(公論)과 개인의 생각 곧 공(公)과 사(私)를 엄연히 구별하였다. 그들이 정당(政黨)을 이루는 것은 개인을 위해서가 아니었다. 따라서 그들의 정치적 견해가 서로 달라서 당쟁을 하게 되지만 그들의 다툼은 언제나 공정한 군자(君子)로서의 논쟁이었다. 이러한 지식인들이 크게 늘어나고 이들이 나라를 이끄는 주역이 되었기 때문에 북송의 정치와 사회가 평화롭게 번영을 이루고 사상과 학술 및 문학이 크게 발전하지 않을 수가 없었다.

『송사(宋史)』열전(列傳)만 보아도 이상 얘기한 그 시대 관리들의 성격을 쉽사리 알게 된다. 보기로 태종(太宗, 976-997 재위) 밑에 재상을 지낸 이방(李昉, 925-996) 등의 전기가 실려 있는 권265「열전」제24를 총결(總結)한 '논왈(論曰)' 부분을 읽어보자.

9) "以其語告大臣曰; 陸某淳直如此."

> "『시경』(商頌「長發」)에 이렇게 읊고 있다.
> '진실하신 천자께 훌륭한 신하까지 내려주셨으니,
> 바로 아형 이윤(伊尹)이 그분이며,
> 착실히 상나라 임금님을 보좌하였네.'
> 그것은 훌륭한 임금이 있다면 곧 훌륭한 신하도 있게 되고, 그러한 신하가 있다면 잘 임금을 보좌하게 됨을 읊은 것이다. 태종께서는 세상을 다스리는 데 정력을 기우리시어 뜻을 다하여 재상을 임용하셨다. 이방(李昉, 925-996)은 덕을 쌓은 사람이라 하여 바로 임용하셨고, 이어 여몽정(呂蒙正)과 장제현(張齊賢, 943-1014)을 뽑아서 재상 자리를 이어가도록 하였고, 다시 가황중(賈黃中)을 택하여 나라 정치에 참여토록 하였다. 그런데 이 네 신하들은 행실이 충순(忠順)하고 아름다운 덕을 쌓았으며, 나라의 정치를 밝게 잘 닦아서 평화로운 다스림을 이룩하였으니, 임금과 신하가 제각기 지신의 도리를 다했다고 할 수가 있다. 군자들은 말하기를 이방은 노다손(盧多遜)에게 비방(誹謗)을 당했지만 문제 삼지 않았고, 여몽정은 장신(張紳)의 비난을 받았지만 변명도 하지 않았고, 장제현은 동료들이 방해를 하였지만 아는 채 하지 않았고, 가황중은 많은 사람들을 밀어주었으나 자기의 공로라고 내세우지 않았는데, 이는 보통 사람으로서는 하기 어려운 일이다. 그리고 더욱이 이 네 신하는 모두가 현명한 재상으로 일하였고 또 예에 알맞게 처신을 하다가 모두 수명을 제대로 누렸으니, 덕을 많이 쌓은 군자가 아니라면 그 누가 이러할 수가 있겠는가?"[10]

이처럼 북송의 지식인들은 거의 모두가 '군자'라고 할 수 있는 인물들이었다. 그리고 북송은 문관을 위주로 하는 정치를 하였다. 북송의 태조는 당대 중엽으로부터 오대에 이르기까지 군인들이 나라

---

10) 『宋史』 권265 列傳 第24; "論曰; 詩云; '允也天子, 降予卿士. 實維阿衡, 實左右商王.'言有是君則有是臣, 有是臣則足以相是君也. 太宗勵精庶政, 注意輔相, 以昉舊德, 亟加進用. 繼擢蒙正·齊賢, 迭居相位. 復進黃中, 俾參大政. 而四臣者將順德美, 修明庶政, 以致承平之治, 可謂君臣各盡其道者矣. 君子謂, 李昉爲多遜所毁而不校, 蒙正爲張紳所汚而不辨, 齊賢爲同列所累而不言, 黃中多所薦引而不有其功, 此固人之所難也. 而況四臣者皆賢宰輔, 又能進退有禮, 皆以善終, 非盛德君子, 其孰能與於斯?"

의 정치를 멋대로 주무르던 폐습을 없애기 위하여 여러 지방을 나누어 다스리며 군사·경제·치안의 권리를 모두 갖고 있던 절도사(節度使) 제도를 폐지하고 문관을 지주(知州)로 임명하여 지방의 군사와 행정을 맡는 책임자로 임명하였다. 중앙의 관제도 모두 개혁하여 군의 최고 통수권자도 문관이 맡게 되었다. 군대의 조직도 이전과는 전혀 다르게 개편 되었다. 때문에 북송 때에는 군대를 이끄는 장수에 대한 일반 지식인들의 개념도 많이 달라졌다. 거란(契丹)의 침입을 막는데 여러 번 공을 세운 하승구(何承矩)가 진종(眞宗)에게 상소하면서 변경을 수비하는 장수의 자질에 관하여 이런 말을 하고 있다.

> "지금 국경을 지키는 장수들 중에는 재능을 제대로 갖추지 못한 이들이 많습니다. 『시경(詩經)』과 『서경(書經)』 공부를 좋아하지 않고 예의와 음악을 익히지 않아서, 국경을 잘 지키지 못하고 부하 통솔을 제대로 하지 못함으로 늘 나라 일을 그르고 있습니다. 비록 사나운 호랑이 같은 군사들을 거느리고 있다고 해도 개나 양의 무리보다도 나을 것이 하나도 없습니다."[11]

나라를 지키는 장수의 자질도 무엇보다도 유가(儒家)의 경전을 공부하고 예의와 음악을 익힌 사람이어야 한다는 것이다. 이는 장수의 자질이 아니라 글을 읽는 학자들이 갖추어야 할 자질이다. 남송(南宋) 때의 진부량(陳傅良)은 「온주엄보학전기(溫州淹補學田記)」에서 북송 사대부들의 학문의 변화 발전에 대하여 다음과 같은 말을 하

11) 『宋史』 권273 何繼筠列傳; "承矩上言曰; … 今緣邊守將多非其才, 不悅詩書, 不習禮樂, 不守疆界, 制御無方, 動誤國家. 雖提貔虎之師, 莫遏犬羊之衆."

고 있다. 북송 지식인들의 성격을 이해하는 데 도움이 되리라고 생각한다.

"송나라가 일어난 뒤 사대부들의 학문은 무려 세 번이나 변하였다. 건륭(建隆)년간(960-962)으로부터 천성(天聖)년간(1023-1031)·명도(明道)년간(1032-1033)에 이르는 기간에는 오대(五代)의 지저분한 기풍을 깨끗이 씻어버리고 자기 방향을 알게 되었는데, 옛날부터 지켜오던 버릇을 그대로 답습하는 버릇은 바꾸어지지 않았었다. 범중엄(范仲淹, 989-1052)이 처음으로 그의 무리들과 명분(名分)과 절조(節操)를 가지고 이에 맞서자 세상 사람들이 모두 그를 따라서 사람들 모두 그렇게 되었음을 스스로 들어내 보이지 못하는 것을 수치라고 생각하게 되었다. 구양수(歐陽脩)가 나와서 그가 논하는 글과 문장이 순수하고 고상하여 위(魏)나라(220-265)와 진(晉)나라(265-420) 때 사람들보다 더 뛰어났다. 오랜 뒤에 주돈이(周敦頤, 1017-1073)가 나와 또 그러한 발전에 합류하여 한결같이 육경(六經)을 근본으로 삼으니, 학자들의 경술(經術)이 거의 하(夏)·은(殷)·주(周)의 시대와 같게 되었으니, 그것은 얼마나 대단한 일이냐?"[12]

그리고 지식인의 수요에 따른 교육의 발전은 지식인을 넘쳐나게 하여 백성들 중에도 공부한 사람들이 많아져 농업과 상공업까지도 발전시키어 부유한 사회를 이루었음으로 위의 사대부 문화뿐만이 아니라 아래쪽의 서민문화까지도 큰 발전을 이룩하게 된다. 맹원로(孟元老, 1126 전후)가 쓴 『동경몽화록(東京夢華錄)』 10권에는 북송의 수도인 변경(汴京)을 중심으로 궁정의 황족(皇族)들에서 시작하여 민중들에 이르는 위아래 사람들의 평화 속에 누린 풍요롭고 화려한 생

12) 陳傅良「溫州淹補學田記」; "宋興, 士大夫之學無慮三變. 起乾隆至天聖·明道間, 一洗五季之陋, 知向方矣, 而守故蹈常之習未化. 范子始與其徒抗之以名節, 天下靡然從之, 人人恥無以自見也. 歐陽子出, 而議論文章, 粹然爾雅, 軼乎魏晉之上. 久而周子出, 又落其華, 一本于六藝, 學者經術遂庶幾于三代, 何其盛哉!"(『止齋先生文集』 권39, 『四部叢刊』本.)

활과 그들이 즐긴 명절 및 다양한 연예(演藝) 와 잡기(雜技) 등에 관한 기록이 있다. 그리고 북송의 화가 장택단(張擇端)이 그린 두루마리로 이루어진 긴 그림『청명하상도(淸明河上圖)』는 후세 사람들이 이를 모방하여 그린 그림도 여러 종류가 나왔는데, 북송 변량을 중심으로 한 높고 낮은 다양한 사람들의 풍부하고 사치스럽고 화려한 여러 가지 생활상이 잘 그려져 있다. 누구나 한 번 그 책을 읽고 그림을 관상하면 북송의 실상을 이해하는 데 많은 도움이 될 것이다.

청명상하도(淸明上河圖)의 일부분

제4장
과거제도(科擧制度)와 교육 및 지식문화의 확장

북송시대에는 문신인 사대부(士大夫)의 수요를 충당하는 방법으로 수(隋)나라 때(581-618) 시작되어 당(唐)나라 때(618-907) 널리 행해졌던 과거제도(科擧制度)를 더욱 활성화 시켜야만 되었다. 한(漢)나라 때(B.C.206-A.D.220)부터 자리 잡은 중국의 봉건전제(封建專制)는 특히 남북조(南北朝)시대(317-589)에 와서는 귀족주의(貴族主義)적인 정치로 발전하였다. 중앙정부는 말할 것도 없고 여러 지방도 귀족들이 중요한 직책을 모두 차지하고 정치와 경제를 지배하고 있는 모습이었다. 이에 수나라 문제(文帝, 581-604 재위)는 귀족들에 의한 세습적인 지방정부의 지배를 없애기 위하여 지방 관청의 높은 관리들은 모두 중앙에서 임명하여 내려 보내기로 하였다. 이에 중앙의 조정에서는 많은 관리 후보자를 확보할 필요가 생겼다. 이 관리 후보자들을 뽑기 위하여 마련한 것이 과거제도이다. 그러나 수나라는 과거제도를 제대로 활용하지 못하고 망하여 당나라에 들어와 '과거'란 말부터가 확정되었다. 당나라도 수나라의 정책을 그대로 이어가려 하였다. 그러나 당나라는 극히 어지러운 세상을 평정하고 나라를 세웠기 때문에, 나라를 세우는데 큰 공을 세운 신하들이 새로운 귀족이 되어 자기들의 권세를 그대로 후손들에게 물려주려 하였다. 그러나 천자는 과거에 급제한 진사(進士)들을 자기 밑으로 끌어들이어 정치를 하려는 경향이 있었기에 결국 당나라 관계에는 귀족출신과 진사출신 사이에 다툼이 생기었다. 갈수록 진사출신들의 입장이 유리해졌으나, 귀족들의 세력도 만만치 않았고 과거의 이점을 깨닫고 자식들에게 과거를 보게 하는 귀족들도 늘어났다. 그리고 과거를 자주 보는 수도 없었고 과거에 응시하는 사람 수도 적었으며 일회에 합격하여 진사가 되는 사람 수도 무척 적었다. 당나라 전성기인 현종(玄宗, 712-755 재위) 때만 보더라도 재상을 지낸 사람 31명 중 진사출신은 11명이었으나, 그 다음 숙종(肅宗, 756-762 재위) 때에는 재상을 지낸 이들 25명 중 진사 출신이 15명으로 는다. 그러나 과거가 천한 직업의 집안 출신만을 제외하고 모든 사람들에게 개방되어 있고 공정하게 치러진다고 하지만, 우선 집안이 부유하지 않은 사람들 자식들은 과거 공부를 하는 수가 없었다. 곧 일반 백성들은 귀족들만큼 자식들에게 마음 것 과거 시험을 준비하게 하는 수가 없었다. 그 때에는 인쇄술도 발달하지 않아서 책값이 매우 비쌌고 구하기도 쉽지 않았다. 게다가 권력과 돈을 갖고 있는 귀족들은 여러 가지 방법으로 시험관련 관리들에게 압력과 뇌물 등을 사용하여 자기 자식들의 과거 시험 평가를 유리하게 이끌 수가 있었다.

당대에는 과거를 시행하기는 하였지만 급제하는 사람들의 수가 매우 적어서 인재를 등용하는데 한계가 있었다. 그리고 과거를 볼 적에 시험관을 좌주(座主)라 불렀고, 과거에 급제한 사람은 그 스스로 '좌주' 밑에 문생(門生)으로 들어가 강력한 연관관계가 맺어졌고, 또 같은 시기에 급제한 사람들은 서로 동년(同年)이라 부르면서 함께 결속하였다. 이에 과거를 주관한 '좌주'를 중심으로 하여 과거에 급제한 진사들이 뭉쳐져 강력한 파벌이 이루어졌다. 때문에 서로 과거의 시험관이 되려고 다투게 되었고, 더 크게는 진사당(進士黨)과 비진사당(非進士黨) 사이의 다툼이 끊이지 않게 되었다. '진사당'이 정권을 잡으면 그들과 한 패가 아닌 '비진사당' 사람들을 벼슬자리에서 다 쫓아내었고, 반대로 '비진사당' 사람들이 정권을 잡으면 '진사당' 사람들은 모두 조정으로부터 쫓겨났다.

북송은 태조 때부터 문관 위주의 정책을 썼기 때문에 다른 시대보다도 훨씬 많은 수의 지식인들을 필요로 하게 된다. 문인 위주의 정책에 따라 글공부를 한 사람들의 수요가 크게 늘어났음으로 그러한 수요를 충당하기 위하여 북송은 나라가 서자 곧 과거를 시행하였다. 당나라 때에는 한 번 과거를 보는데 2, 30명 정도의 합격자를 내었으나, 북송 태조는 임금이 되자 곧 과거를 시행하여 한 번에 30명 정도의 합격자인 진사(進士)를 뽑았고, 명경(明經)으로 합격하는 사람들이 또 수십 명이었다. 2대 째의 태종에 이르러는 과거를 보아 한 번에 100명이 넘는 합격자를 내었는데, 그 뒤로 과거를 볼 적마다 시험에 합격하는 '진사'의 수를 더욱 많이 늘여 갔다. 그리고 황제가 직접 시험에 참여하는 전시(殿試) 제도를 새로 마련하여 형식적일 망정 황제 스스로가 최고의 시험관이 되어 합격자를 결정하고 많은 상을 내리어 '진사'가 된 것을 더욱 큰 영예로 여기도록 해 주었다. 또 한편 그것은 시험에 관리들의 개인적인 관계가 영향을 끼치지 못하도록 하려는 뜻도 깃들여 있었다. 태종의 순화(淳化, 990-994) 연간 이후로는 과거를 본 다음 채점을 하는 동안에는 답안을 쓴 사람의 이름 위에 종이를 붙여 가려놓는 제도를 시행하였다. 이에 북송시대의 과거는 이전의 당대에 비하여 지극히 공정하게 발전하였다. 그리하여 태조가 임금이 된 뒤 태종에 이르기까지 40

년 정도 지나자 옛날 제도에 의하여 높은 관직에 앉아 있던 관리들은 거의 자취를 감추게 되었다. 태종 때에 와서는 북송의 문관에 의한 통치제도가 완전히 제 자리를 잡게 된 것이다. 이런 현상은 더욱 발전하여 세 번째 황제인 진종(眞宗)의 대중상부(大中祥符) 2년(1009)이 되어서는 심지어 과거에 합격하고도 벼슬을 하지 못하는 진사가 2,000명에 달했다고 한다. 그리고 뒤에 가서는 과거의 합격자 1,000명 가운데 한 명 정도만이 관리가 될 수가 있었기 때문에 벼슬 못하는 민간의 지식인이 점점 더 늘어났다.

북송 시대에 와서는 또 많은 학자들이 당대의 과거에 실지로 세상을 다스리는 일과는 관련이 없는 시(詩)와 부(賦)를 짓는 재주를 가장 중시하던 제도를 비판하였다. 보기를 들면 범중엄(范仲淹, 987-1052)과 한기(韓琦, 1008-1075)가 경력(慶曆) 3년(1043)에 제출한 올바른 다스림을 추구하기 위한 「정본청원지도(正本淸源之道)」 10조(條) 중 제3조인 「정공거(精貢擧)」에는 다음과 같은 주장이 보인다.

> "지금 여러 도(道)의 학교에서 밝은 스승을 구할 수만 있다면 그래도 사람들에게 육경(六經)을 가르치어 나라를 다스리고 사람들을 다스리는 길을 알게 할 수가 있습니다. 그러나 나라에서 오로지 사부(詞賦)로서 진사(進士)를 뽑고 글 쓰는 재주로써 여러 과(科)의 합격자를 뽑고 있으니, 선비들은 모두 대도(大道)는 버리고 소도(小道)로 나아가고 있습니다. … 본시 마땅히 세상을 올바로 이끌고 잘 다스리는 일을 가르치게 하고 세상을 올바로 이끌고 잘 다스리는 인재를 뽑으면 아마도 지금의 잘못을 바로잡을 수가 있을 것입니다."

그리고 과거를 볼 적에는 "현실문제에 대한 이론을 앞세우고 시와 부는 뒤로 미룬다.(先策論而後詩賦)", 그리고 그 목적은 "성인의 몸을 다스리는 도를 알게 함으로써 곧 나라에서는 인재를 얻게 하고 백성들은 혜택을 받게 한다.(使知聖人治身之道, 則國家得人, 百姓受賜.)"는 것이라 논하고도 있다.[1] 그리고 많은 대신들이 황제에게 학교의 교육도 시나 부보다도 경전을 바탕으로 한 현실문제에 주력할 것을 건의하여 인종 황제는 그런 방향의 정책을 쓰려고 많은 노력을 하였다.

과거는 나라의 도읍에서 보는 공거(貢擧) 또는 회시(會試)라는 시험에 합격하여야만 진사가 되는 것인데, 과거에 응시하려는 사람들도 급격히 늘어났다. 이를 조절하기 위하여 먼저 자기의 본적지의 부(府)나 주(州)에서 실시하는 향시(鄕試)에 합격하여야만 중앙에서 보는 과거에 응시할 자격이 주어졌다. 북송 시대에는 2, 3년에 한 번씩 과거를 보고 대략 500명에서 600명에 이르는 사람이 합격을 하였다. 이때 과거를 보러 지방으로부터 도읍인 변량(汴梁)으로 올라와 시험 날짜를 기다리는 응시생들이 6, 7천 명이나 되었는데 시험 기일이 되면 가까운 곳에서 온 사람들이 보태어져 대략 10,000명이 넘는 수로 과거를 보려는 사람들이 늘었다 한다. 과거를 보는 사람 100명 중에서 6, 7명 정도가 합격하는 셈이었다. 그리고 과거를 보기 위하여 여러 지방에서 향시(鄕試)를 보는 사람들 전체 수는 매번 10여만 명이 넘었다.[2]

통계에 의하면 북송시대에 과거를 모두 69차례 보았는데 정식으로 이름이 알려져 있는 과거에 합격한 진사의 수가 19,281명이고, 그 밖에 명경(明經) 같은 다른 명목으로 합격한 사람 수가 16,331명이어서 이들을 합치면 35,612명이 된다. 여기에 특별한 방법으로 진

1) 李燾『續自治通鑑長編』권143 慶曆 3년 9月 丁卯 參照.

2) 이상『宋史』·『文獻通考』등 참조.

사가 된 사람과 이름이 알려지지 않은 사람들을 합치면 과거에 합격한 자격을 딴 이들이 61,000명이나 된다. 해마다 대략 평균 360명 정도의 합격자가 나온 셈이다.[3] 그리고 과거에 합격한 사람들 가운데 1,000명 가운데 1명 정도만이 관리가 될 수 있었다.

또 하나 북송 지식인들의 특징은 농가를 비롯하여 가난한 집안 출신들이 늘어났다는 것이다. 『송사(宋史)』 열전(列傳)에 전기가 실려 있는 북송 166년 동안에 과거 시험에 급제하여 높은 관리가 되었던 사람이 모두 1,533명인데 그 중 농가를 비롯한 낮은 백성 출신이 55.12퍼센트이다. 그리고 북송의 일품(一品)에서 삼품(三品)에 이르는 높은 관리 중 낮은 백성 집안 출신이 대략 53.67퍼센트인데, 북송 말엽의 비율은 64.44퍼센트에 달한다.[4] 북송의 명재상이었던 조보(趙普, 922-992)·구준(寇准, 961-1023)·범중엄(范仲淹, 989-1052)·왕안석(王安石, 1021-1086) 등이 모두 보잘 것 없는 집안 출신 사람들이다.

이러한 공부를 하려는 요구에 따라 자연스럽게 교육기관도 크게 발전하였다. 왕부지(王夫之, 1619-1692)의 『송론(宋論)』 권3 진종(眞宗, 998-1022 재위) 대목을 보면 "함평(咸平) 4년(1001)에 학생들을 모아놓고 공부를 가르치는 곳과 지방의 주(州)와 현(縣)의 학교 등에 유가의 구경(九經)을 내려 준 것이 바로 학원의 시작이다."[5]고 하였다. 그리고 범중엄과 한기(韓琦, 1008-1075) 등이 계속 교육에 힘쓰고 학교를 부흥시킬 것을 주장하였다.[6] 따라서 인종(仁宗, 1023-1063 재위) 때에

---

3) 張希淸 「北宋貢擧登科人數考」(北京大學 『國學硏究』 第2卷).

4) 陳義彦 「從布衣入仕情形分析北宋布衣階層的社會流動」(『思與言』 第9卷 第4期, 1971. 11.).

5) "咸平四年, 詔賜九經於聚徒講誦之所, 與州縣學校等, 此書院之始也."

6) 范仲淹 「上執政書」(『范文正公集』 권8 所載), 韓琦 「定州新建州學記」·「幷州新建廟學記」(『安陽集』 권21 所載) 등 참조.

와서는 교육에도 크게 힘을 기울이어 전국 지방의 주(州)와 현(縣)에도 모두 공묘(孔廟)가 세워지고 학교가 섰다. 남송 위료옹(魏了翁, 1178-1237)은 다음과 같이 그 시대 상황을 설명하고 있다.

> "우리 인종의 경우(景祐, 1034-1037)·보원(寶元, 1038-1039)·경력(慶曆, 1041-1048) 연간에는 더욱 잘 되어, 작은 주(州)와 현(縣)이라 하더라도 어디에나 학교가 세워졌고 그 속에 곤묘(孔廟)가 우뚝하게 되었다. 곧 주와 현에 공묘와 학교가 다 갖추어진 것은 실로 이때였다."[7]

북송시대에 와서는 작고 큰 지방의 어느 도시에나 학당이 세워지고 거기에 공자묘도 함께 모셔졌던 것이다. 신종(神宗, 1068-1085) 때에 와서 시행하였던 왕안석(王安石)의 '신법(新法)'에서도 개혁을 하려는 강령(綱領)의 하나가 교육을 더욱 발전시키고 과거제도를 바로잡자는 것이었다. 학교 교육으로 과거를 보아 인재를 뽑는 일까지 대신하려는 것이 그의 최종 목표였다. 그는 「걸과조제차자(乞改科條制劄子)」에서 이런 말을 하고 있다.

> "마땅히 먼저 글자의 성조(聲調)를 따지고 구절은 대우(對偶)를 이루어 글을 짓도록 하는 병폐를 없애야 한다. 학자들로 하여금 오로지 경전의 뜻을 터득케 하고, 조정에서는 학교를 더 많이 세운 다음에야 옛날 하(夏)·은(殷)·주(周) 삼대(三代)에서 교육을 하고 인재를 뽑던 방법을 강구하여 천하에 시행하게 되어 복고(復古)의 목적을 이룰 수 있을 것이다."[8]

---

7) 魏了翁「潭州州學重建暨古閣明倫堂記」(『鶴山先生大全文集』 권49 所載).

8) "宜先除去聲病對偶之文. 使學者得以專意經義, 以俟朝廷興建學校, 然後講求三代所以教育選擧之法, 施於天下, 庶幾可復古矣." (王安石『臨川先生文集』 권42 所載).

여기에서 "글자의 성조(聲調)를 따지고 구절은 대우(對偶)를 이루어 글을 지어야 하는 병폐"라고 한 것은 앞에서도 얘기한 일이 있는 것처럼 당나라 때부터 시(詩)와 부(賦)를 짓는 능력을 바탕으로 시험을 치러 합격하는 진사과(進士科)를 가장 존중하던 과거제도의 모순을 지적하는 말이다. 이러한 교육 중시 풍조는 휘종(徽宗, 1101-1125)까지도 계속 이어진다.

북송 초기에는 서울인 변량(汴梁)에만 학교가 세워졌었으나 인종(仁宗, 1023-1063 재위) 때에 와서는 전국의 주(州)와 현(縣)에도 학교를 세우라는 임금의 명령이 내려졌다. 그리고 지방마다 학관교수(學官敎授)를 임명하고, 과거시험을 보는 데에도 편리한 연관을 갖도록 하는 반법을 강구하였다. 그러나 이러한 중앙의 교육기관이나 지방의 주현학(州縣學) 같은 나라에서 세운 교육기관으로는 교육의 수요를 충당할 수가 없는 실정이었다. 이에 여러 도시와 시골에 뜻있는 사람들이 만든 소학(小學)과 촌숙(村塾)·서사(書社) 같은 시설이 날로 늘어났다. 특히 많은 부자들이 자기 집안에 마련한 가숙(家塾)은 철저한 글공부를 시키는 곳으로 알려졌다. 여산(廬山)의 백록동서원(白鹿洞書院), 형주(衡州)의 석고서원(石鼓書院), 남경(南京)의 응천부서원(應天府書院), 담주(潭州)의 악록서원(岳麓書院)은 특히 북송의 사대서원(四大書院)으로 이름을 날렸다.

공부를 하여 과거에 합격하고도 벼슬을 못하는 이들이 이런 '촌숙'이나 '가숙'의 선생님인 훈장(訓長) 노릇을 하였다. 그들은 또 높은 관리 밑에 붙어 서생(書生) 노릇을 하기도 하였지만 도시와 농촌으로 들어가 활동을 하여 상업과 공업 및 농업을 발전시키기도 하고 민간의 전통연예(傳統演藝)를 발전시키는 원동력이 되기도 하였다. 어떻든 농촌에도 공부하는 풍조가 널리 퍼져 있었다. 소식(蘇軾)

의 제자인 조충지(晁冲之)는 「야행(夜行)」이란 시에서 그 당시 농촌의 밤 풍경을 다음과 같이 읊고 있다.

> 늙어가면서 출세하려는 뜻은 점차 엷어졌는데,
> 홀로 여윈 말을 타고 먼 길을 가고 있네.
> 외로운 마을이지만 새벽이 되도록 등불을 밝히고 있으니
> 집안에서는 밤에도 책을 읽고 있음을 알겠네.

> 老去功名意轉疎, 獨騎瘦馬適長途.
> 노 거 공 명 의 전 소 독 기 수 마 적 장 도
> 孤村到曉猶燈火, 知有人家夜讀書.
> 고 촌 도 효 유 등 화 지 유 인 가 야 독 서

시인은 과거(科擧)에 여러 번 낙제하여 벼슬을 하고 출세하려는 뜻은 멀리 한 채 말을 타고 밤에 시골 길을 가고 있다. 그런데 그가 지나고 있는 곳은 외진 시골 마을 이지만 새벽이 되도록 방에 불을 밝히고 있는데, 그것은 틀림없이 어떤 사람이 밤을 새워가며 책을 읽고 있는 것이라는 것이다. 그 시대에는 시골 농촌 사람들이라 하더라도 책을 읽는 것이 보편화 되어 있었기 때문에 시인은 그렇게 읊고 있는 것이다.

이처럼 북송 시대에는 외진 시골에도 공부 하는 풍조가 널리 펴져 사대부들의 문화뿐만이 아니라 서민들의 생활문화까지도 고도의 발전을 이룩하게 된다. 북송에는 이렇게 하여 지식인이 전국에 크게 늘어났는데, 앞에서 이미 얘기한 바와 같이 북송을 세운 태조가 돌에 세 가지 훈계를 새겨서 후손들에게 전한 중에 두 번째 훈계가 "사대부들을 죽이지 말라!"는 것이었다. 이는 말을 바꾸면 공부한 지식인들을 존중하라는 뜻이다. 지식인을 아무렇게나 대우하거나 심지어 벌주는 것도 삼가라는 훈계이다. 북송의 사대부는 나

라의 중심세력이며 교육을 통하여 많은 지식을 쌓은 현명한 사람이기 때문이다. 이러한 태조의 훈계는 잘 지켜졌다. 이에 따라 북송의 지식인들도 황제의 정책을 적극적으로 따르며 뒷받침 하게 된다. 여기에서 북송의 문관 위주의 정책이 이루어지면서 황제의 권한도 더욱 크게 강화된다. 그리고 이 문치(文治)는 황제 중심의 정치와 합치되었기 때문에, 이후 한족의 명(明)나라는 말할 것도 없고 무력으로 쳐들어와 힘으로 한족들을 억누르고 중국을 다스린 몽고족의 원(元)나라와 만주족의 청(淸)나라에 이르기까지도 성격은 다르지만 그대로 이어짐에 유의하여야 할 것이다.

북송의 수도 변량(汴梁)의 모습을 그린「청명상하도」의 한 장면

제5장 북송의 대외정책

북송은 문관(文官)을 위주로 하는 정치를 시행하여 군대를 전체적으로 지휘하는 추밀원(樞密院)까지도 장관에 해당하는 추밀사(樞密使)는 물론 모든 조직의 책임자가 문관으로 채워졌다. 그러나 중국은 이미 전국(戰國)시대(B.C.403-B.C.221)부터 서북쪽 오랑캐 민족들과의 경계를 튼튼히 하기 위하여 쌓기 시작한 만리장성(萬里長城)은 천하(天下)의 경계선이어서 그 남쪽은 문화민족이 살고 있는 중국 땅이고 그 북쪽은 오랑캐들이 살고 있는 야만의 땅이었다. 그리고 기후와 풍토가 완전히 달라서 만리장성 안쪽은 비옥한 농토에서 농사를 지으며 안정된 생활을 하고 있고, 장성 밖은 초원이나 사막이어서 사람들이 안주를 못하고 풀밭에서 방목(放牧)을 하는 유목민(遊牧民)의 세상이었다. 유목민은 무척 넓은 땅에 소수의 사람들이 살고 있는데, 가뭄이나 기후의 이변으로 가축들을 제대로 기를 수가 없어 굶주리게 되면 힘을 합쳐 만리장성 안으로 쳐들어와 약탈을 하게 된다. 가끔 한 오랑캐 부족의 세력이 커져서 약탈을 쉽사리 하고 장성 안으로 침입하여 일부 지역을 점령하기도 하지만 여간해서 농경지에 정착을 할 줄은 모른다. 그리고 가끔 깊숙이 침입하여 왕국을 세우기도 하지만 중원 땅을 지배하기 위하여는 한문화(漢

文化)를 익혀야 하였고 스스로 노력하여 한문화에 동화(同化)되기도 하였다. 남북조(南北朝)시대 선비족(鮮卑族)에 속하는 탁발씨(拓跋氏)의 북위(北魏, 386-534)가 그 좋은 본보기이다.

북송은 문관을 위주로 하여 문치(文治)를 하였기 때문에, 국방(國防)을 맡은 문관들은 처음부터 밖의 다른 나라가 침략을 해 온다 하더라도 그들과 전쟁을 할 생각이 별로 없었다. 북송 태조 조광윤을 황제로 모시는데 큰 공을 세운 명상(名相)인 조보(趙普, 922-992)의 전기가 쓰여 있는 『송사(宋史)』 권256 조보열전(趙普列傳)을 보면 조보는 전쟁에 대한 자기 생각을 태종(太宗)에게 다음과 같이 아뢰고 있다.

> "옹희(雍熙) 3년(986) 봄에 대부대가 유주(幽州)와 계주(薊州)를 치러 나가서 오랜 동안 돌아오지 못하였다. 조보가 손수 임금에게 올리는 글을 써서 아뢰었다.
>
> '엎드리어 올 해 봄에 군대가 출정(出征)한 실정을 살펴보건대, 관문(關門) 밖의 땅을 되찾으려는 목적이었고 여러 번 승전 소식을 들으니 여러 사람들도 마음이 매우 유쾌할 것입니다. 그러나 여러 달이 지나 더운 여름철이 다가오고 있는데 군대의 출동이 날로 잦아지고 전투가 멈추어지지 않고 있어, 군인들을 손상시키고 재물을 소비하고 있으니 정말 아무런 이익도 없는 일입니다. … 제가 생각해보건대 날랜 군대를 크게 동원하여 백만의 병사를 움직이는 것은 얻는 것은 적은 반면 잃는 것은 많습니다. 또 듣건대 전쟁이란 위험한 일이어서 싸움에 반드시 이길 것이라는 것은 보증할 수가 없습니다. 무기라는 것은 흉한 물건이니 뜻밖의 결과를 깊이 조심하여야 할 것입니다. 전쟁의 영향은 매우 큰 것이니 잘 생각해보지 않아서는 안 됩니다. … 바라옵건대 폐하께서는 식사를 잘 하시고 몸을 잘 보양하시며 저 지친 백성들을 이끌어 부유하고 번성하게 해주십시오. 앞으로 변경에 전쟁을 알리는 봉화(烽火)가 오르는 일이 없게 되고 밖의 문도 닫지 않고 지내게 되어 온 세상이 어진 다스림을 따르게 되면 먼 지역의 다른 풍속을 지닌 사람들도 앞을 다투어 이끄시는 대로 따르게 될 것입니다. 거란족(契丹族) 홀로 어찌 할 수가 있겠습니까?'"[1]

---

1) 『宋史』 권256 列傳 15 趙普; "雍熙三年春, 大軍出討幽薊, 久未班師. 普手疏

'유주'와 '계주'라는 곳은 지금의 만리장성 남쪽의 베이징(北京)을 포함하여 허베이(河北)성 남쪽과 랴오닝(遼寧)성에 걸쳐 있는 땅으로 본시 중국 사람들이 자기네 땅으로 생각하던 곳이다. 북송 초에 장성 북쪽 지역에서 세력을 키워가고 있던 거란(契丹)족의 요나라는 이때 남쪽으로 밀고 내려와 만리장성 남쪽의 '유주'와 '계주'를 포함하는 허베이성과 샨시(山西)성에 걸친 이른바 연운십륙주(燕雲十六州)[2]를 차지하고 있었다. 북송은 여신족의 요나라가 아직도 차지하고 있는 본시 자기네가 다스려야 할 땅을 되찾으려는 것이다. 어지러웠던 오대(五代)를 뒤이은 북송이 이른바 천하를 통일하려는 전쟁을 하는 것이고 또 그 전쟁은 북송의 승리로 완전히 기울고 있는데도 북송의 대신인 조보는 이처럼 전쟁 자체를 반대하고 있는 것이다. 그는 전쟁에 이기고 있는데도 "전투가 멈추어지지 않고 있어, 군인들을 손상시키고 재물을 소비하고 있으니 정말 아무런 이익도 없는 일입니다. … 제가 생각해보건대 날랜 군대를 크게 동원하여 백만의 병사를 움직이는 것은 얻는 것은 적은 반면 잃는 것은 많습니다." 하고 말하고 있다. 비록 승리하는 전쟁이라 하더라도 쓸데없이 많은 병사들을 희생시키고 막대한 재물을 낭비하는 일이라는 것이다.

諫曰; 伏睹今春出師, 將以收復關外. 屢聞克捷, 深快輿情. 然晦朔屢更, 荐臻炎夏, 飛輓日繁, 戰鬪未息, 老師費財, 誠無益也. … 臣竊念大發驍雄, 動搖百萬之衆, 所得者少, 所喪者多. 又聞戰者危事, 難保其必勝. 兵者凶器, 深戒於不虞. 所繫深大, 不可不思. … 望陛下精調御膳, 保養聖躬, 携彼被氓, 轉之富庶. 將見邊烽不警, 外戶不扃, 率土歸仁, 殊方異俗, 相率嚮化, 契丹獨將焉往?"

2) 燕雲十六州; 五代의 晉 高祖 石敬瑭이 燕雲十六州를 떼어 契丹에게 바쳤다. 곧 幽·薊·涿·順·檀·瀛·莫·新·嬀·儒·武·蔚·雲·應·寰·朔의 十六州이다. 지금의 河北·山西 두 省의 北部에 걸쳐 있는 지역이다.

그러면 침략을 일삼고 있는 외부의 나라들을 어떻게 하여야 하는가? 조보는 황제에게 이렇게 말하고 있다. "제가 생각해보건대 날랜 군대를 크게 동원하여 백만의 병사를 움직이는 것은 얻는 것은 적은 반면 잃는 것은 많습니다. … 바라옵건대 폐하께서는 식사를 잘 하시고 몸을 잘 보양하시며 저 지친 백성들을 이끌어 부유하고 번성하게 해주십시오. 앞으로 변경에 전쟁을 알리는 봉화(烽火)가 오르는 일이 없게 되고 밖의 문도 닫지 않고 지내게 되어 온 세상이 어진 다스림을 따르게 되면 먼 지역의 다른 풍속을 지닌 사람들도 앞을 다투어 이끄시는 대로 따르게 될 것입니다. 거란족(契丹族) 홀로 어찌 할 수가 있겠습니까?" 전쟁은 아무리 잘 한다 해도 얻는 것보다 잃는 것이 많은 짓이다. 그러니 황제는 백성들이 부유하고 전쟁 없이 평화롭게 잘 살도록 해주며, '어짊'으로 다스리어 백성들이 모두 자연스럽게 따르도록 하여야 한다는 것이다. 이렇게 어진 덕으로 나라를 다스리면 거란족의 요나라 같은 오랑캐들도 모두 자연히 어짊으로 다스리는 황제를 따르게 된다는 것이다.

이것은 실은 조보 한 사람만의 의견이 아니라 대부분의 북송 사대부들과 황제들의 의견이기도 하였다. 그에 앞서 많은 사람들이 유주(幽州)와 계주(薊州)는 오랑캐 손으로부터 빼앗아 와야 한다고 생각하고 있을 적에 좌습유(左拾遺)로 있던 장제현(張齊賢, 943-1014)은 태종(太宗)에게 이런 상소문을 올리고 있다.

> "성인(聖人)은 거사(擧事)를 하실 적에 움직임에 만전(萬全)을 기하시어, 백전백승(百戰百勝)을 한다 해도 싸우지 않고 이기는 것만은 못하다고 했습니다. 만약 그것을 중히 여기고 신중히 한다면 거란(契丹)은 삼킬 만한 것이 못되고, 연주(燕州)와 계주(薊州)는 취할만한 것이 못됩니다.

…인민은 근본적인 것이고, 강토(疆土)란 말단적인 것입니다."[3]

"백성이 근본적인 가장 중요한 것이고 나라 땅은 말단적인 것이기 때문에" 거란족이 차지한 땅을 되찾기 위하여 전쟁을 하여서는 안 된다는 것이다. 옛 성인들처럼 나라를 잘 다스리면 싸우지 않아도 거란족이 굴복해 오고 나라 땅도 되찾게 될 것이라는 주장이다.

뒤에 북송의 문호인 소식(蘇軾, 1036-1101)도 임금에게 올린 글에서 이렇게 말하고 있다.

"제가 듣건대 용병(用兵)을 잘 하는 사람은 먼저 상대의 마음을 굴복시키고 나서 다음에 상대를 힘으로 굴복시킨다 하였습니다. 그러면 전쟁은 쉽게 풀리고 공론은 쉽게 이루어집니다. 만약 상대의 마음을 굴복시키지 못한다면 오직 힘만을 의지하게 될 것입니다. 그러면 전쟁에 이긴다 하더라도 적개심은 더욱 깊어질 것인데 하물며 이기지 못한 경우에야 어떻게 되겠습니까? 공로는 이룬다 하더라도 전쟁은 풀리지 않을 것인데 하물며 공로도 이루지 못한 경우에야 어떻게 되겠습니까? 근래에는 사방에서 전쟁이 여러 해나 이어지고 있습니다. 선제(先帝)의 뜻은 본시 정벌하여 잘못을 바로잡아주려는 것이었는데, 공로를 탐내고 생색을 내기 좋아하는 신하들이 오직 사람들을 죽이고 땅을 두고 다투어 작은 땅이라도 차지하는 데에만 힘쓰고 이해관계는 따지지도 않고 있습니다. 뺏은 땅에 먼저 성을 쌓고 새 고을을 마련하니 사방의 오랑캐들로 하여금 우리 중국을 미워하고 한을 품으면서, 중국 조정에서는 오로지 땅만을 뺏으려하니 자기네 민족을 모두 멸하지 않고는 그만두지 않을 것이라고 생각할 것입니다. 그래서 온 힘을 다 하여 죽을 때까지 대어들고 굴복하는 자들은 없게 될 것입니다. … 제가 바라옵건대 폐하께서는 변방의 군사들에게 엄하게 명을 내리시어, 상대가 배반을 할 적에는 토벌을 하지만 굴복해 오면 그들을 편안하게 해주도록 하십시오. 지금부터는 작은 땅도 빼앗아서는 안

---

3) 『宋史』 권265 列傳 第24 張齊賢; "聖人擧事, 動在萬全, 百戰百勝, 不若不戰而勝. 若重之愼之, 則契丹不足吞, 燕薊不足取. …人民, 本也, 疆土, 末也."

> 되며 집이나 건물을 태우지 말고 노약자들을 죽이는 일이 없도록 하십시오. 이렇게 일 년만 지나가면 여러 오랑캐들은 서로 격문(檄文)을 돌려가며 안정되게 될 것입니다."[4]

더구나 소식의 이 글은 북송의 변방 장수인 왕소(王韶)가 적의 희하(熙河) 지역을 쳐서 빼앗고, 적의 장수인 귀장(鬼章)을 사로잡았다는 큰 전과(戰果)를 올린 소식이 전해졌을 적에 올린 글이다. 모두가 이기는 전쟁도 해서는 안 된다는 생각이었다. 이런 까닭에 북송은 별로 큰 전쟁 없이 평화로운 나날을 보내면서 날로 융성함을 누리었다. 그러므로 주변 이민족의 나라들이 무력으로 침략을 거듭해오면 그들을 무력으로 쳐서 물리치지 않고 물건을 주며 유화정책을 썼다.

이때 중국 주변의 여러 민족들은 각자 자기네 민족의식을 깨닫기 시작하고 있었다. 그것은 자기네 문자 창제가 사실을 잘 증명해준다. 거란족(契族丹)의 중국 북쪽의 요(遼)나라는 태조(太祖)가 나라를 세운 뒤 신책(神冊) 5년(920)에 거란문자(契丹文字) 대자(大字)를 만들어 쓰기 시작하였고,[5] 약간 뒤에는 회골(回鶻)의 사신이 온 기회를 이용하여 회골문자를 참고로 하여 거란소자(契丹小字)를 만들어 썼다.

---

4)「乞詔邊吏無進取及論鬼章事宜箚子」(『蘇東坡全集』 奏議集 第4卷); "臣聞善用兵者, 先服其心, 次屈其力. 則兵易解而功易成. 若不服其心, 惟力是恃, 則戰勝而寇愈深, 況不勝乎? 功成而兵不解, 況不成乎? 頃者四方用兵累年, 先帝之意, 本在弔伐, 而貪功生事之臣, 惟務殺人爭地, 得尺寸之土, 不問利害. 先築城堡, 置州縣, 使四夷憎恨中國, 以爲朝廷專欲得地, 非盡殺我族類不止. 是以併力致死, 莫有服者. … 臣願陛下深詔邊吏, 叛則討之, 服則安之, 自今以往, 無取尺寸之地, 無焚廬舍, 無殺老弱. 如此期年, 諸羌可傳檄而定."

5)『遼史』 권2 太祖紀 下.

때문에 이들은 북송이란 한족의 나라에 대하여도 모든 면에서 지지 않으려는 자세를 지니게 되어 무력침략도 계속 이어졌다. 특히 요나라 역대의 명군(明君)이라고 알려진 성종(聖宗, 983-1031 재위)이 11세의 어린 나이에 임금이 된 뒤 이전에 후주(後周)에게 빼앗긴 베이징 남쪽 지역인 영주(瀛州, 河間府)와 막주(莫州, 任邱縣) 및 역주(易州, 易縣)를 되찾으려고 노력하였다. 결국 989년에는 북송을 공격하여 역주를 되찾는데 성공하고 이후 나머지 두 고을의 탈환을 놓고 전쟁이 이어졌다. 결국 북송의 진종(眞宗) 경덕(景德) 원년(1004)에 요나라 군대는 영주와 막주를 되찾으려고 역수(易水)와 부양하(滏陽河)를 건너 황하(黃河) 근처까지 공격해 와 도읍인 변량까지 위협을 받게 되었다. 모두 두려워하며 부수상격인 참지정사(參知政事) 진요수(陳堯叟)와 왕흠약(王欽若, 962-1025)은 황제에게 남쪽으로 피신할 것을 권하였으나 재상인 구준(寇准, 961-1023)이 반대하고 나서서 황제가 직접 군사를 거느리고 황하를 건너가 적군을 맞아 싸울 것을 권유하였다. 황제가 수십만의 군사를 직접 거느리고 싸움에 나서자 북송의 군사들은 크게 사기가 진작되었다. 이에 요나라 군사들도 기가 죽어 결국 전쟁을 포기하고 전주(澶州)[6]에서 화약(和約)을 맺게 되었다. 구준의 계략대로 되었던 것이다. 이를 '전연의 맹약(澶淵之盟)'이라 흔히 부르는데, 그때의 맹약 조건은 대략 다음과 같은 내용이었다.

첫째; 두 나라의 관계는 북송은 형님, 요나라는 아우가 되어 형제의 예를 지킨다.

둘째; 두 나라 국경은 현재의 상태를 지키되 분쟁의 대상지인 북

---

6) 지금의 河北省 開州 濮陽縣의 동남쪽.

쪽의 역주(易州)는 요나라가 차지하고 남쪽의 영주(瀛州)와 막주(莫州)는 송나라가 차지하기로 한다.

셋째; 북송은 해마다 은(銀) 10만 냥(兩)과 비단 20만 필(匹)을 요나라에 보내주기로 한다.

넷째; 나라의 경계지역에 무역장소를 마련하여 상인들이 자유로운 무역을 하게 한다.[7]

"은 10만 냥과 비단 20만 필"은 요나라에게는 큰 재물이었지만 북송에게는 전쟁 비용에 견주어 본다면 아무것도 아니었다. 진종 만년에 부재상(副宰相) 왕흠약(王欽若, 962-1025)은 황제의 환심을 사서 정권을 농락(籠絡)하려고 천명(天命)이 쓰여 있는 위조한 천서(天書)를 근거로 진종에게 권하여 샨둥(山東)에 있는 태산(泰山)에 가서 하늘에 지내는 제사인 봉선(封禪)의 의식을 행하게 하였는데, 그 비용이 북송이 매년 요나라에 보내주는 물건 액수의 20배 정도였다고 한다. 그러니 북송에게 그 정도의 물자는 큰 문제가 되지 않는 것이었다.

인종(仁宗, 1023-1063)의 경력(慶曆) 2년(1042)에도 요나라에서 국경을 가지고 트집을 부리어 북송에서는 부필(富弼, 1004-1083)을 요나라로 보내어 교섭을 벌인 끝에 은 10만 량과 비단 10만 필을 해마다 더 주기로 하고 이후 장기간의 평화를 유지하게 된다.[8] 북송 사람들은 외족에 대하여 근본적으로 적대감을 갖고 있지 않았던 것도 같다. 영종(英宗, 1064-1067 재위) 때에 웅주(雄州, 지금의 河北省 雄縣)에서 6년이나 변경을 수비한 조자(趙滋)는 거란(契丹)에 큰 흉년이 들어 어

---

7) 『遼史』 권14 聖宗紀 5, 李燾和 『續資治通鑑長編』 권58, 十二月 辛丑條 注 등 의거.

8) 李燾 『續自治通鑑長編』 권58 元豐四年十月乙卯.

려움을 겪게 되자 "그들도 역시 우리 백성들"이라고 하면서 국경 밖으로 곡식을 내가는 것을 제한하던 금지령을 풀어 거란 사람들에게 쌀을 가져가는 것을 허락하였다. 정말 어진 사람의 마음 쓰임이다.[9]

조자뿐만이 아니라 북송 지식인들의 마음가짐이 모두 이에 가까워서 밖의 나라와 전쟁을 하지 않고 평화롭게 지낼 수가 있었던 것이다. 약간의 분쟁은 있었으나 북송은 진종의 경덕(景德) 원년(1004)으로부터 휘종(徽宗)의 선화(宣和) 4년(1122)에 이르기까지 118년 동안 두 나라는 전혀 군대를 움직이어 싸우지 않고 평화롭게 교역을 하며 잘 지낼 수가 있었다.

서북쪽에는 칭하이(靑海) 일대의 당구트(唐古特)족의 세력이 세어져서 북송과의 분쟁이 끊일 줄 몰랐다. 그런 중에 경덕(景德) 원년(1004) 북송이 요나라와 '전연의 맹약(澶淵之盟)'을 맺고 평화롭게 지내자 당구트족도 북송에게 화의(和議)를 요청하였다. 이에 당구트족은 북송에게 신하로서의 예를 지키기로 하고 그 대가로 북송으로부터 은 일만 냥(兩), 비단 일만 필, 전(錢) 일만 관(貫), 차(茶) 2만 근을 해마다 하사받기로 한다. 이로부터 당구트족과도 화평스런 관계를 유지하고, 북송은 평화와 번영을 계속 누리게 된다. 그러나 당구트족에게는 그 뒤로 20여년 동안 북송과의 화평상태가 이어진 뒤 이원호(李元昊, 1003-1048)라는 뛰어난 지도자가 나와 1028년에는 북송과 가까이 지내던 감주(甘州)의 회골(回鶻)족을 토벌하고 사주(沙州)[10] 지역까지 세력을 확대하였다. 그리고는 북송 인종의 명도(明道) 원

9) 『宋史』 권324 列傳 第83; "(趙)滋在雄州六年, … 契丹嘗大饑, 舊米出塞不得過三斗, 滋曰; 彼亦吾民也, 令出米無所禁, 邊人德之. … 論曰; … 趙滋有吏能, 出米塞下以振契丹, 亦仁人之用心."

10) 지금의 甘肅省 敦煌縣.

년(1032) 아버지를 뒤이어 임금 자리에 오른 다음 나라 이름을 대하(大夏)라 부르게 된다. 다만 중국학자들은 자기네 옛날 우(禹) 임금의 하나라나, 오호십륙국(五胡十六國) 때의 하나라와 구별하기 위하여 그 나라를 '대하'나 '하'나라라 부르지 않고 '서하(西夏)'라 부른다. 이원호는 자기네 서하문자(西夏文字)도 새로 만들어 쓸 정도로 민족의식도 투철한 사람이었다. 서하문자로 『효경(孝經)』·『이아(爾雅)』·『사언잡자(四言雜字)』 등의 책을 번역하기도 하였다 한다.[11] 서하는 북송의 서북쪽 변경을 끊임없이 침략하여 공방전이 연이어 이어졌다. 이에 경력(慶曆) 4년(1044)에는 결국 두 나라가 화의(和議)를 맺게 된다. 싸우지 않는 조건은 서하나라가 북송에게 신하로서의 예를 갖추는 반면 북송은 서하에게 해마다 은(銀) 7만 2천 냥과 비단 15만 3천 필 및 차 3만 근을 내려준다는 것이었다. 그리고 국경 근처에 시장을 마련하여 상인들이 서로 무역을 하도록 하였다. 이를 중국 역사학자들은 '경력화의(慶曆和議)'라고 부른다.[12] 이에 따라 북송의 화평과 번영은 그대로 이어져 가게 된다. 『송사』 권334 열전 끝머리에는 "논왈(論曰)"하고 다음과 같이 그 시대의 양상을 요약하고 있다.

> "송나라 태종은 전쟁을 싫어하고 오로지 국경을 안정시키고 백성들을 쉬게 하여 온 나라가 크게 다스려졌다. 진존과 인종은 어짊을 깊이 추구하고 두터운 은택을 베풀어 백성들을 잘 돌보아 주었다. 그러나 어짊과 문화면으로는 여유가 있었으나 의로움과 무력은 부족하였으니, 대체로 이때 중국 사람들은 전쟁을 보지도 못한 지가 오래 되었기 때문이었다. 이에 거란(契丹)과 서하(西夏)가 일어나 변경의 환난 거리가 되어 이에 비단 같은 것을 아끼지 않고 주면서 우호를 이룩하였다."[13]

11) 『宋史』 권485 夏國傳 上.

12) 『宋史』 권485 夏國傳 上.

13) 『宋史』 권334 列傳 第93; "論曰; 宋太宗旣厭兵, 一意安邊息民, 海內大治.

한편 만주(滿洲) 지역에서 요나라의 거란(契丹)족에게 압박과 수모를 당하며 지내오던 여진족(女眞族)에게 아꾸따(阿骨打)라는 뛰어난 지도자가 나와 여진족을 결속시켜 요나라와 싸우기 시작한다. 아꾸따는 지도자가 된지 13년(1114)부터는 요나라와 본격적으로 전쟁을 하여 여러 번 이기고 북송 휘종(徽宗)의 정화(政和) 5년(1115) 정월에는 황제 자리에 올라 나라 이름을 대금(大金)이라 부르고 금나라의 태조(太祖, 1115-1122 재위)가 된다. 금나라(1125-1234)가 요나라를 쳐서 만주 땅을 거의 다 차지하자 북송은 다시 남쪽으로 군사적인 압박을 가하고 있는 금나라와 화약(和約)을 맺지 않을 수가 없었다. 명목상으로는 금나라와 동맹을 맺고 요나라를 함께 공격하여 연주(燕州)·계주(薊州)·운주(雲州)·삭주(朔州) 등 잃었던 옛 땅을 되찾으려는 것이었다. 북송 휘종의 중화(重和) 원년(1118)과 선화(宣和) 2년(1120)에 걸쳐 휘종은 두 차례나 사신을 금나라로 보내어 화맹(和盟)을 맺고 이제껏 요나라에 해마다 보내주고 있던 은 20만 냥과 비단 30만 필을 금나라에 보내주기로 한다. 그리고 금나라와 함께 요나라가 차지하고 있는 연경(燕京, 지금의 北京)을 공격하여 승리를 하면 연주(燕州)·운주(雲州) 등을 북송이 차지한다는 조건이었다. 중국사에서는 이를 북송과 금나라 사이의 '해상의 맹약(海上之盟)'이라 부른다.[14]

그 뒤로 평화는 유지되었지만 금나라는 요나라를 멸망시키며 나라 땅을 확장시키고 있었다. 북송은 만리장성 안의 연경(燕京) 공격에도 실패하는데, 북송 휘종의 선화 5년(1123)에는 금나라가 연경을 점령한다. 금나라는 연경 지역을 북송에 양보하는 대신 북송은 '해

眞宗仁宗深仁厚澤, 涵煦生民. 然仁文有餘, 義武不足. 蓋是時中國之人, 不見兵革之日久矣. 於是契丹西夏起爲邊患, 乃不吝繒帛以成和好."

14) 『三朝北盟會編』 권4, 引 趙良嗣 『燕雲奉使錄』.

상의 맹약'에서 해마다 보내주기로 한 물건들 외에 다시 세폐(歲幣) 40만과 전(錢) 100만 관(貫) 및 군량(軍糧) 20만 석(石)을 더 보내주기로 한다.[15]

정강(靖康) 원년(1126) 말엽에 금나라 군대가 허베이(河北)와 산시(山西) 양쪽에서 남쪽으로 쳐내려와 북송의 도읍인 변량(汴梁)을 위협하였다. 이때 북송은 금나라 군대에게 제대로 대항도 하지 못하여 금나라 군대는 별로 싸워보지도 않고 변경에 도달하였다. 북송의 휘종은 임금 자리를 태자에게 넘겨주고, 금나라에 금 500만 냥, 은 1000만 냥, 소와 말 10만 마리, 비단 100만 필을 보내주기로 하고 도읍이 포위된 위기를 잠간 넘기었다. 휘종에게서 임금 자리를 물려받은 흠종(欽宗)은 연호를 '정강'이라 바꾸었지만 임금 노릇도 제대로 못해보고 다음 해(1127) 4월에 침략한 금나라 군대에게 휘종과 함께 북쪽으로 잡혀가 북송이 망한다.

이상 살펴본 바와 같이 북송은 외국의 침략에 대하여도 전혀 무력으로 대항하지 않고 평화적인 해결방법을 강구한다. 앞머리에 인용한 태조 때의 재상 조보(趙普)의 전쟁관은 거의 그대로 북송 황제와 지식인들에게 계승되었다. 그러기에 상대방 나라가 계속 쳐들어올 경우에는 이를 막는 최후 수단으로 금과 은이나 비단 같은 물건을 내주고 상대방을 달래어 화의(和議)를 맺었다. 대체로 상대방 나라들은 가난한 오랑캐 나라들임에 비하여 북송은 물산이 풍부하고 부유한 나라였기에 이 방법은 매우 효과가 좋았다. 북송이 진종(眞宗) 때 요나라를 상대로 맺었던 '전연의 맹약(澶淵之盟)'에서 해마다 "은 10만 냥과 비단 20만 필"을 요나라에게 주기로 하였지만 이

---

15) 『大金國志』 권2 本紀 2.

는 전쟁에 군대를 동원하는 비용에 비하면 매우 적은 물자였다. 때문에 같은 시대의 범중엄(范仲淹, 989-1052)은 '전연의 맹약'을 맺는데 큰 공을 세운 그 때의 재상 구준(寇準, 961-1023)에 대하여 다음과 같은 말을 하고 있다.

> "구준이 '전연의 맹약'을 맺은 것은 천자를 좌우에서 잘 모시어 산 같은 움직이지 않는 뜻을 지니게 할 수 있었기 때문이니, 세상에서는 그를 위대한 충성을 다한 이라고 한다."[16]

북송은 이처럼 주변의 나라들을 물자를 주고 달래며 싸우지 않고 교역을 하면서 잘 지냈다. 때문에 이웃 나라들도 더 이상 북송에게 싸움을 걸지 않고 평화롭게 서로 잘 지내었다. 북송이라는 나라는 중국 역대 왕조 중 가장 백성들을 태평스런 세상에서 풍족한 생활을 하면서 자기들의 전통문화를 매우 높은 단계로 발전시켰던 나라이다. 이에 따라 북송 주변의 나라들 까지도 전쟁 없이 평화롭고 보다 풍족한 세상을 누리도록 하여주었다. 심지어 금나라가 북송을 멸망시킬 적(1127)에도 사람들을 많이 죽이는 극심한 싸움 없이 금나라 군대가 북송의 수도인 변량으로 밀고 들어와 황제인 흠종(欽宗)과 황제 자리에서 물러난 그의 아버지 휘종(徽宗)을 잡아 북쪽으로 끌고 가면서, 그들은 북송 땅을 점령하고 잔인한 살인과 약탈을 자행하지 않고 북송의 투항한 장군 장방창(張邦昌)을 초(楚)나라 임금으로 세워주어 황하 이남의 땅을 다스리도록 하고는 변경으로부터 물러갔다. 다시 인질로 잡혀가 있던 휘종의 아홉째 아들 조

16) "寇萊公澶淵之役, 而能左右天子, 不動如山, 天下謂之大忠."(『宋史全文續資治通鑒』 권5, p.237, 臺灣文海出版社, 1969 刊)

구(趙構)가 임금이 된 뒤 다시 금나라 군대에게 밀리어 남경(南京, 지금의 河南省 商丘)으로 도망가 남송(南宋, 1127-1279)의 고종(高宗, 1127-1162 재위)이 되어 나라의 명맥을 유지하며 항거의 자세를 취한다. 금나라 군대는 다시 황하 남쪽지방을 제압하고는 1130년 9월에 역시 남송의 제남지부(濟南知府)로 있다가 금나라 군대가 제남을 치자 바로 금나라에 투항한 유예(劉豫)를 제(齊)나라 임금으로 앉히고 동남지방을 다스리게 한 뒤 물러나온다. 남송은 다시 밀리어 도읍을 항주(杭州, 또는 臨安)로 옮긴다.

북송 덕분에 주변의 이민족의 나라들 곧 거란(契丹)족의 요(遼)나라, 당구트족의 서하(西夏)나라, 여진(女眞)족의 금나라 사람들도 다른 어떤 시대보다도 난폭한 전쟁을 하지 않고 훨씬 평화롭고 안정된 생활을 누릴 수가 있었다. 정말로 중국 사람들이 옛날부터 추구해온 덕과 어짊으로 세상을 다스리는 성인(聖人)의 정치에 가장 가까운 정치적 문화적 성취를 이루었던 때가 북송의 시대이다.

그러나 대부분의 중국학자들은 나라의 위세를 대외적으로 크게 떨친 한(漢)나라나 당(唐)나라 같은 제국은 정치를 잘 한 위대한 왕조라고 칭송하지만, 위세를 밖으로 떨치지 못한 북송 같은 나라는 형편없는 왕조로 평가하는 경향이 농후하다. 보기로 우쑤샹(吳組緗)과 션텐유(沈天佑)가 함께 쓴 『송원문학사고(宋元文學史稿)』(1989. 9. 北京大學出版社 간행)의 송료금문학(宋遼金文學)의 「개황(槪況)」을 보면 이런 대목이 보인다.

> "송대의 통치자는 외교문제에 있어서 일관된 굴욕적이고 치욕을 견디는 정책을 써서 폐물을 바치며 화평을 추구하였다. 송대는 우리나라 역사상 가장 비겁하고 약했던 왕조이다."[78]

거의 모든 학자들의 견해가 그러하다. 왕부지(王夫之)도 『송론(宋論)』 권3 진종(眞宗) 대목에 이런 말을 하고 있다.[17]

> "이계천(李繼遷, 西夏 임금)이 죽고 이덕명(李德明)이 뒤를 이었을 적에(1003) 조위(曹瑋)가 황제에게 글을 올려 아뢰었다. '나라는 위태롭고 자식은 어리니 바라건대 정예병을 내어주시면 이덕명을 잡아다가 대궐 앞에 바치고 하서(河西)지방을 되찾아 우리 군현(郡縣)에 합병시키겠습니다.' 이는 한 번의 기회였다. 진실로 송나라 왕실이 흥성하고 망할 수 있는 큰 기회였는데, 어리석은 황제와 자리만 차고 앉아 있는 신하들이 두려워하고 겁을 내면서 편안하게만 지내려고, 외람되이도 덕을 베푼다고 하면서 조위의 계략을 거부하고 황제의 명을 내리어 잘 대하여 주었다. 슬프도다! 송나라는 스스로 굽히어 개나 양처럼 되었으니 천고의 한이 되고 있다. 비록 호랑이 같은 신하가 있다한들 어찌하는 수가 있었겠는가? … 그랬다면 야률융서(耶律隆緖)[18]가 감히 전주(澶州)에서 뇌물(賂物)을 요구하며 맹약하기를 협박하는 행위를 가벼이 할 수가 있었겠는가? … 하물며 이덕명을 잘라내지 못하여 이원호(李元昊)에게까지 이어지자 보잘것 없는 작은 무리들이 커져서 적의 나라가 되었으니 병사들과 장수들이 싸움에 죽게 되자 금괴 비단을 바치게 되어 재난이 망할 때까지 이어지지 않을 수가 없었던 것이다.!"[19]

서하의 임금이 바꾸어진 것을 기화로 서하를 쳐서 그 나라 임금을 잡아오겠다고 한 조위(曹瑋)라는 장군을 높이 평가하고, 전쟁을

---

17) "宋代統治者, 在外交上所採取的一貫政策是屈辱忍耻, 納幣求和. 宋代是我國歷史上最怯弱的一个朝代."(『宋元文學史稿』 北京大學出版社, 1989年版, p.4)

18) 遼나라 聖宗, 982-1031 재위.

19) "李繼遷死, 德明嗣立, 曹瑋上言; '國危子弱, 願假精兵擒德明送闕下, 復河西爲郡縣.' 此一時也. 固宋室興替之大機, 而庸主具臣畏葸偸安, 猥云德致, 拒瑋之謀, 降詔招撫. 悲夫! 宋之自折入於犬羊, 爲千古憾, 雖有虎臣, 其將如之何哉! … 耶律隆緖其敢輕擧以嚮澶州脅盟要賂乎? … 況德明不剪, 延及元昊, 蕞爾小醜, 亢爲敵國, 兵衄將死, 趣奉金繒, 禍迄於亡而不已."

피하고 요나라와 '전연의 맹약'을 맺은 북송의 임금을 "어리석은 황제(庸主)"라 하고 그 밑의 신하들을 "자리만 차고 앉아 있는 신하들(具臣)"이라 혹평을 가하고 있다. 그러나 북송의 황제들은 바보가 아니고 다른 어떤 왕조의 황제들보다도 어질고 훌륭한 분들이었다. 북송은 군사력이 약하여 전쟁을 기피한 것이 아니다. 백성들이 전란에 희생당하지 않고 안락하고 부유한 생활을 누리게 해주기 위해서였다. 그 밑의 신하들도 거의 모두가 황제를 올바른 길로 이끌어 준 훌륭한 사람들이었다.

북송은 화약(火藥)도 발명하여 화약무기도 갖고 있었다. 『송사(宋史)』[20]에 의하면 태조의 개보(開寶) 3년(970)에는 풍계승(馮繼昇)이란 사람이 화약을 써서 화살을 쏘는 화전(火箭)을 만들었다는 기록이 있고, 진종의 함평(咸平) 3년(1000)에는 당복(唐福)이란 사람이 화약을 이용하는 화전(火箭)·화구(火毬)·화질려(火蒺藜) 등을 만들어 바쳤다는 기록이 있다. 그리고 증공량(曾公亮)의 『무경총요(武經總要)』[21]에는 화약을 만드는 법과 화약을 이용하여 여러 가지 무기를 만드는 법이 기록되어 있다. 북송 사람들이 만약 이 화약 무기를 적극적으로 전쟁에 썼다면 주변의 나라들은 꼼작도 못하였을 것이다. 북송의 임금들은 이러한 사람을 죽이기에 좋은 무기를 쓸려고 하지 않았던 것이다. 북송 임금들은 절대로 용열하지 않았다. 중국학자들의 역사의식은 올바른 방향으로 바꾸어져야만 한다.

남송도 북송의 정책을 따라 이웃 나라에 대하여 심하게 저항하고 싸우려 들지 않았기 때문에 힘도 없으면서 나라를 비교적 오랜 동

20) 『宋史』 권197 兵志 器甲之制.

21) 『武經總要』 前集 권12 守城.

안 평화롭게 유지할 수가 있었다. 심지어 몽고족의 원(元)나라는 서하(西夏)와 금(金)나라를 쳐서 멸하고 멀리 유럽까지 쳐서 그들의 위세를 온 세계에 떨치면서도 남송을 그대로 두었던 것은 이들이 자기 나라를 지탱하는 데에 별로 방해가 되지 않는 착한 나라였기 때문이다. 중국 사람들은 남송에 있어서도 금나라와 싸우기를 주장한 악비(岳飛, 1103-1142)·한세충(韓世忠, 1089-1151)·신기질(辛棄疾, 1140-1207) 등을 애국자라고 칭송하고 있지만 남송이란 나라의 정치를 주도한 것은 화의파(和議派)인 진회(秦檜, 1090-1155)의 일당이었다. 남송도 북송을 따라 주변의 나라에 대하여 화의의 태도를 견지하였기 때문에 나라는 약하면서도 평화를 누리면서 비교적 오래 갈 수가 있었다.

북송의 수도 변량(汴梁)의 모습을 그린 「청명상하도」의 일부분

제6장
북송의 평화와 번영

이상과 같은 대외정책 덕분에 북송은 평화 속에 번영을 누릴 수가 있었고, 백성들은 전쟁에 끌려 나가는 일 없이 안락한 삶을 누릴 수가 있었다. 그때 북송의 도읍이었던 인구 100만 전후의 도시 변량(汴梁)의 위아래 생활상을 쓴 맹원로(孟元老, 1126 전후)의 『동경몽화록(東京夢華錄)』을 보면 북송의 풍요로웠던 실상이 잘 기록되어 있다. 이 책은 모두 10권으로 이루어져 있는데, 제 1권으로부터 제 4권까지는 도성 안의 성곽·궁전·문루(門樓)·관청 및 거리의 화사한 모습과 화려한 상점과 야시(夜市)·식당·술집 등의 번화한 모습 및 공연장인 와사(瓦舍)·구란(勾欄)과 도관(道觀)·사원(寺院) 등의 모습이 소개되고 있다. 여기에 도교의 도관과 불교의 사원이 '와사'·'구란' 같은 공연장과 함께 소개되고 있는 것은 중국에 있어서는 옛날부터 그곳이 종교시설의 역할 못지않게 공연장으로서도 큰 역할을 하였기 때문이다. 그리고 거기에는 진주와 보배를 비롯하여 온갖 과일 음식 등 세상의 물건이란 없는 것이 없고, 거기에 사는 사람들은 낮과 밤의 구별이 없이 자기의 삶을 즐겼다. 제 5권에는 여러 가지 민속(民俗)과 공연장에서 공연되고 있는 기예(技藝) 등이 소개되고 있다. 제 6권으로부터 제 10권에 이르기까지는 정월(正月)로부터 12월에 이르는 일 년 동안의 명절이나 경축일에 행해지고 있는 화려한 행사 내용이 소개되고 있다.

제5권의 두 번째 대목 〈경와기예(京瓦伎藝)〉에는 북송의 수도 변량의 공연장인 와사(瓦舍)에서 공연되고 있는 여러 가지 기예(伎藝)의 명인들을 소개하고 있는데, 거기에 보이는 기예의 종류만도 대략 다음과 같다. 첫째 속강(俗講) 종류로 보이는 맹자서(孟子書)·소창(小唱)·표창(嘌唱) 등이 있고, 둘째 잡극(雜劇) 종류로 인형극인 장두괴뢰(杖頭傀儡)·현사괴뢰(懸絲傀儡)·약발괴뢰(藥發傀儡)가 있다. 셋째 잡기(雜技) 종류로 근골상색잡수기(筋骨上索雜手伎)·구장척롱(毬杖踢弄)이 있고, 넷째 강설(講說) 종류로 강사(講史)와 소설(小說)이 있고, 다섯째 잡희(雜戲) 종류로 산악(散樂)·무선(舞旋)·소아상박(小兒相撲)·잡극(雜劇)·도도(掉刀)·만패(蠻牌)·영희(影戲)·농교영희(弄喬影戲)·농충의(弄虫蟻) 등이 있고, 여섯째 민간연희(民間演戲)로 제궁조(諸宮調)·상미(商謎)·합생(合生)·설원화(說諢話)·잡반(雜班)·삼신귀(三神鬼)·설삼분(說三分)·오대사(五代史)·규과자(叫果子) 등이 있다. 이밖에도 더 여러 가지 연예(演藝)가 매일 공연되는데, 날씨가 궂으나 맑으나 연일 공연장인 '와사'는 관객으로 만원이라 하였다.

작자는 「몽화록서(夢華錄序)」에서 이렇게 쓰고 있다.

> "바로 올바른 다스림 아래 태평스런 날이 오래 가자 사람과 물자가 풍부해져서, 다박머리를 늘어뜨린 아이들은 오직 장단 맞추어 춤추는 것만 익히고 머리 희끗희끗한 노인들도 전쟁은 알지 못하고 시절이 바뀌는데 따라 각각 다른 볼거리만을 즐긴다. 등불을 밝힌 밤이나 달이 밝은 저녁이며, 눈이 내릴 적이나 꽃이 필 때, 칠석(七夕)날이며 중양절(重陽節)을 즐기며 연못 놀이도 하고 공원에 나가 놀기도 한다. 눈을 들어 보면 기녀(妓女)들이 있는 술집과 화려누각(樓閣), 수를 놓아 장식한 문과 구슬로 장식한 창이 있는 집, 도성 거리에는 조각하여 장식한 수레가 가득하

> 고 한 길에는 멋진 말이 다투어 달리고 있다. 금과 비취가 눈을 부시게 하고, 비단에서는 향기가 날린다. 환락가에는 새로 유행하는 노래와 아름다운 웃음소리가 요란하고, 찻집이나 술집에서는 음악 연주 소리가 흘러나온다. 온 세상 사람과 물건이 다투어 모여들고 온 세계의 나라들과 모두 통하고 있다. 온 세계의 진귀한 물건들이 모두 시장으로 들어와 팔리고 있다. 온갖 고장의 맛있는 음식들이 다 들어와 모두 식당에서 요리되고 있다. 꽃과 불빛이 길 위에 넘치는 것은 어찌 봄놀이 철 만 그러하겠는가? 악기 소리가 공중에 울리고 있는 것은 몇 집에서 밤잔치를 즐기고 있기 때문이겠는가?…."[1]

이 책의 내용은 북송 휘종(徽宗)의 숭녕(崇寧) 2년(1103)에 작자가 변량으로 와서 살면서 직접 보고 들은 것을 쓴 것이다. 그러나 이 서문만은 남송(南宋) 고종(高宗)의 소흥(紹興) 17년(1147)에 쓴 것이다. 어떻든 이 책에는 북송의 도읍 변량이란 도시의 시민들이 번화하고 평화로운 속에 누리고 있는 풍부한 생활과 여러 가지 전통연예와 오락을 즐기는 실상이 잘 묘사되어 있다.

북송의 이러한 평화 속의 풍요로움을 뒷받침 한 것은 농업과 상공업의 발달이다. 이러한 평화로움 속에 우선 농업이 크게 발전하였다. 그리고 이 농업의 발전을 바탕으로 하여 상업과 공업도 크게 발전하였다. 따라서 농촌과 함께 도시도 크게 발달하였다. 나라에서는 우선 농업을 진흥시키기 위하여 많은 땅을 개간하여 농작물을 경작케 하였다. 『송사』의 기록에 다르면 태조의 개보(開寶) 연간(968-

---

1) "漸次長立, 正當輦轂之下, 太平日久, 人物繁阜, 垂髫之童, 但習鼓舞, 斑白之老, 不識干戈, 時節相次, 各有觀賞. 灯宵月夕, 雪際花時, 乞巧登高, 敎池游苑. 擧目則青樓畵閣, 綉戶珠簾, 雕車竟駐于天衢, 寶馬爭馳于御路, 金翠耀目, 羅綺飄香. 新聲巧笑于柳陌花街, 按管調絃于茶房酒肆. 八荒爭湊, 萬國咸通. 集四海之珍奇, 皆歸市易. 會寰區之異味, 悉在庖廚. 花光滿路, 何限春遊? 簫鼓喧空, 幾家夜宴?"

975) 말에는 밭 2,952,320경(頃) 60묘(畝)를, 태종의 지도(至道) 2년(996)에는 3,125,251경 25묘를, 진종의 천희(天禧) 5년(1021)에는 5,247,584경 32묘를 개간하고 있다. 다시 인종의 황우(皇祐) 연간(1049-1053)에는 228만여 경의 밭을 영종의 치평(治平) 연간(1064-1067)에는 440만여 경의 밭을 개간하고 있다.[2] 이런 식으로 정부에서 농지 개간을 장려하여 힘쓰도록 하였으니 경작농지가 얼마나 늘어났을까 짐작이 갈 것이다. 『송사』 권173 식화지(食貨志) 상일(上一)에는 "경덕(景德, 1004-1007) 이래로 사방이 무사하여 백성들이 안락하니 호구(戶口)가 크게 늘어나고 밭과 들판이 날로 개간되었다."[3]는 기록이 보인다.

그리고 관청에서 제방을 쌓고 배수구를 마련하는 등 수리사업(水利事業)에도 힘써서 농사짓기에 편리하도록 해 주었다. 그밖에 농구도 개량하여 작은 농기구는 말할 것도 없고, 땅을 다듬는 기계인 파(耙), 밭을 갈고 씨를 뿌리는 기계인 누거(樓車), 땅을 파고 고르는 기계인 철탑(鐵搭), 물을 퍼 올리는 데 쓰는 고전통거(高轉筒車) 등을 만들어 농민들이 편리하게 쓰도록 하였다. 그리고 강남지역에서는 논에 벼를 심을 적에 편리를 도모하기 위하여 앙마(秧馬)라는 기계도 만들어 썼다.[4] 그 밖에도 농작물의 품종을 골라 서로 교류하며 좋은 품종을 경작하도록 하고, 차(茶)의 재배도 장려하여 국내 소비뿐만이 아니라 외국에도 많이 수출하는 물품이 되었다. 차의 명산지로는 사천(四川)·호남(湖南)·강서(江西)·절강(浙江)·복건(福建) 등의 지방이 두드러졌다. 광동(廣東)·복건·절강·사천 지방에서는 사탕수

2) 『宋史』 권173 食貨 上一 農田.

3) 『宋史』 권173 食貨 上一; "自景德以來, 四方無事, 百姓康樂, 戶口蕃庶, 田野日闢."

4) 剛刀,王禎 『農書』 권12, 13, 14 의거.

수를 재배하여 사탕도 생산하였다. 이에 농촌이 부유해지고 온 나라의 식량이 풍족하게 된 것이다.

공업에도 힘을 기울이어 먼저 광업에 있어서는 석탄(石炭)과 철(鐵) 및 동(銅)의 생산을 장려하여 여러 모로 이용하였다. 한 때는 변량의 모든 집에서 모두 석탄을 연료로 사용하였고,[5] 철과 동을 제련(製鍊)하는 데에도 풍부하게 쓸 수 있을 정도로 석탄을 생산하였다.

누에를 많이 길러 각 지방에서 좋은 비단을 생산케 하여 중국을 대표하는 명 공예품이 되게 하였다. 전에는 무늬가 있는 비단은 백성들에게 너무나 사치스러워 시장에서는 팔지 않았는데, 북송에 이르러는 서민들 집안에서도 모두 여러 가지 비단 옷을 만들어 입게 되었다.[6] 그리고 여러 지방에 좋은 여러 가지 비단이 생산되어 중국의 비단은 온 세계에 더욱 이름을 떨치게 된다. 보기를 들면 정주(定州, 지금의 河北 定縣)에서는 여러 가지 색깔의 실로 짜서 꽃이나 새 또는 짐승 같은 무늬를 마치 조각한 것 같은 느낌이 일게 하는 비단을 생산하였는데 이를 각사(刻絲)라 불렀다.[7] 선주(單州) 성무현(成武縣, 지금의 山東 單縣과 成武縣)에서는 안개처럼 보이면서도 물을 부으면 새지 않는 박겸(薄縑)이란 유명한 비단을 짜 내었다. 그 밖에 언릉(鄢陵, 지금의 河南의 縣) · 경주(涇州) · 소주(蘇州) · 월주(越州) · 무주(婺州) · 동양(東陽) 같은 곳에서도 각각 유명한 비단을 생산하여 이름이 났었다.[8]

특히 도자기(陶瓷器) 생산에 있어서는 일용품뿐만이 아니라 예술

5)『雞肋編』卷中 의거.

6)『直講李先生文集』권16 富國策 第三(四部叢刊本) 의거.

7)『蜀錦譜』의거.

8) 이상『雞肋編』卷上 의거.

적으로도 크게 발전하여 이른바 자기(瓷器)의 황금시대를 이루게 된다. 북쪽에서는 요주요(耀州窯, 陝西省)·평양요(平陽窯, 山西省)·거록요(鉅鹿窯, 河北省)·자주요(磁州窯, 河南省) 등의 민간의 가마에서 생산되는 좋은 도자기가 널리 보급되었고, 남쪽에는 길주요(吉州窯, 江西省)·경덕진요(景德鎭窯, 江西省)·동관요(銅官窯, 湖南省)·용천요(龍泉窯, 浙江省) 등의 가마에서 유명한 자기가 생산되었다. 특히 강서(江西)의 경덕진요는 진종(眞宗)의 경덕(景德) 원년(1004)에 이름 붙여진 관요(官窯)로 사람들이 '가옥(假玉)'이라 부르는 정묘한 자기를 생산하여 유명하다. 그리고 북송 시대 자기의 명품으로는 정주(定州)의 백자(白磁), 균주(鈞州, 河南省)의 천연오채(天然五彩), 월주(越州)의 청자(靑瓷), 건주(建州, 福建省)의 흑자(黑磁), 천주(泉州, 福建省)의 백자(白磁) 등이 유명하다. 특히 '청자'와 '백자' 같은 것 중에는 내면적인 아름다움을 추구하여 빛깔의 아름다움이나 멋진 모양새를 도외시 한 것 같은 예술의 지극한 경지를 보여주는 것들도 있다. 그리고 이 도자기는 국내 소비 뿐 만이 아니라 우리나라와 일본을 비롯하여 남양(南洋)·인도·이란·아랍·터키 등 세계 여러 나라들에 수출되기도 하였다.

이러한 수공업뿐만 아니라 조선업(造船業)도 크게 발전하였다. 북송에서 만든 배는 선체도 크고 구조도 튼튼한 위에 위편은 넓고 아래편은 좁은 모양으로 이루어져 풍란에 잘 적응하였으며, 5-6백 명 또는 1000명 이상의 인원을 태울 수가 있었다 한다. 기록에 의하면 북송 여러 고을의 운반선(運搬船) 제조 수는 태종의 지도(至道) 연간(995-997) 말년에는 3,337척이었는데, 진종의 천희(天禧) 연간(1017-1021) 말년에는 421척이 줄었다. 건주(虔州)의 605척, 길주(吉州)의 525척, 명주(明州)의 177척, 무주(婺州)의 103척, 온주(溫州)의 125척, 태주

(台州)의 126척, 초주(楚州)의 87척, 담주(潭州)의 280척, 정주(鼎州)의 241척, 봉상사곡(鳳翔斜谷)의 600척, 가주(嘉州)의 45척의 조선이 이루어졌다.[9] 여하튼 이 조선업의 성행은 물류(物流)와 상업의 발전에 크게 기여하였다.

학문의 발전에 따라 책을 많이 출판해야 함으로 종이를 만드는 기술도 크게 발전하였다. 사천(四川) 지방에서는 대마(大麻) 껍질로 만든 종이, 강소(江蘇)와 절강(浙江)지방에는 부드러운 대나무 껍질로 만든 종이, 북쪽 지방에서는 뽕나무 껍질로 만든 종이, 절강의 한 지방에서는 등나무 껍질로 만든 종이 등이 나왔다.[10] 그러나 안휘(安徽) 지방에서 나온 닥나무(楮) 껍질로 만든 징심당지(澄心堂紙)가 가장 유명하였고,[11] 절강의 온주(溫州)에서는 고려지(高麗紙)와 비슷한 견지(繭紙)도 나왔다.[12] 그밖에도 여러 가지 종이가 생산되어 수많은 책의 출판을 뒷받침 하였다.

진종의 경덕(景德) 2년(1005)에 황제가 국자감(國子監)에 나가서 서고(書庫)를 둘러보며 좨주(祭酒)로 있던 형병(邢昺, 932-1010)에게 "책을 찍는 서판(書板)이 얼마나 있는가?" 하고 물었다. 이때 형병의 대답이 다음과 같았다.

> "북송 초기에는 4000장이 못되었으나 지금은 10여만 장이나 되며 경서(經書)와 사서(史書) 및 『오경정의(五經正義)』 등이 다 갖추어져 있습니다. 신이 젊었을 적 공부할 때에는 학생들 중에 주소(注疏)가 달린 경전(經傳)을 다 갖추고 있는 사람은 백 명 중의 한 두 명도 없었는데, 책을

9) 『文獻通考』 권25 國用 3.

10) 蘇易簡 『文房四譜』 권4 紙譜.

11) 屠隆 『紙墨筆硯箋』 紙箋.

12) 程棨 『三柳軒雜識』 繭紙.

> 보두 베껴서 줄 수가 없었기 때문입니다. 지금은 목판(木板)으로 찍은 책이 크게 갖추어져 있어서 선비들 집안에는 모두 구비되어 있습니다. 이것은 바로 선비들이 때를 잘 타고난 행운입니다!"

그러자 황제는 기뻐하면서 이런 말을 하고 있다.

> "나라에서 비록 학술을 숭상한다 하더라도 나라 사방이 무사하지 않다면 어찌 이렇게 될 수가 있겠소?"[13]

이 뒤로도 책의 인쇄는 더 성행하게 된다. 그리고 여기에 인용한 진종의 말을 통해서도 북송의 황제들은 어리석어서가 아니라 "나라 사방이 무사하여" 백성들이 평화롭게 잘 살 수 있도록 하기 위하여 외국과의 전쟁을 피해온 현명한 황제들이었음을 알게 된다. 그리고 인쇄술의 발달은 심지어 활판술(活版術)까지도 발전시킨다. 심괄(沈括, 1030-1094)의 『몽계필담(夢溪筆談)』 권18 기예(技藝) 대목에는 인종(仁宗)의 경력(慶曆) 연간(1041-1048)에 필승(畢昇)이란 사람이 활자(活字)를 만들어 책을 찍는 방법을 발명하여 편리하게 책을 찍어내었다는 기록이 있다. 같은 책 권24 잡지(雜志) 대목에는 나침반(羅針盤)인 지남침(指南針)의 발명에 관한 기록도 보인다.

그 밖에 어느 왕조보다도 엄청나게 많은 동전(銅錢)을 주조(鑄造)하여 보급하여 경제 유통을 원활하게 하였다. 당나라 때도 현종(玄宗, 713-756 재위) 말기에 한 해 30만 관(貫)의 동전을 주조한 것이 최고 기록이었으나 북송에서는 태조 때 이미 한 해 30만 관을 주조하였고, 진종 때는 100만 관 생산을 돌파하였으며 신종의 희녕(熙寧, 1068-1077)·원풍(元豐, 1078-1085) 연간에는 한 해에 550여만 관에 이르

13) 『續自治通鑑長編』 권60.

렀다 한다. 이는 화폐경제(貨幣經濟)의 발전을 뜻하기도 한다. 북송에서는 동전을 외국으로 가져가 쓰는 것을 금하였으나 자연스럽게 외국에까지 흘러나가 국제경제에도 많은 영향을 미쳤다. 그래도 동전만으로는 유통 수요를 만족시키는 수가 없었다. 진종(998-1022 재위) 초년에 사천(四川)에서는 철전(鐵錢)을 쓰고 있었으나 무거워서 갖고 다니기에도 불편하여 10여 집의 부자들이 종이로 돈을 찍어 '교자(交子)'라고 부르며 철전 대신 쓰기 시작하였다. 뒤에 자유롭게 돈과 바꾸어지지 않아 분규가 생기기도 하자 나라에서는 '교자무(交子務)'를 설치하고 '교자'를 발행하였다.[14] 이것이 세계 최초의 지폐라고도 한다.

그밖에 소금·술·향료 등의 생산은 도시와 교역을 발달시키고 백성들의 삶을 풍요롭게 하였다. 맹원로(孟元老)의 『동경몽화록(東京夢華錄)』 권2의 「주교야시(州橋夜市)」, 권3의 「상국사내만성교역(相國寺內萬姓交易)」·「반재잡화(般載雜貨)」·「도시전맥(都市錢陌)」, 권4의 「식점(食店)」·「육항(肉行)」·「병점(餅店)」·「어항(魚行)」 등의 기록만 보아도 그 시대 상업이 얼마나 발전해 있었는가 알 수 있다. 그리고 여기에 널려있는 상품은 없는 것이 없다고 할 수 있을 정도로 무엇이나 다 있는 것 같다. 농업과 수공업에 이은 상업의 발달은 교통과 운수산업 및 기술 개발 등을 함께 하며 도시를 크게 발달시켰다. 개봉(開封) 이외에도 성도(成都)와 흥원(興元, 지금의 陝西省 南鄭) 등 내륙의 대도시가 있었다. 외국과의 무역도 크게 증진되어, 교역 항구도 광동(廣東) 광주(廣州) 뿐만이 아니라 절강(浙江)의 항주(杭州)와 명주(明州) 및 복건(福建)의 천주(泉州)·산동(山東)의 밀주(密州) 등의 도시는 외

---

14) 『宋史』 권18 食貨志, 『文獻通考』 권9 錢幣考 참고.

국과의 교역 도시로 크게 번성하였다. 정부에서는 광주와 항주·명주 등지에는 시박사(市舶司)라는 기구를 설치하고 해외무역을 관리하게 하였다. 이 항구 들을 통하여 수출되는 상품은 비단·차·칠기(漆器)·자기(瓷器) 등 여러 가지였다.[15] 그리고 아랍·이란·인도 및 남양의 여러 나라들로부터는 향료와 약물·상아·주옥(珠玉)·외뿔소뿔 등이 수입되었다. 이에 소금·쌀·차·비단 등의 매매를 전문으로 하는 대상(大商)들이 늘어나 활동하였다. 이런 경제적인 번영 속에 각 지방에는 정해진 날짜에 장이 서게 되고 여러 도시와 시장이 크게 발전하게 된다. 대문호 소식(蘇軾)이 철종(哲宗)의 소성(紹聖) 4년(1097)에 신법당(新法黨)에게 밀리어 강남 멀리 귀양을 가서 담이(儋耳)[16]에 있을 때 글을 짓는 법을 묻는 밑의 사람에게 이렇게 말하고 있다.

> "담주(儋州])는 비록 수백 호(戶)가 모여살고 있지만 고을 사람들에게 필요한 것은 시장에 나가서 구 화면 충분하다. 그러나 아무렇게나 구할 수 있는 것은 아니다. 반드시 한 가지 물건을 가지고 취득한 뒤에야 자기 멋대로 쓸 수가 있다. 이른바 '한 가지 물건'이라는 것은 돈이다.
>
> 글을 짓는 것도 역시 그러하다. 천하의 일은 경전(經傳)과 제자(諸子)들의 저서와 역사책 가운데 모두 흩어져 있는데 그것들을 아무렇게나 쓸 수는 없는 것이다. 반드시 한 가지 물건을 가지고 그것들 중에서 취득한 뒤에야 자기 마음대로 쓸 수가 있다. 이른바 '한 가지 물건' 이라는 것은 바로 자기 뜻이다. 돈이 없으면 물건을 취득할 수가 없고 뜻이 없으면 어떤 일을 밝히는 수가 없다. 이것이 바로 글을 짓는 요령이다."[17]

---

15) 『宋史』 권186 食貨志.

16) 廣東省 昌化, 지금의 儋州縣 근처임.

17) 南宋 葛立方 『韻語陽秋』 권3(何文煥 輯『歷代詩話』本); "儋州雖數百家之聚, 州人之所須, 取之市而足. 然不可徒得也, 必有一物以攝, 然後爲己用. 所謂一物者, 錢是也.

먼 강남의 작은 도시인 담주(儋州)라는 곳에서도 돈만 있으면 무엇이든 바라는 것을 구할 수 있을 정도로 상업과 돈의 사용 및 도시가 발달하고 있었다. 물론 남쪽의 항구도시들이 외국과의 무역으로 특히 번성하고 있었다는 탓도 있을 것이다. 그러나 북송 시대에는 문학자가 글을 짓는 사람의 뜻을 살아가는 데 필요한 돈에 비유할 정도로 돈을 이용한 교역이 발전하고 있었던 것이다. 이러한 번영과 평화 속에 그들의 전통 학술과 문화도 중국 역사상 가장 높은 수준으로 발전시키게 되는 것이다.

시인 소옹(邵雍, 1011-1077)이 북송의 태평을 노래한 「성대한 교화(敎化)를 보면서 읊음(觀盛化吟)」이란 시를 앞에서 이미 인용한 일이 있다. 오대(五代)의 어지러운 세상을 뒤이은 북송의 백성들이 평화롭고 풍요롭게 잘 살고 있는 모습을 노래한 시였다. 소옹은 자기 생활 주변이 화평하고 즐거움은 물론 그가 살고 있는 나라의 정치도 올바로 잘 되어왔다고 생각하였다. 그의 시집 『이천격양집(伊川擊壤集)』을 펼쳐보면 이 시인이야말로 북송이란 평화로웠던 시대를 가장 잘 대표하는 시인이라는 생각을 하게 된다.

그의 자가 요부(堯夫)인 것도 자신이 요임금 때나 같은 태평세월에 살고 있는 남자임을 자부하기 위한 것이다. 따라서 그는 편히 즐겁게 살아가고 있기에 자기의 호는 안락선생(安樂先生)이라 하였다. 그의 시집 『이천격양집(伊川擊壤集)』의 '이천'은 그가 살던 낙양(洛陽) 근처에 흐르던 강물 이름으로 자기가 사는 곳을 가리킨다. '격양'은 요(堯)임금 시절에 "천하가 태평스럽고 백성들이 잘 사는 것"을 한

作文亦然, 天下之事, 散在經子史中. 不可徒使, 必得一物而攝之, 然後爲己用. 所謂一物者, 意是也. 不得錢不可以取物, 不得意不可以明事. 此作文之要也."

노인이 땅을 치면서 노래를 불렀다는 「격양가(擊壤歌)」[18]에서 따온 말이다. 따라서 '격양'은 태곳적에 덕으로 세상을 다스리어 극히 평화로웠던 요임금의 시대나 같은 세상을 뜻한다. 곧 『격양집』은 태평시대를 읊은 시집임을 뜻한다. 따라서 그의 이 시집에는 태평 속에 잘 살아가는 세상을 노래한 작품들이 무척 많다. 여기에는 자기의 생활 모습의 일면을 읊은 「삽화음(挿花吟)」이란 시를 한 수 인용하기로 한다.

머리 위에 꽂은 꽃가지 술잔에 비치니
술잔 속에 아름다운 꽃가지 있네.
내 자신 60년의 태평세월 겪었고
눈으로 직접 네 임금의 전성시절 보아온데다가,
그 위에 또 근력이며 몸이 대체로 건강하니
정말 향기로운 이 시절 어찌 그대로 보내랴?
술에 꽃 그림자 잠기어 붉은 빛이 흐르거늘
어이 꽃 앞에서 취하지 않고 돌아가랴?

頭上花枝照酒卮, 酒卮中有好花枝.
두상화지조주치 주치중유호화지
身經兩世太平日, 眼見四朝全盛時,
신경양세태평일 안견사조전성시
況復筋骸粗康健, 那堪時節正芳菲?
황부근해조강건 나감시절정방비
酒涵花影紅光溜, 爭忍花前不醉歸?
주함화영홍광류 쟁인화전불취귀

역시 태평송(太平頌)이라 할 만한 시이다. "내 자신 60년의 태평세월 겪었다."고 읊고 있는데, 자기가 지금까지 살아온 60년의 세월을 태평성세라고 생각하기는 쉽지 않은 일이다. 그리고 "눈으로 직접 네 임금의 전성시절 보아왔다."고 하였는데, '네 임금'이란 북송의

18) 『帝王世紀』; "帝堯之世, 天下太和, 百姓無事, 有老人擊壤而歌."

진종(眞宗, 998-1022 재위)·인종(仁宗, 1023-1063 재위)·영종(英宗, 1064-1067 재위)·신종(神宗, 1068-1085 재위)으로, 모두 문화 의식이 뛰어난 훌륭한 정치를 한 임금들이다. 때문에 자기가 늙어가고 있다는 사실도 걱정이 되지 않을 뿐만이 아니라 그에게는 기쁨이었다. 이 시인에게는 '늙은 것을 기뻐하는 시' 「희로음(喜老吟)」도 있다. 그는 평화로운 나라에 행복하게 살고 있기 때문에 자기가 늙어가고 있는 것까지도 기뻐했던 것이다. 그 시를 읽어보기로 한다.

귀밑머리 실처럼 희어지도록 사는 이 몇이나 있는가?
어찌하여 구차하게 흰 털 뽑겠는가?
세상에서 높은 벼슬 못한다 해도
이 세상 벗어난 일도 알 수가 있다네.
봄의 따스하고 가을의 시원한 날씨 되면
바로 내가 동쪽으로 가서 놀고 서쪽으로 가서 뱃놀이 하는 떼라네.
넓고 평평한 좋은 밭떼기도 있어서
촌 늙은이 언제나 기쁜 얼굴짓게 된다.

幾何能得鬢如絲? 安用區區鑷白髭?
기 하 능 득 빈 여 사 안 용 구 구 섭 백 자
在世上官雖不做, 出人間事却能知.
재 세 상 관 수 불 주 출 인 간 사 각 능 지
待天春暖秋凉日, 是我東遊西泛時.
대 천 춘 난 추 량 일 시 아 동 유 서 범 시
多少寬平好田地, 山翁方始會開眉.
다 소 관 평 호 전 지 산 옹 방 시 회 개 미

시인은 하북(河北)의 범양(范陽) 사람인데 30여 세에 하남(河南)으로 여행을 하다가 마음이 끌리어 낙양(洛陽) 교외의 이수(伊水) 가에 눌러 살았다. 그는 엉성한 집에 소박한 살림이었지만 늘 즐겁게 지내면서 자기가 사는 곳을 '편안하고 즐거운 움막'이란 뜻의 안락와(安樂窩)라 하고 자신의 호를 안락선생(安樂先生)이라 하였다. 그의 시집인 『이천격양집(伊川擊壤集)』을 펴 보면 '안락와'에서의 즐거운 생활을 읊은 시들이 무척 많다. 그는 매일 향불을 피워놓고 앉아 세상 원리를 생각하다가 때가 되면 술 서너 잔을 따라 마시고 얼큰한 기분을 즐겼다. 그리고 때때로 가슴에 서리는 정과 생각을 시로 읊었다. 위 시에서는 "봄의 따스하고 가을의 시원한 날씨 되면, 바로 내가 동쪽으로 가서 놀고 서쪽으로 가서 뱃놀이 하는 때라네." 하고 노래하고 있지만, 실은 봄 가을 같은 좋은 날씨에는 흔히 작은 수레(小車)를 홀로 몰고 낙양 성 쪽으로 가서 마음 내키는 대로 돌아다니면서 놀았다 한다. 성 안팎의 사대부(士大夫)들은 그의 작은 수레바퀴 소리를 알아듣고는 서로 앞 다투어 그를 맞아 함께 즐겼다 한다. 그에게는 「작은 수레의 노래(小車行)」라는 다음과 같은 시가 있다.

> 술 취하는 것 좋아하는데 어찌 천 날 취하게 하는 술이 없겠느냐?
> 봄날을 아끼고 보니 사철 꽃이 주변에 피어있네.
> 작은 수레가 가는 곳 마다 사람들이 반겨 주니
> 낙양 성 가득한 모두가 우리 집만 같네.
>
> 喜醉豈無千日酒? 惜春還有四時花.
> 희 취 기 무 천 일 주 석 춘 환 유 사 시 화
> 小車行處人歡喜, 滿洛城中都似家.
> 소 거 행 처 인 환 희 만 락 성 중 도 사 가

그는 심지어 늙어서 병들어 자신의 죽음을 예견하면서 읊은 「병극음(病亟吟)」에서도 다음과 같이 자기가 살고 있는 태평스러운 세상을 노래하고 있다.

태평 세상에 태어나서
태평 세상에서 자랐고,
태평 세상에서 늙어
태평 세상에서 죽게 되었네.
남들이 나이는 몇이냐고 묻는데,
예순 일곱 살일세.
하늘과 땅 사이를 둘러보아도
호연히 부끄러울 것 하나 없네.

生于太平世, 長于太平世.
생 우 태 평 세 장 우 태 평 세
老于太平世, 死于太平世.
노 우 태 평 세 사 우 태 평 세
客問年幾何? 六十有七歲.
객 문 년 기 하 육 십 유 칠 세
俯仰天地間, 浩然無所愧.
부 앙 천 지 간 호 연 무 소 괴

그는 자신이 "태평 세상에 태어나서, 태평 세상에서 자랐고, 태평 세상에서 늙어, 태평 세상에서 죽게 되었네." 하고 노래하고 있다. 그때 나이가 67세라 하였으니 시인은 이시를 읊고는 곧 저 세상으로 갔던 것이다. 그는 자기의 일생이 끝난다는 것을 알면서도 "하늘과 땅 사이를 둘러보아도, 호연히 부끄러울 것 하나 없네." 하고 기쁘고 태연한 마음이다. 정말 태평성세를 산 사람이다.

소옹 이외에도 북송의 많은 지식인들이 자기가 살고 있는 이 세상은 태평세계라고 믿었다. 같은 시대의 시인 황상(黃裳, 1043-1129)도 북송의 사(詞)의 작가 유영(柳永, 1045 전후)의 작품집인 『악장집(樂章集)』 뒤에 붙인 「서악장집후(書樂章集後)」란 글에서[19] 유영의 사를 평하면서 그의 만사(慢詞) 발전의 공로나 아름다운 염려(艷麗)한 문장

19) 黃裳 『演山集』 권35 所載.

에 대하여는 별로 말하지 않고 작가가 살고 있던 시대의 "태평기상(太平氣象)"을 잘 표현하고 있음을 강조하고 있다. 북송의 정치가 약간 어지러워졌다고 여겨지는 철종(哲宗, 1086-1100)의 원우(元祐) 8년(1093) 음력 정월 보름날인 상원절(上元節)에 마침 예부상서(禮部尚書)로 있던 소식(蘇軾, 1036-1101)이 황제가 태후(太后)와 함께 즐기고 있는 잔치 자리에 참석하여 지은 시를 한 수 읽어보기로 한다.

「상원루상시연시동열(上元樓上侍宴示同列)」

얇은 눈이 녹기 시작하고 들판에는 밭갈이 시작되지 않았는데,
땔나무 팔아 술을 사며 태평 세상 구경하고 있네.
우리 임금님은 부지런 하시고 검소하신데 놀이꾼들의 놀이는 시원치 않지만,
그래도 풍년이라고 웃음소리 넘치네.

薄雪初消野未耕, 賣薪買酒看升)平.
박 설 초 소 야 미 경 매 신 매 주 간 승 평
吾君勤儉倡優拙, 自是豐年有笑聲.
오 군 근 검 창 우 졸 자 시 풍 년 유 소 성

황제가 즐기고 있는 누각 위에서 내려다본 관경과 감상을 읊은 것이다. 정월 보름은 아직 농사 일이 시작되지 않은 계절이다. 그러나 농민들이 산에 가서 땔나무를 모아가지고 수레에 싣고 와서 판 뒤 그 돈으로 술을 사면서 태평스런 세상을 즐기고 있다. 맹원로(孟元老)의 『동경몽화록(東京夢華錄)』에 의하면 변량의 궁전 앞 길거리에 이미 전 해의 동지(冬至) 때부터 산붕(山棚)을 만들어놓고 놀이를 하는데, 특히 정월 보름날에는 놀이꾼들이 모여들어 가무백희(歌舞百戲)와 여러 가지 재주를 공연하는데 즐기는 소리가 10여 리나 퍼진다고 하였다. 황제도 밖이 너무나도 시끄러워 누각(樓閣) 위에서 잔

치를 하며 백성들의 즐기는 모습을 구경하였을 것이다. "우리 임금님은 부지런 하시고 검소하신데 놀이꾼들의 놀이는 시원치 않지만" 하고 읊은 것은 오히려 놀이꾼들의 재주가 매우 특출하고 재미가 있다고 하는 뜻으로 이해하여야 할 것이다. 그리고 풍부한 생활을 즐기는 백성들의 웃음소리가 넘쳐나고 있다. 대문호인 소식도 그가 살고 있는 시대가 태평성세임을 느끼고 있었음이 분명하다. 소식은 그 시대 문학을 이끈 대가이지만 곧은 성격 때문에 벼슬살이는 뜻대로 되지 않았다. 조정의 벼슬을 한 기간은 매우 짧고 대부분 지방관이나 귀양살이로 먼 지방의 여러 곳에 떠다녔다. 철종은 황제가 되자 왕안석(王安石, 1012-1086)의 신법당(新法黨)을 물리치고 소식의 구법당(舊法黨)을 기용하여 예부상서(禮部尙書)가 되었던 것이다. 그러나 곧 신당의 정책은 무조건 전부 반대하는 구법당 중의 사마광(司馬光) 같은 완고파(頑固派)에게 밀리어 지방으로 쫓겨난다. 그처럼 벼슬길이 뜻 같지 않았던 사람의 눈에 비친 세상이 이처럼 평화로웠던 것이다. 왕안석의 「즉사(卽事)」 시를 한 수 더 읽어보자.

길에는 햇볕 따스하고 풀은 쌓인 듯 한데,
산은 날이 맑아서 꽃이 요란하네.
이리 저리 한 줄기 시냇물이
높은 곳으로부터 흘러내려오는 곳에 몇 채의 집이 마을 이루고 있네.
고요히 쉬고 있으려니 닭이 한낮에 울고
해질 무렵 숲을 찾아가는데 개가 해 저무는 것 보고 짖고 있네.
돌아와서 사람들에게 말하기를
마치 무릉도원(武陵桃源) 같다고 하였네.

徑暖草如積, 山晴花更繁.
경 난 초 여 적 산 청 화 경 찬
縱橫一川水, 高下數家村.
종 횡 일 천 수 고 하 수 가 촌

靜憩鷄鳴午, 荒尋犬吠昏.
정 게 계 명 오 황 심 견 폐 혼
歸來向人說, 疑是武陵原.
귀 래 향 인 설 의 시 무 릉 원

이 시는 소식이 임금님 앞에서 읊은 것과는 달리 홀로 집에 앉아서 느낀 것을 즉흥적으로 노래한 것이다. 왕안석은 다음 장에서 논할 바와 같이 그 시대 사회제도 중에는 잘못 된 점이 많다고 생각하고 '신법(新法)'을 주장하고 실천하려던 사람이다. 그런 사람인데도 자기가 살고 있는 곳은 옛날 시인 도연명(陶淵明)이 그려놓은 이상향인 무릉도원(武陵桃源)과 같다고 느꼈던 것이다. 그 시대를 살았던 대부분의 사람들이 자기들이 살고 있는 세상은 태평성세라고 생각했을 정도로 북송은 정치가 잘 이루어져 평화롭고 안락하였던 왕조였다.

그러나 이러한 평화와 문관(文官)들에 의한 다스림에도 문제가 전혀 없을 수는 없는 법이다. 진종(眞宗, 998-1022 재위)은 황제가 되자 바로 태종 때 한림학사(翰林學士)로 있던 왕우칭(王禹偁, 954-1001)에게 나랏일에 대하여 직언(直言)을 해달라고 요구한다. 그때 왕우칭은 중요한 일로 다음과 같은 '다섯 가지 일(五事)'을 논술한다. 그 제목만을 간단히 아래에 인용한다.

첫째; 변방(邊防)을 신중히 하고 밖의 나라들과 잘 지내도록 하여 군대를 돕는 백성들이 쉴 수가 있어야 한다.

둘째; 쓸 데 없는 병사들을 줄이고 쓸 데 없는 관리들을 합쳐놓아 남는 물자가 아래 백성들에게로 흘러내려가도록 해야 한다.

셋째; 과거(科擧)를 어렵게 하여 관리가 되는 사람들이 넘쳐나지 않도록 해야 한다.

넷째; 스님들을 줄이어 지친 백성들이 낭비를 하지 않도록 해야 한다.

다섯째; 대신(大臣)들을 친근히 하고 소인(小人)들은 멀리해야 한다.[20]

---

20)『宋史』 권293 王禹偁列傳 ; 一曰 ; 謹邊防, 通盟好, 使輦運之民有所休息.

평화로운 세상에도 문제가 이루어지고 있었음을 알 수 있다. 인종(仁宗, 1023-1063)에게 상서공부원외랑(尙書工部員外郞)으로 있던 송기(宋祁, 998-1061)가 올린 상소문 중에 당시 나라 안에 '세 가지 쓸 데 없이 너무 많은 것(三冗)'이 있다고 하면서 다음과 같은 일들을 들고 있다.

> "천하에는 정해진 벼슬이 있는데 관원(官員)에는 제한된 인원이 없는 것이 첫째 쓸 데 없는 일이다. 천하의 군인들이 전쟁은 책임지지 않고 물자만 소비하고 있는 것이 둘째 쓸 데 없는 일이다. 스님과 도사(道士)가 정해진 숫자도 없이 날로 많아지고 있는 것이 셋째 쓸 데 없는 일이다."[21]

이상 송기가 든 '세 가지 쓸 데 없이 너무 많은 것(삼용)'은 그 시대에 들어나기 시작한 가장 뚜렷한 모순을 지적한 것이다. 그보다 앞서 왕우칭이 지적한 '다섯 가지 일' 중의 앞 네 가지 일을 요약한 것이 송기의 의견이라 할 수 있다. 무엇보다도 글공부를 중시하고 교육을 장려하며 벼슬아치로 쓸 사람을 고르려고 과거(科擧)를 보아 지나치게 많은 진사(進士)를 배출하다 보니 결과 적으로 관리들의 숫자가 지나치게 많아졌다. 그리고 문관들이 군대 일을 맡고 있으니 전군이 적과 싸울 줄은 모르고 놀면서 물자만 소비하고 있는 것이다. 그리고 평화로움 속에 불교와 도교가 발전하여 유학에 까지도 영향을 끼치어 학문 방향이 바꾸어지게 만든다. 이 점에 대하여는 뒤의 '제8장 도학(道學)의 발전'을 참조해 주기 바란다. 여하튼 이

二曰; 減冗兵, 併冗吏, 使山澤之饒, 稍流於下. 三曰; 艱難選擧, 使入官不濫. 四曰; 沙汰僧尼, 使被民無耗. 五曰; 親大臣, 遠小人.

21)『宋史』권284 宋庠列傳; "何謂三冗? 天下有定官無限員, 一冗也. 天下廂軍不任戰而耗衣食, 二冗也. 僧道日益多而無定數, 三冗也."

런 현상들이 발전하면 나라는 제대로 다스릴 수도 없고 밖으로 큰 힘을 발휘하지도 못하게 된다. 이는 태평 속에 나라의 형세는 기울어져 가고 있음을 뜻하기도 하는 일이다. 그렇지만 이것을 잘못된 정치라고 하든가 그 세상 사람들을 그릇된 인간이라고 비판할 수는 없을 것으로 안다.

북송의 도읍 변량(汴梁)의 모습을 그린 「청명상하도」의 일부분

제7장
왕안석(王安石)의 신법(新法)

북송 시대에는 중국의 다른 왕조들처럼 강한 권력으로 나라를 다스리지 않고 문관(文官)을 등용하여 덕(德)을 바탕으로 한 부드러운 문치(文治)를 펴서 태평스러운 세상을 이룩하였다. 북송은 외국에 대하여도 강한 군사력을 휘두르지 아니하고 외국 군대가 침공하여 오면 늘 물자를 주고 달래어 화의(和議)를 맺음으로써 평화를 유지하였다. 따라서 북송 사회는 평화롭고 안락한 위에 농업뿐만이 아니라 상공업까지도 크게 발달하여 일반 백성들의 생활도 상당히 풍족하고 안온(安穩)하였다. 학문과 지식도 널리 보편화되어 그들의 전통문화도 중국 역사상 최고의 수준으로 발전시켰고 낮은 서민들의 각종 연예(演藝)도 크게 성행하고 발전하였다.

그러나 중국은 큰 나라다. 남쪽은 열대에 걸쳐있고 북쪽은 한대에 접해있어 기후와 자연환경이 크게 다르고 거기에 살고 있는 사람들의 생활 방법이며 언어 풍습 및 사람들의 성격 등이 모두 전혀 다르다. 나라의 동쪽은 바다에 접하여 있고 비옥한 평야가 많아 농업생산이 크게 발달하여 사람들이 비교적 풍유하게 살고 있는 반면 서쪽은 높은 산과 사막이 많아 자연 조건이 무척 거칠어 사람들이 특수한 여러 가지 방법으로 힘들게 살아가고 있다. 때문에 동서와 남북의 사람들은 나라에 대한 요구나 정부 정책에 대한 이해관계가 모두 서로 다를 수밖에 없다. 어느 때고 어느 한 구석에는 사회적인 모순이 있게 마련이어서 일부의 불평불만이 없을 수가 없다. 그래도 강력한 폭력정치 밑에서는 자기의 요구를 마음대로 드러낼 수가 없으나, 부드러운 정권 아래 백성들은 비교적 자유롭게 자기들의 의사를 표명하게 된다. 때문에 당쟁(黨爭) 같은 것은 없을 수가 없다.

북송은 인종(仁宗, 1023-1063 재위)시대에 이르러 태평스런 시대가 전성을 이룬다. 조정에는 현신(賢臣)으로 알려진 부필(富弼, 1004-1083)·한기(韓琦, 1008-1075) 같은 재상(宰相)과 참지정사(參知政事)인 범중엄(范仲淹, 989-1052), 추밀사(樞密使)인 왕덕용(王德用), 정남(征南) 대장(大將)인 적청(狄靑, 1008-1057), 개봉부(開封府)의 포증(包拯, 1000-1063), 한림학사(翰林學士) 구양수(歐陽脩, 1007-1072) 같은 뛰어난 인물이 무수히 활약하고 있었다. 그러나 이러한 평화로움 속에 존재하는 여러 가지 정치적 사회적 모순도 여러 사람들이 의식하기 시작하였다. 재상이었던 범중엄(范仲淹, 989-1052)은 인종의 천성(天聖) 5년(1027)에 올린 「상집정서(上執政書)」에서 이미 평화정책으로 인한 군사적인 문제점들을 지적하고 개혁을 주장하고 있다. 나라의 정사를 맡은 대신으로서는 당연한 발언이라고 할 수 있다. 그는 이런 말을 하고 있다.

> "지금 조정은 오랜 세월 걱정이 없었고, 천하는 오랜 동안 태평스러웠고, 군대는 오랜 동안 쓴 일이 없습니다. … 군대는 오랜 동안 쓰지 않으면 무비(武備)가 견고하지 않게 됩니다. … 무비가 견고하지 않으면 곧 오랑캐들이 그 틈을 노리게 될지도 모를 일입니다."[1]

1) 「上執政書」; "今朝廷久無憂矣, 天下久太平矣, 兵久不用矣, … 兵久不用則武備不堅, … 武備不堅則戎狄或乘其隙矣."

그러니 군사(軍事)를 개혁하여 외적의 침입에 대비해야만 한다는 결론이 나오는 수밖에 없다. 범중엄은 다시 경력(慶曆) 3년(1043)에는 군대문제 뿐만이 아니라 관료(官僚)의 등용문제와 재정개혁(財政改革) 및 군사개혁(軍事改革)·과거제도(科擧制度) 개혁·전제(田制)와 농업생산을 위한 개혁 등 10개 항목에 달하는 정책개혁을 주장하는 상소문을 올렸다. 그리고 그를 따라 구양수(歐陽脩)·부필(富弼, 1004-1083)·여정(余靖, 1000-1064) 등도 글을 올려 여러 가지 개혁을 주장하였다. 그러나 이 중의 개혁안을 실행에 옮기면 당시 귀족관료들 사이에도 이 개혁 시책에 대한 이해관계가 일치하지 않았음으로 반대파가 생겨났다. 때문에 그들의 방해로 말미암아 일 년도 되지 않는 사이에 범중엄을 비롯하여 개혁을 지지하던 부필과 구양수 같은 사람들은 모두 조정에서 쫓겨났다. 범중엄을 비롯한 정치개혁을 주장하던 사람들의 노력은 실패로 돌아가고 말았다.

그러나 다시 이들을 뒤이어 대대적인 개혁을 뜻하는 이른바 '신법(新法)'을 주장하고 이를 실행하기에 힘썼던 왕안석(王安石, 1021-1086)이 나왔다. 왕안석은 북송을 대표할만한 많은 공부를 한 학자요 문인이며 정치가이다. 그는 무주(撫州) 임천(臨川, 지금의 江西 撫州市) 사람. 그는 어려서부터 총명하고 글공부를 잘 하였다. 과거에 진사(進士)로 급제한 뒤, 인종 때(1047-1049)에 은현(鄞縣, 지금의 浙江 寧波市)의 지현(知縣)이 되었다. 그는 농민을 조직하여 제방을 수리하고 저수지도 만들어 수리사업(水利事業)을 하고 농민들을 잘 돌보아주어 은현의 창고에는 양식이 많이 쌓였었다 한다. 그리고 많은 경전(經傳) 공부를 하여 늘 『주례(周禮)』를 근거로 이른바 '탁고개제(托古改制)' 함으로써 사회의 모순과 문제를 해결하려 하였다.

왕안석에게는 황제에게 올린 「본조백년무사찰자(本朝百年無事札

子)」[2]가 있는데, 태평스러운 북송 사회에 생겨난 문제에 대하여 다음과 같이 말하고 있다.

> "모든 일을 자연스런 이치와 형세에 의존하고 있기 때문에 정신을 쓰는 데 힘쓰지 않는 일이 있고, 명분과 실제가 다른 것을 살피지 않는 경우가 있습니다. 군자(君子)를 존귀하게 여기지 않는 것은 아니로되 소인(小人)들도 그 사이에 끼어들고 있고, 정론(正論)이 받아들여지지 않는 것은 아니로되 사설(邪說)도 때로는 쓰여지고 있습니다. 시부(詩賦)와 기송(記誦)으로만 천하의 선비들을 시험으로 뽑아 쓰고 학교에서 양성을 하는 법이 없으며, 과거(科擧)의 성적과 경력에 의하여 조정의 직위를 정해주고 시험을 보아 관청 일을 맡기는 일이 없습니다. 업무를 감시하여야 하는 사람 중에는 제대로 감시하고 살피는 사람이 없고, 나라를 지키는 장수들 중에는 올바로 선택된 관리가 없습니다. …"[3]

이처럼 왕안석은 나라가 태평스럽게 잘 지내는 중에 여러 가지 많은 문제가 조성되었음을 발견하였던 것이다. 이에 그는 그것을 개혁하여 바로잡을 '신법(新法)'을 생각하게 되었던 것이다.

가우(嘉祐) 3년(1058) 무렵에 그는 조정으로 불려 들어와 삼사탁지판관(三司度支判官)이 되었는데, 오랜 동안 연구해온 나라의 정치와 사회의 개혁을 요구하는 이른바 「만언서(萬言書)」를 황제에게 올렸다. 이 「만언서」에서 말한 여러 가지 개혁의 주장은 뒤에 왕안석의 '신법(新法)'이라 하여 유명해진다. 그가 내세운 중요한 개혁의 주장은 대략 다음과 같은 내용이었다.

---

2) 王安石『臨川先生文集』권41.

3) "一切因任自然之理勢, 而精神之運, 有所不加; 名實之間, 有所不察. 君子非不見貴, 然小人亦得厠其間; 正論非不見用, 然邪說亦有時而用. 以詩賦記誦求天下之士, 而無學校養成之法; 以科名資歷敍朝廷之位, 而無官司科試之方. 監司無檢察之人, 守將非選擇之吏. …"

첫째; 재정(財政) 경제(經濟)에 관련되는 신법, 6종류가 있다.

(1) 균수법(均輸法); 북송에서는 발운사(發運使)를 두어 나라의 부유한 동남쪽의 육로(六路) 지역에서 필요한 물자를 사 모아 변경(汴京)에 바쳤는데, 그 물자에는 각 '노(路)' 마다 정해진 수량이 있었다. 풍년이건 흉년이건 언제나 같았다. 새 법으로 강남로(江南路)·양절로(兩浙路)·형호로(荊湖路)·회남로(淮南路) 등의 발운사에게 명하여 되도록 풍년이 든 운송하기 편리한 곳에서 더 많은 필요한 물자를 사 모아 조정에 바치도록 한 법이다.

(2) 농전수리법(農田水利法); 각 지방 농지의 수리사업을 이끌어주고, 노는 땅은 모두 개간 하여 농지로 쓰도록 한 법이다.

(3) 청묘법(靑苗法); 농민들이 어려울 때 2분(分)의 싼 이자로 관에서 돈을 빌려주었다가 가을에 세금과 함께 갚도록 한 법이다. 고리대금을 없애고 나라도 일정한 수입을 얻도록 한 것이다. 부자들에게도 일정한 돈을 빌려가게 하여 그 이자를 모아 흉년에 대비하였고, 부자들이 나라의 경제를 독점하는 것을 막았다.

(4) 면역법(免役法); 나라의 부역(賦役)에 끌려 나가게 된 사람이 등급에 따라 돈을 내고 부역을 면할 수 있게 한 제도이다. 그 수입으로는 직업이 없는 사람들을 돈을 주고 모아서 일을 시켰다.

(5) 시역법(市役法); 서울인 변경(汴京)에 시역무(市易務)를 두어 시장에 팔리지 않고 쌓이는 물건을 사 두었다가 필요할 적에 다시 팔고, 필요한 상품을 대어주기도 하고 돈을 빌려주기도 한 법이다. 작은 상인들을 도와주며 큰 상인들의 횡포를 막고 정부도 돈을 마련한다는 목적이다.

(6) 방전균세법(方田均稅法); 대지주들이 땅은 많이 갖고 있으면서도 세금은 적게 내는 경향이 있어 이를 막기 위하여 마련한 제도이

다. 땅의 일정한 크기를 재어 놓고 땅이 좋고 나쁜 등급을 매겨서 세금을 일정하게 내도록 만든 법이다.

둘째; 군사(軍事)에 관련된 신법으로 다음과 같은 중요한 두 종류가 있다.

(1) 장병법(將兵法); 북송 초에 사방의 군사들을 불러들이어 모두 도읍을 지키는 금군(禁軍)에 예속시키고, 번갈아가며 국경을 지키러 내보내었다. 때문에 장수와 졸병들이 서로 낯이 익지 않아 통솔이 잘 되지 않았다. 이에 여러 노(路)에 따라 그 지역을 지키는 장수를 임명하고 졸병을 그에게 예속시키어 훈련을 잘 시킨 뒤 그 부대를 철저히 통솔할 수 있도록 한 법이다.

(2) 보갑법(保甲法); 10집을 소보(小保), 50집을 대보(大保), 10대보를 도보(都保)로 정하였다. 한 집에 두 명 이상의 장정(壯丁)이 있다면 한 사람은 반드시 보정(保丁)이 되어 무기를 들고 군사훈련을 받아 나라의 유사시(有事時)에 대비하여야 한다. 그리고 모든 '대보'에서는 밤마다 5명을 순찰케 하여 도적이나 범죄의 발생을 막도록 하였다. 그리고 보안(保安)은 각 '보'를 단위로 책임을 진다.

그 밖에 간단하지만 군용마를 확보하기 위한 보마법(保馬法)을 마련하고, 군수품을 확보하기 위한 군기감(軍器監)을 새로 두기로 하였다.

셋째, 과거제도와 교육제도 개선에 관한 신법이다.

당나라 이래로 과거제도에 있어서는 시(詩) 부(賦)로 시험을 치루는 진사과(進士科)가 가장 존중되고, 경전(經傳)으로 시험을 치루는 명경과(明經科)는 경문(經文)을 무조건 외워야만 하였다. 나랏일을 맡을 사람들인데도 모두 시국(時局)의 일에는 어두웠다. 이에 『시경(詩經)』·『서경(書經)』·『역경(易經)』·『주례(周禮)』·『예기(禮記)』 등의 경의(經

義)와 시무책(時務策)을 중심으로 하여 보다 현실 정치에 적합한 관리를 선출하는 과거 시험을 시행하기로 하였다.

교육제도에 있어서 형식적인 나라의 교육기관인 태학(太學)을 정비하고 정원을 느린 뒤, 그들의 학습 성적을 근거로 가장 낮은 외사(外舍)에서 시작하여 내사(內舍)와 상사(上舍)로 실력에 따라 올라가게 하였다. 성적이 우수한 '상사'에 속하는 학생은 과거시험을 보지 않고도 직접 벼슬을 할 수 있게 하였다. 그 밖에 장교를 양성하는 무학(武學)을 개설하고, 또 율학(律學)과 의학(醫學)도 개설하여 실용적인 전문인재도 양성하기로 하였다.

이 신법을 황제에게 아뢴 글을 「만언서(萬言書)」라고 하지만 「언사서(言事書)」라고도 부른다. 그리고 그는 이 신법을 경전(經傳)으로 뒷받침하기 위하여 그 뜻을 자기 나름대로 새로 해설한 삼경신의(三經新義) 곧 『시경신의(詩經新義)』·『서경신의(書經新義)』·『주관신의(周官新義)』 등도 저술하였다.

왕안석은 「만언서」에서 "한(漢)나라 때의 장각(張角)은 36개 지방에서 같은 날 반란을 일어나게 하였고", "당(唐)나라 때의 황소(黃巢)는 천하를 휩쓸었었다."고 '황건적(黃巾賊)의 난'과 '황소의 난'을 들어 황제인 인종에게 경고를 하고 있다. 이것은 '왕안석의 변법'이 당시의 봉건지주계급을 바탕으로 하는 전정(專政)을 공고히 하여 불만이 쌓여가고 있는 백성들의 기의(起義) 같은 일이 없도록 하려는 데에도 목적이 있었음을 알려준다. 그러나 인종은 이 왕안석의 「만언서」에 별로 주의를 기울이지 않고 있다가 죽었다. 인종이 죽자 왕안석은 벼슬을 그만두고 강녕(江寧, 지금의 南京)으로 내려가 조용히 세월을 보냈다. 인종의 뒤를 이은 영종(英宗)이 황제 자리에 있는 동안(1064-1067)에는 계속 자기 집에서 지냈다. 그러나 신종(神宗, 1068-1085

재위)이 뒤를 잇자 다시 조정으로 들어가 한림학사(翰林學士)에서 부수상 격인 참지정사(參知政事)가 되었으며, 희녕(熙寧) 2년(1069)에는 그의 '신법'을 시행하게 된다.

신종은 정치에 적극적인 임금이었다. 그는 황제가 된 뒤 나라의 재정(財政)이 허술하게 다루어지고 있다고 보고 사마광(司馬光, 1019-1086)에게 재정을 정리해 줄 것을 부탁하였다. 사마광은 며칠 일을 해보다가 이는 간단히 처리할 수 있는 일이 아니라고 판단하고 일을 그만두었다.[4] 또 신종은 대신인 부필(富弼, 1004-1083)에게 북송에 대하여 적대적인 요(遼)나라의 실정에 대하여 물은 일이 있는데, 부필이 황제께서는 즉위하신지 오래 되지 않으셨으니 마땅히 "덕을 펴고 은혜를 베풀어야만 하며" 앞으로 "20년 동안은 입에 군대에 관한 일은 담지 말아야 합니다." 하고 대답하자 몹시 언짢게 여겼다 한다.[5] 한 번은 신종이 요나라가 차지하고 있는 북쪽의 연(燕)·운(雲)지방을 다시 수복하고자 하여 대신들과 의논을 하였다. 그리고 나서 할머니 조황후(曹皇后)를 뵙고 그에 대한 모든 준비를 마쳤다고 보고하자 조황후가 말하였다. "이것은 중대한 일인데 잘못되면 재앙을 당하게 된다. 만약 수복할 수 있는 거였다면 태조와 태종께서 벌써 수복하셨을 것이다. 지금까지 그대로 오도록 두었겠느냐?" 신종도 조황후의 말을 따르지 않을 수가 없었다.[6] 북송 나라는 온 세상이 평화에 젖어 무사와 태평을 추구하는 보수적인 성향의 나라였다.

이런 분위기 속에 신종은 왕안석이라는 정치가를 만나게 된 것이

4)『宋史』 권179 食貨志 의거.

5)『宋史』 권313 富弼傳 의거.

6)『宋史』 권242 慈聖光獻曹皇后傳 의거.

다. 신종이 왕안석을 좋아하고 신임하였음은 당연한 일이다. 이에 왕안석은 자신의 '신법'을 추진할 수 있게 되었던 것이다. 신법의 시행은 농정(農政)에 상당한 효과를 거두었고, 재정(財政)면에도 상당한 성과를 올리어 "안팎 나라의 창고가 모두 가득해졌다."[7]는 실정이 되기도 하였다. 그리고 '보갑법(保甲法)'은 요(遼)나라와 서하(西夏)의 군사적인 위협을 극복하고 질서를 유지하는 데 적지 않은 효과가 있었다. 그러나 여러 부문의 이해관계가 어긋나는 곳이 있고 보수적인 경향이 강한 북송이라서 사마광을 중심으로 하는 여러 원로 보수파들이 '신법'을 반대하여 결국 신법당과 보수당의 당쟁(黨爭)으로 발전하였다. 보수파는 신법의 모순뿐만이 아니라 흙비가 내리거나 지진이 일어나도 신법 때문이라고 공격하였다[8]. 희녕(熙寧) 7년(1074)에는 봄에 큰 가뭄이 들어 보수파들이 '신법' 때문이라고 공격하자 신종도 '신법'을 그만둘 생각을 하였고,[9] 희녕 8년 10월에는 남쪽 하늘에 혜성(彗星)이 나타나자 보수파들은 더욱 거세게 '신법' 때문에 그런 요상한 별이 나타났다고 공격하였다.[10] 이에 왕안석을 신임하던 황제인 신종의 마음도 흔들리어 왕안석은 희녕 7년에 한 번 직책을 떠났다가 희녕 9년에는 사직을 하고 다시 강녕(江寧)으로 돌아가 버렸다. 이에 왕안석의 '신법'은 실패하게 된 것이다.

『송사(宋史)』 권321 열전의 중간에는 "논왈(論曰)"하고 신종의 "희녕(熙寧) 연간(1068-1077)에 신법을 시행하자, 가벼이 나서는 젊은이들은 앞 다투어 나아가며 일을 하려 하였으나 노성(老成)한 일에 대하

7) 『宋史』 권328 安燾傳; "中外府庫無不充衍."

8) 『歷代名臣奏議』 권266 理財門 所載 范鎭의 熙寧三年正月 上疏文 참고.

9) 李燾和 『續自治通鑒長編』 권252 熙寧七年四月己巳 의거.

10) 李燾和 『續自治通鑒長編』 권269 熙寧八年十月十日戊戌 의거.

여 잘 아는 사람들은 슬며시 물러났었으니, 얼마나 그들은 일의 빌미를 밝게 본 것이냐?"[11] 하고 신법 실패의 원인을 논하고 있다. 일을 잘 아는 많은 '노성한 사람들'이 신법을 반대하거나 신법을 멀리하였으니 신법이 성공할 이가 없었던 것이다.

원풍(元豐) 8년(1085) 신종이 죽고 열 살도 안 된 철종(哲宗, 1086-1100 재위)이 뒤를 잇자 신종의 어머니인 태황태후(太皇太后) 고씨(高氏)가 황제 대신 정치를 돌보게 된다. 고씨는 보수파의 사마광(司馬光)을 재상 자리에 앉히고 여공저(呂公著, 1018-1089)·범순인(范純仁, 1027-1101)·문언박(文彦博, 1006-1097) 등을 불러 그들에게 벼슬을 주는 반면 신법당에 속하는 장돈(章惇, 1080 전후)·채확(蔡確, ?-1090) 등은 모두 파면시키어 정국이 크게 달라진다. 이 시대를 흔히 철종의 연호를 따서 '원우지치(元祐之治)' 곧 '원우(1086-1093) 연간의 다스림'이라 부른다. 이때 소식(蘇軾, 1036-1101)도 신법을 반대하는 구당파(舊黨派)에 속하였기 때문에 한림학사(翰林學士)가 되어 조정에 들어간다. 그러나 그는 범순인 등과 함께 신당의 정책을 무조건 철저히 반대하고 바꾸려는 사마광의 정책에는 반대하였다. 소식은 사마광이 신법당의 잘 한 점도 무조건 모두 반대하는 완고한 태도를 두고 그를 소 같이 고집만 부린다고 '사마우(司馬牛)'라 하였다.[12] 소식은 뜻대로 되지 않자 스스로 조정에서 물러나 지방관으로 나가는 수밖에 없었다. 구당파 안에서도 모든 사람의 의견이 일치하지 않아 서로간에 분쟁이 있었음을 말해주는 것이다.

그러나 원우 8년(1093)에 고씨가 죽자 철종이 직접 정치를 맡게 된

---

11) 『宋史』 권321 列傳 第80; "論曰; 熙寧行新法, 輕進少年爭趨競進, 老成知務者逡巡引退, 何其見之明耶?"

12) 蘇軾 「鐵圍山叢談」.

다. 철종은 구당파들의 정치에 불만을 품고 있어서, 바로 신당의 장돈(章惇, 1080 전후)을 재상으로 삼고 증포(曾布, 1036-1107)·채경(蔡京, 1047-1126)·채변(蔡卞, 1058-1117) 등을 등용하여 신법을 밀어준다. 반면 보수당의 여대방(呂大防, 1027-1097)·소식(蘇軾) 등은 영남(嶺南)으로 귀양을 보내고, 범조우(范祖禹, 1041-1098)·정이(程頤, 1033-1107) 등은 벼슬자리에서 내쫓는다. 이때 처벌을 받은 사람들이 830 명이나 되어 이들을 '원우당인(元祐黨人)'이라 부른다.

철종이 죽고 아들이 없어 신종의 아들이 황제 자리에 올라 휘종(徽宗, 1101-1125)이 된다. 처음에는 신종의 황후인 상씨(向氏)가 잠시 섭정을 하여 다시 구당파가 득세하였으나 다음 해에 황제가 직접 정치를 맡으면서 연호를 숭녕(崇寧, 1102-1106)이라 바꾸고[13] 다시 신법으로 돌아간다. 증포(曾布, 1036-1107)가 재상이 되었는데, 휘종의 뜻을 따라 '원우당인(元祐黨人)'들을 다시 모두 밀어내고 채경(蔡京, 1047-1126)을 조정으로 불러들였다. 그는 건중정국(建中靖國) 원년(1101) 11월에 한림학사승지(翰林學士承旨)가 되었는데, 다음 해(1102) 7월에는 재상이 되어 증포(曾布)도 밀어내고 나라의 대권(大權)을 잡았다. 이후 휘종이 황제 자리에서 물러난 서기 1125년에 이르는 24년 동안 권세를 휘두르며 '신법'을 밀고 나가면서, 휘종의 사치스러운 생활을 뒷받침하여 주었다. 이에 백성들은 착취에 시달리며 날로 살기가 힘들어져 사방에 도적들과 반란자들이 일어나 북송이란 나라는 멸망의 길을 향해 가게 되었다.

이처럼 대학자이며 시인이기도 한 왕안석은 평화로운 분위기에 빠져 여러 모로 문제가 들어난 북송의 정치 사회를 개혁하고자 하

---

13) '崇寧'이란 神宗의 年號인 '熙寧을 높힌다'는 뜻으로, 그때처럼 新法을 시행하겠다는 뜻을 담고 있다.

여 '신법'을 추진을 너무 서둘렀다. 그러나 변화를 기피하는 보수적인 경향이 강하여 개혁을 반대하는 사람들이 많고 또 오랜 평화 속에 나태하여진 분위기 속에 '신법'의 시행은 결국 신법당과 보수당 사이의 당쟁(黨爭)만을 일으키게 되었다. 또 휘종 황제 시대에 이르러는 채경(蔡京) 같은 자기의 이익만을 추구하는 교활한 성격의 인물이 재상이 되어 '신법'은 백성들의 생활을 고난에 빠트리며 황제의 사치스럽고 화려한 생활을 뒷받침해주는 빌미가 되었다. 이는 북송을 한 발자국 더 멸망의 길로 이끌어준 결과가 되고 만 것이다. 그러나 이런 현상은 모두 너무나 평화롭고 자유스러웠던 북송 정치의 일면을 말해주는 것이라고도 할 수 있다.

『송사』 권327 왕안석열전에는 "논왈(論曰)"에 왕안석 신법의 실패에 대하여 주희(朱熹, 1130-1200)가 논한 글을 "천하의 공언(天下之公言)"이라고 하면서 다음과 같이 인용하고 있다. 그 요점을 잘 파악할 수 있는 좋은 글이라 생각되어 이 장의 결론 삼아 아래에 인용한다.

> "문장과 절조(節操)있는 행실로는 일세에 우뚝하고, 특히 도덕과 세상을 다스리고 백성을 이끄는 일은 자기의 책임이라 여기고 있었다. 신종을 만나게 되자 벼슬자리가 재상이 되었고 세상에서는 그가 큰 일을 이루기를 바라면서 다시 요(堯)·순(舜)과 우(禹)·탕(湯)·문왕(文王)·무왕(武王)의 시대 같은 성세(盛世)를 다시 보게 되기를 바랐다. 그런데 왕안석은 재리(財利)와 군사(軍事)가 먼저 해결하여야 할 일이라고 급급히 서두르며, 흉악하고 사악한 자들을 끌어 쓰고 충성되고 곧은 사람들은 물리치면서 일을 서두르며 억지를 부리어, 온 천하 사람들로 하여금 어지러이 그들의 잘 살아가려는 마음을 잃도록 만들었다. 끝에 가서는 여러 간사한 자들이 멋대로 그릇된 짓을 하게 되어 온 세상에 해독을 끼치게 되었는데, 숭녕(崇寧) 연간(1102-1106)에서 선화(宣和) 연간(1110-1106)에 이르는 기간에는 그로 말미암은 재난이 극에 달하였다."[14]

14) 『宋史』 권327 王安石列傳; "論曰; 朱熹嘗論安石; '以文章節行高一世, 而

'왕안석의 신법'이 북송 말엽에 일으킨 혼란은 왕안석 개인에게서 나온 문제가 아니라 북송의 오랜 평화와 번영 속에 생겨난 정치적 사회적 문제 특히 재정과 국방 등의 문제에서 야기되었던 것이다. 그리고 그 '신법'을 놓고 대립하였던 사람들은 오랜 평화로운 사회에서 길러진 지식인들의 성격을 대변한다. 북송의 지식인들은 각자의 사상을 바탕으로 한 여러 가지 일들에 대한 소신을 확실히 갖고 있었음으로 작은 일이라 하더라도 소로 다른 견해를 놓고 타협하지 않고 서로 자기주장을 따라 당파(黨派)가 갈리어 혼란을 키웠던 것이다. 설사 성인(聖人)이 나온다 하더라도 전국 모든 사람의 요구를 충족시킬 수 있는 정책은 펼 수가 없는 것이다. '신법'이 나라가 망하기 전의 혼란을 일으켰던 것은 결코 왕안석이란 개인의 잘못은 아니라고 보아야 한다.

尤以道德經濟爲己任. 被遇神宗, 致位宰相, 世方仰其有爲, 庶幾復見二帝三王之盛. 而安石乃汲汲以財利兵革爲先務, 引用凶邪, 排擯忠直, 躁迫强戾, 使天下之人, 囂然喪其樂生之心. 卒之羣姦嗣虐, 流毒四海. 至於崇寧宣和之際, 而禍亂極矣.' 此天下之公言也."

제8장
도학(道學)의 발전

1. 당대 후기 학술문화의 변화

북송의 학술과 문화의 발전은 앞에서 이미 지적한 것처럼 당 제국의 전성시대에 일어났던 '안록산(安祿山)의 난'(755-763)이 있은 뒤의 당나라 후기부터 일기 시작한 변화를 계승 발전시키어 성과를 이룬 것이다. 학술 면에 있어서도 이미 앞에서 간단히 얘기한 것처럼, 당대 후기에 와서는 현실문제만을 가지고 씨름해 오던 유학자들이 불교와 도교의 영향 아래 좀 더 차원 높은 세계의 진리를 찾아보려는 생각을 하기 시작하였다. 곧 형이상학(形而上學)적인 문제에도 착안하기 시작한 것이다.

한(漢, B.C.206-A.D.220)대 이후, 위(魏, 220-265)·서진(西晉, 265-317)·동진(東晋, 317-420)·남북조(南北朝, 420-581)로 이어지면서 중국의 학술과 문학 및 사상이 크게 발전하는데, 여기에는 중국 정치와 사회를 이끌어온 유교에 끼친 불교와 도교의 성행도 크게 작용하고 있다. 하안(何晏, 190-249)이 『논어집해(論語集解)』·『무위론(無爲論)』 등을 짓고, 왕필(王弼, 226=249)이 『논어석의(論語釋疑)』·『노자주(老子注)』 등을 지으면서 도가사상을 원용(援用)하여 유가사상을 해석함으로써 이른바 현학(玄學)을 발전시켰다. 그리고 안지추(顔之推, 531-595?)가 『귀심론(歸心論)』에서 '유불일체(儒佛一體)'의 이론을 내세움으로써 유가사상과 불교사상을 서로 융화케 한 것은 그러한 새로운 사상계의 발전 모습을 잘 보여준다. 이러한 사상은 수(隋, 581-618)·당(唐, 618-907) 시대에 이르기까지 그대로 이어진다.

그러나 당나라 전기에는 태종(太宗, 627-649 재위)이 유학을 중심으로 하여 자기네 전통적인 학문을 통일하기 위하여 『오경정의(五經正義)』를 편찬케 하였다. 『오경정의』란 국자좨주(國子祭酒)로 있던 공영달(孔穎達, 574-648)에게 명을 내려 안사고(顔師古, 581-645) 등과 함께 편찬토록 하여 이루어진 책이다. 모두 180권으로 이루어진 『시경(詩經)』·『서경(書經)』·『역경(易經)』·『예기(禮記)』·『춘추(春秋)』 등 '오경'에 관한 대표적이라고 여겨지는 주석(注釋)을 모아서 엮어놓은 책이다. 그 목적은 이전의 유학의 중심을 이루는 다섯 가지 경전인 '오경' 연구의 업적을 종합 정리하여 경전에 대한 가장 올바르고 권위가 있는 해설을 널리 제시해줌으로써 공자의 사상과 학문을 제대로 밝히고, 그 책을 이후의 유학 연구와 과거시험의 교과서로 삼게 하고자 함에 있었다. 보기로 『시경』 해설서인 『모시정의(毛詩正義)』를 들면 거기에는 먼저 『시경』 주석의 가장 권위가 있다고 공인하는 한나라 초기의 모형(毛亨)이 지었다는 『모전(毛傳)』과 동한 학자 정현(鄭玄, 127-200)의 『정전(鄭箋)』을 붙여놓은 다음, 이들의 해설을 다시 공영달 등이 보충 설명한 『공소(孔疏)』 또는 『정의(正義)』라 부르는 자세한 해설을 다시 올려놓은 것이다. 다른 경전들의 해설도 모두 이런 방법으로 이루어져 있다. 따라서 당나라로부터 송나라에 이르기까지 과거(科學)의 명경과(明經科)는 이 『오경정의』를 교본으로 삼았다. 유가의 경전을 공부하고 이해하는 가장 권위가 있는 국정교과서가 된 것이다. 피석서(皮錫瑞, 1850-1908)가 그의 『중국경학사(中國經學史)』에서 수나라와 당나라 시대를 '경학의 통일시대'라 한 것도 이처럼 유학이나 공자사상에 대한 이해가 총합되어 통일되었다고 보았기 때문이었다.

그러나 당나라가 전성을 구가하던 현종(玄宗)의 천보(天寶) 14년(755)에 갑자기 '안록산(安祿山)의 난'이 일어난 뒤에는 학문의 권위도 약해져서 노교와 불교의 영향 아래 유학자들의 반성이 시작된다. 곧 현실문제 만을 가지고는 만물에 관한 진리를 추구할 수가 없다는 각성이다. 이에 유학 연구에 새로운 바람이 일게 되는 것이다. 이러한 학문 경향의 변화는 유학이 뒷받침해 오던 당나라 정치와 사회의 변화에 큰 원인이 있다. '안록산의 난' 이후 중국의 정치와 사회를 지배해 오던 대족(大族)들이 망하면서, 도시의 상인과 공인 계급이 큰 부를 쌓아 새로운 세력으로 대두되고 서민층의 영향력도 급격히 신장하였다. 이 무렵부터 지식인들은 그들 사회에 있어서의 자기들의 존재 이유를 스스로 각성하기 시작하였다. 보기를 들면 시인들은 현실문제에 눈을 뜨기 시작하여 문학 창작의 목표를 세상과 사람들을 위하는 데 두고, 어려운 시국과 백성들의 생활을 반영하는 새로운 경향의 시를 짓기 시작하였다. 산문은 글을 이루는 모든 글자의 성조(聲調)를 따져서 모든 글자들을 읽는 소리가 잘 조화를 이루도록하고 모든 글귀를 대구(對句)를 이루면서 그 모양까지도 일정한 규정을 따라야 하는 변려문(騈儷文)을 반대하고, 옛날 분들처럼 자기가 쓰고자 하는 생각을 정확하고 자연스럽게 표현하는 고문(古文)을 쓰자는 운동이 일어났다. 그밖에도 민간 가요의 형식을 빌려 이룬 새로운 형식의 시인 사(詞)가 대두하기 시작하였다. 또 불교를 따라 인도로부터 들어온 변문(變文)이라는 강창(講唱) 형식의 예술이 유행하여 민간에 속강(俗講)을 발전시켰고, 이러한 풍조를 따라 얘기를 주제로 하는 소설도 발달하기 시작하였다. 이러한 것들은 모두 그 시대 사회계층의 변동, 곧 중국문화의 주체세력의 변화를 바탕으로 하고 있는 것이다.

한유(韓愈)

이것은 정치적 지배계층에도 큰 변화를 가져온다. '안록산의 난' 이후 당나라의 사대부들 중에는 어려운 집안 출신으로, 남보다 몇 갑절의 노력을 기울이어 학문을 쌓음으로써 지배계층으로 오른 사람들이 많았다. 이전처럼 족벌(族閥)을 바탕으로 쉽사리 지배계층에 오른 사람이 매우 적어졌다. 모두가 치열한 경쟁을 자기 힘으로 이겨내고 윗자리에 오른 사람들이다. 이들에게는 이전의 경우처럼 무조건의 전제(專制)정치가 용납될 수 없었다. 그들은 정치뿐만이 아니라 모든 일에 있어, 절대적인 원리에 입각한 합리적인 방법을 찾아야만 하였다. 이 때문에 당시의 학자들은 모든 현상을 통할하여 설명할 수 있는 보다 긴요한 원리를 찾지 않으면 안 되었다.

여기에는 도교의 무위자연(無爲自然)의 사상과 선(仙) 세계의 추구 및 불교의 공(空)의 사상과 같은 새로운 사상이 영향을 끼쳤다. 먼저 한유(韓愈, 768-824)는 「원도(原道)」란 글에서 유가의 인의도덕(仁義道德)을 바탕으로 하는 옛 임금들의 도(道)를 논하고, 요(堯)임금·순(舜)임금·우(禹)임금·탕(湯)임금·문왕(文王)·무왕(武王)·주공(周公)으로부터 공자를 거쳐 맹자에게까지 전해져 내려온 유학의 도통(道統)

을 논하면서 불교와 도교를 비판하였다. 그리고 「원성(原性)」에서는 『중용(中庸)』을 인용하면서 사람의 본성[性]과 감정[情]의 문제를 논하고 있다. 그 밖에도 중요한 글로 「사설(師說)」과 불교를 배척한 「간영불골표(諫迎佛骨表)」 등이 있다. 그를 뒤이어 제자인 이고(李翺, 772-841)는 『복성서(復性書)』에서 『논어(論語)』·『맹자(孟子)』와 함께 아직도 단행본으로 행세하지 못하고 있던 『대학(大學)』과 『중용(中庸)』을 중시하면서 맹자의 성선설(性善說)을 바탕으로 하여 본성과 감정의 문제를 보다 깊이 논의하여, 그는 공자와 전혀 다른 성격의 사변철학(思辨哲學)의 선구자로 평가받게 되었다.

문인들도 유종원(柳宗元, 773-819)은 「천대(天對)」·「천설(天說)」·「비국어(非國語)」·「답유우석천론서(答劉禹錫天論書)」 등의 철학적인 글[1]을 지어 원기일원론(元氣一元論)을 내세워 '원기'로 말미암아 만물이 존재함을 역설하고 하늘과 사람의 분계를 분명히 하였다. 유종원은 "내가 (불교로부터) 취한 것은 『역경』이나 『논어』와 들어맞기 때문에, 비록 성인이 다시 나타난다 하더라도 이를 배척할 수가 없을 것이다."[2]고 말하고 있다. 유우석(劉禹錫, 772-842)도 유종원과 사귀면서 「천론(天論)」 3편[3]을 지어 하늘과 사람은 엄연히 다른 존재임을 역설하고, 불교의 공(空)의 이론과 도교의 무(無)의 개념에 대해서도 자기 나름대로의 연토(硏討)를 전개하고 있다. 유종원과 유우석은 스스로 자기 이론의 근거가 불교임을 공언하고도 있다.

이러한 당대 후기에 일어난 사회적 문화적 학술적 변화는 모두

---

1) 柳宗元 『柳河東集』에 실림.

2) 柳宗元 「送僧浩初序」; "吾之所取者, 與易論語合, 雖聖人復生, 不可得而斥也."(『柳河東集』).

3) 劉禹錫 『劉賓客集』에 실림.

계속 이어져가 오대(五代)를 거쳐 북송 시대에 이르러 그 발전이 절정에 달하게 된다. 유학은 공자가 현실적인 문제만을 추구하던 성격의 학문과는 완전히 다른 성격의 것으로 발전한다. 유학은 북송대에 와서는 여러 학자들에 의하여 이른바 '도학(道學)' 또는 '이학(理學)'이라 부르는 현실문제뿐만이 아니라 현실을 초월한 형이상학적(形而上學的)인 명제(命題)도 추구하는 학문으로 발전한다. 그리고 다시 남송(南宋)대에 가서는 주희(朱熹, 1130-1200)라는 대학자가 나와 북송 학자들의 이론을 모두 모아 체계화함으로써 새로운 주자학(朱子學)이라고도 부르는 성리학(性理學)을 완성하게 된다. 송대 육구연(陸九淵, 1139-1192)으로부터 명대 왕수인(王守仁, 1472-1525)의 양명학(陽明學)으로 이어지는 심학(心學)도 모두 합쳐 이 새로운 경향의 유학을 신유학(新儒學)이라고도 부른다. 여기에서 '도학'·'이학'·'심학'·'성리학'·'신유학'이란 말의 뜻을 정리할 필요가 있을 것 같다. 먼저 '도학'이란 말은 동한의 왕충(王充, 27-100?)도 『논형(論衡)』 양지(量知)편에서 '선왕(先王)의 도'를 바탕으로 한 '경전(經傳)에 관한 학문'을 가리키는 말로 썼다. 그러나 여기에서 논하는 '도학'이란 말은 당대의 한유(韓愈)를 이어받아 북송시대 학자들이 쓰기 시작하여 발전시킨 개념이다. '도학'이란 말의 사용은 장재(張載, 1020-1077)에게서 시작되어 정호(程顥, 1032-1085)와 정이(程頤, 1033-1107) 형제가 '공자와 맹자의 도'를 이어받은 자기들의 학문을 스스로 그렇게 부른 것이다.

장재(張載)

정이는 "우리 형제가 도학을 제창하자 세상은 무척 놀라며 의심하였다."[4]고 말하고 있다. 그러나 원대에 『송사(宋史)』를 편찬하면서 열전(列傳) 중에 「도학전(道學傳)」을 마련하고, 주돈이(周敦頤, 1017-1073)·소옹(邵雍, 1011-1077)·장재·정호·정이와 남송의 주희(朱熹) 및 그의 문하생들을 모두 그 안에 포함시킴으로써 '도학'의 뜻을 넓혔다. '이학'도 본시는 주돈이·소옹·장재와 정호·정이 형제 등에 의하여 자신들의 학문은 공자와 맹자의 도통(道統)을 바탕으로 하여 천도(天道)와 천리(天理)를 추구하는 학문이라는 뜻에서 이루어진 말이다. 그리고 '이학'은 본시 북송의 이들 학자로부터 주희에 이르는 '이(理)' 일원론(一元論)의 체계를 말하는 것이었는데, 뒤에는 송·원·명대에 걸쳐 성행한 새로운 방법의 학문으로 '도학'과 '심학'을 모두 아울러 지칭하는 말로 발전하였다. 때문에 보통 '송명이학(宋明理學)'이란 말이 흔히 쓰인다. '심학'은 송대의 육구연(陸九淵)과 명대의 왕수인(王守仁)처럼 그의 사상의 근거를 사람의 '마음' 곧 '심(心)'으로 삼는 학파를 가리킨다. '성리학'은 '이학'을 추구하는 학자들이 사람의 본성인 '성(性)'의 문제도 아울러 중시하였기 때문에 뒤에 생겨난 말이다. '신유학'은 서양 학자들이 이러한 새로운 경향의 유학을 통틀어 Neo Confucianism이라 부른데서 생겨난 말이다.

그러나 많은 경우 '심학'이란 말을 제외하고 이들 '도학'·'이학'·'성리학'이란 말은 서로 혼용되고 있다. 그것은 이들 모두가 인성(人性)과 천도(天道)를 중심으로 하여 철학적인 문제를 추구하며, 이(理)·기(氣)·성(性)·명(命)·심(心)의 개념을 바탕으로 본체론(本體論)이나 인식론(認識論)을 연구하고 있기 때문이다. 이중 '심'의 개념을

4) 『河南程氏文集』; "自予兄弟倡明道學, 世方驚疑."

바탕으로 하는 철학만은 다른 경우와 달리 인식론 같은 데에서만 자신의 특징을 드러내기 때문에 약간 다른 취급을 받는 것이다.

2. 북송시대 도학(道學)의 발전

북송으로 들어서면서 『주역구의(周易口義)』·『중용의(中庸義)』 등을 저술한 호원(胡瑗, 993-1059), 『춘추존왕발미(春秋尊王發微)』·『역설(易說)』 등을 쓴 손복(孫復, 992-1027), 『괴설(怪說)』·『중국론(中國論)』 등을 저작한 석개(石介, 1005-1045) 같은 학자들이 나와 당 말엽의 새로운 유학의 기풍을 계승하여 도학의 길을 열었다. 북송 초기에 재상으로 활약한 범중엄(范仲淹, 989-1052) 같은 사람의 유학에 대한 개념도 이에 따라 많은 변화를 보여준다. 특히 북송의 새로운 문학 풍조를 진작시킨 문호(文豪)인 구양수(歐陽修, 1007-1072)도 『시본의(詩本義)』·『역동자문(易童子問)』 등을 지어 경전 연구에 있어 새로운 송대 학문의 길을 열었고, 역사가로 유명한 사마광(司馬光, 1019-1086)도 『자치통감(資治通鑑)』 이외에 『역설(易說)』·『대학(大學)』·『중용(中庸)』 등의 책을 써서 도학의 길을 닦았다.

그러나 북송시대의 도학을 본격적으로 출발시킨 학자는 주돈이(周敦頤, 1017-1073)이다. 그는 자가 무숙(茂叔)이며 만년에 여산(廬山) 기슭에 염계서당(濂溪書堂)을 열고 학문을 가르치어 염계선생(濂溪先生)이라 부르게 되었다. 주돈이는 먼저 북송초의 도사(道士) 진단(陳摶, ?-989)의 『무극도(無極圖)』를 본떠서 우주 생성의 기본 원리를 도표로 나타낸 『태극도(太極圖)』라는 도표를 그리고 나서, 그것을 해설하는 『태극도설(太極圖說)』을 지었다. 그는 '태극'으로부터 음양(陰

주돈이(周敦頤)

陽)·오행(五行)으로 변화하며 만물이 이루어지는 원리를 이 도표를 이용하여 설명하였다. 모두 250여 자의 짧은 글이나 북송 도학의 우주생성관(宇宙生成觀)을 대표한다. 다시 그는 『통서(通書)』를 저작하여 각별히 성인(聖人)은 공부를 통하여 이를 수 있는 인간상(人間相)임을 논하였다. 이를 근거로 유학자들의 학문하는 목표가 성인이 되는 데 두어지도록 발전하게 되었다. 그리고 『중용(中庸)』에서 강조하고 있는 '성(誠)' 곧 '정성스러움'을 바탕으로 하여, '성'은 사람들이 꼭 지켜야 할 어짊(仁)·의로움(義)·예의(禮)·지혜(智)·신의(信)의 '오상(五常)'의 근본이며 사람들의 행실의 근원이 되는 것이라고 주장하였다.

다음으로 수리(數理)를 응용하여 우주의 원리를 밝히려고 노력한 소옹(邵雍, 1011-1077)이 있다. 그는 자가 요부(堯夫)이고 호를 안락선생(安樂先生)이라 하였다. 그의 학문을 대표하는 저술로 『황극경세서(皇極經世書)』가 있다. 그는 먼저 태극(太極)에서 양의(兩儀)·사상(四象)·팔괘(八卦)·64괘로 발전하며 만물을 낳는 원리를 설명하며 『팔괘선천도(八卦先天圖)』를 만들었다. 그리고 거기에서 상수(象數)를 끌어내어 그 수의 변화를 바탕으로 천지가 변화하고 발전하는 시간의 운행 같은 것을 설명하였다. 보기를 들면 12신(辰)이 1일(日)을 이루고, 30일이 1월(月)을 이루며, 12월이 1년(年)을 이룬다. 다시 30년이

1세(世), 12세가 1운(運), 30운이 1회(會), 12회가 1원(元)을 이루면서 역사의 운행은 순환한다는 것이다. 1원은 129,600년이 된다. 때문에 그의 학문을 흔히 선천상수지학(先天象數之學)이라 부른다. 주희(朱熹, 1130-1200)와 그의 친구 여조겸(呂祖謙, 1139-1181)이 '성인의 학문'의 입문서로 삼기 위하여 함께 편찬한 북송 도학을 연구한 학자들의 이론을 체계적으로 정리해 놓은『근사록(近思錄)』[5]에 소옹만은 제외되고 있으니 주희 자신은 그의 수리를 바탕으로 하는 학문을 그다지 존중하지 않은 것 같다.

장재(張載, 1020-1077)는 자가 자후(子厚)이고 흔히 횡거선생(橫渠先生)이라 부른다. 그는『정몽(正蒙)』을 지어 기(氣)를 바탕으로 하는 본체론(本體論)을 펴 지금의 중국학자들은 '기'를 물질의 기본 요소라 해석하고 그를 유물론자(唯物論者)로 분류하고 있다. 그러나 기론(氣論)을 바로 유물론이라 단정하는 것은 문제가 있다. 다시『정몽』건칭편(乾稱篇)의 일부분으로 썼다는『서명(西銘)』에서는 "건(乾)은 아버지가 되고 곤(坤)은 어머니가 된다."[6] 그리고 "사람들은 나의 동포이고, 만물은 나와 동류이다."[7]라고 하면서 만물일체(萬物一體)의 사상을 폈다.『정몽』의 태화(太和)편에서도 "만물이 비록 많지마는 기실은 한 가지 물건이다. 음양(陰陽)이 없는 것은 없으니 이로서 천지의 변화는 음양의 이단(二端)뿐임을 알 수 있다."[8]고도 하였다.

윤리 면에 있어서는 하늘이 내려준 '성(性)'을 중시하며 "예(禮)는

---

5) 김학주 역『近思錄』, 명문당, 2004 발행.

6) "乾稱父, 坤稱母."

7) "民吾同胞, 物吾與也."

8)『正蒙』太和편; "萬物雖多, 其實一物. 無無陰陽者, 以是知天地變化, 二端而已."

바로 천지의 덕이다."[9]라고 하면서 윤리를 절대적인 것으로 규정하였다. 그 밖에 철학적인 저술로 『역설(易說)』이 있다. 『역설』에서는 음양(陰陽) 이기(二氣)의 대립을 통한 만물의 생성 발전을 논하고 있다. 여하튼 장재는 앞의 주돈이와 소옹의 사상을 이어받아 뒤의 정호(程顥)와 정이(程頤) 형제의 학문을 이끌어준 학자라고 할 수 있다.

정호(程顥, 1032-1085)와 정이(程頤, 1033-1107) 형제는 뒤에 주희(朱熹)가 스승으로 받들어 모신 학자이다. 정호는 자가 백순(伯淳)이고 사람들이 명도선생(明道先生)이라 불렀다. 동생 정이는 자가 정숙(正叔)이고 호는 이천선생(伊川先生)이라 불렀다. 후세 사람들이 그들 형제를 '이정(二程)'이라 불렀고, 그들의 저작과 주장은 후세 사람들이 『이정전서(二程全書)』[10]로 정리하여 놓았다.

이들 두 형제는 다같이 '천인합일(天人合一)'을 주장하며 '천리(天理)'를 이 세상 최고의 원리라 내세웠다. 이들은 다 같이 우주의 근본 원리로 '이(理)'를 내세우며 '도(道)'를 논하고 '기(氣)'의 존재를 주장하였다. 특히 정호는 '어짊(仁)'을 근본으로 삼으며 천지 만물이 모두 '나(我)'와 혼연히 일체가 되고 있다며 객관(客觀)적인 것도 모두 주관(主觀) 속에 융화시켰다. 그에 비하여 정이는 객관적인 '이'가 만물을 생성하고 그 성격을 결정하고 있는 점을 강조하였다. 이들 형제는 다 같이 "나와 만물이 한 가지 '이'"를 바탕으로 존재하기 때문에 자기 자신에게서 '천리'를 추구해야 함을 주장하였다. 그러나 그 방법에 있어서는 두 사람이 서로 달랐다. 정호는 자신을 수양하고 본성(本性)을 닦아서 자기의 직관(直觀)을 통해서 '천리'를 터득할

---

9) 『禮窟』에 보이는 구절.

10) 『二程全書』 속에는 『二程遺書』·『二程外書』·『明道文集』·『伊川文集』·『伊川易傳』·『程氏經說』·『二程粹言』 등이 들어 있다.

것을 주장하고, 정이는 "열심히 공부하고 궁리(窮理)" 함으로써 자기 마음으로 '천리'를 찾아낼 것을 주장하였다. 이들 형제의 사상은 근본적인 면에서는 같지만 다른 점은, 정호는 주관유심주의(主觀唯心主義)적인 성격이 뚜렷한 반면 정이는 객관유심주의(客觀唯心主義)의 경향이 뚜렷하다는 것이다.

그들은 사람의 윤리로 '어짊(仁)'을 절대적인 것으로 내세우면서 '사람의 욕심(人欲)'을 크게 경계하였다. 정이는 "예(禮)는 바로 이(理)이다. 천리(天理)가 아닌 것은 바로 사욕(私欲)이니, 사람이 비록 선한 일을 행하려는 뜻이 있다하더라도 역시 예(禮)가 아닌 것이다. 인욕(人欲)이 없다면 곧 모두가 천리인 것이다."[11]고 말하고 있다. 따라서 그들은 '사람의 욕심'을 없애고 '천리'만이 존재토록 하는 것이 그들 학문의 궁극적인 목표가 된다. 그들의 윤리관(倫理觀)이며 본성론(本性論)과 지식론(知識論)이 모두 '이'를 바탕으로 하고 있음은 더 말할 것이 없다. 그리고 공부하는 사람은 언제나 공경스러운 몸가짐으로 진리를 추구하여야 한다고 생각하였다.

정이는 하늘로부터 주어지는 "성(性)이 바로 이(理)"라고도 하였다. 사람이 공부를 한다는 것은 이 '성'을 회복하여 성인이 되려는 것이다. 그래서 그는 사람이 본시부터 타고난 양지(良知)와 양능(良能)에 대하여도 이야기하고 있다.[12] 그래서 심지어는 글짓기 곧 문학이나 책을 통한 공부 같은 것은 대부분의 경우 참 공부에 방해가 될 뿐이라고 하였다. 이러한 태도는 결국 그 뒤 성리학의 학문 방법을 비롯하여 그들의 기본 성격에 뚜렷한 영향을 끼치게 된다.

---

11)『二程全書』 권15; "禮卽是理也. 不是天理, 便是私欲, 人雖有意于爲善, 亦是非禮. 無人欲卽皆天理."

12)『粹言』 心性論.

이들 이외에도 북송 시대의 대문호로 알려진 왕안석(王安石, 1021-1086)이나 소식(蘇軾, 1037-1101)도 도학자라고 알려져 있지 않지만, 왕안석은 『역의(易義)』·『홍범전(洪範傳)』·『도덕경주(道德經注)』 등[13]을 지어 도의 체(體)와 용(用) 및 원기(元氣)의 문제를 논하기도 하고 오행(五行) 및 심(心)·성(性) 등의 문제를 논하기도 하였다. 소식은 수많은 저술 중에서도 『소씨역해(蘇氏易解)』 같은 데에서는 '성'의 문제를 '도'에 연결시켜 논하고 있다. 이로써 북송시대에 와서는 도학자가 아니라 하더라도 이미 유학의 변질로 그들의 사상이 성리학적인 경향으로 확장되고 있음을 알 수가 있을 것이다. 곧 학문연구의 경계가 넓어지고 연구방법이 자유로워진 것이다.

그런데 남송 시대에 이르러 주희(朱熹, 1130-1200)라는 대학자가 나와 이처럼 다양하게 발전하던 유학을 종합 정리하여 이른바 주자학(朱子學)을 이룩한다. 때문에 흔히 북송 대의 도학은 주자학과 같은 것으로 여겨지고 있다. 그것은 주희가 북송 학자들의 이론을 종합하여 정리함으로써 새로운 유학을 체계화하였기 때문이다. 주희가 북송 도학을 종합하여 유학을 한 차원 더 높은 단계로 격상시켰다는 점은 높이 평가해야 할 것이다. 그러나 북송 도학자들은 중국의 문화전통을 그대로 굳게 지키고 있어서 그의 학문을 문학이나 예술은 물론 정치와 사회의 발전에도 기여하도록 더욱 발전시켰지만, 주희에 이르러는 전통을 무시하고 너무나 유학을 자기중심적인 학문으로 이끌어가 많은 문제를 낳게 한다.

---

13) 이상 저술은 『臨川先生文集』과 『臨川集拾遺』 속에 들어 있음.

3. 남송 주자학의 완성

남송의 주희(朱熹)는 이상 얘기한 북송의 여러 학자들이 개발한 도학의 이론을 모아 종합 정리하고 체계화하여 새로운 유학을 이룩한다. 앞에서 간단히 논한 바와 같이 북송의 도학은 다음과 같은 네 가지 큰 흐름이 있었다. 첫째는 주돈이의 '태극'의 개념으로, 이를 바탕으로 음양이 변화하여 만물을 생성하게 된다는 우주 생성론(生成論)이 이루어졌다. 둘째는 정호·정이 형제들이 발전시킨 '이(理)'의 철학이다. 그들은 모든 우주의 현상을 '이'를 바탕으로 설명하였다. 셋째는 장재의 '기(氣)'의 철학이다. 그에 의하면 '기'는 만물 형성의 기능 또는 바탕으로 어디에나 존재하는 것이다. 넷째는 수리(數理)로 이 세상의 모든 현상을 풀이하려는 소옹의 '수'의 철학이다. 주희는 『근사록(近思錄)』에 북송 도학의 대표적인 학자들의 학설을 정리하면서 소옹은 제외하고 있으니 '수'의 철학은 중시하지 않은 것 같다. 그러나 우주 생성의 개념이나 시간의 흐름 같은 것을 이해하는 면에 있어서는 역시 적지 않은 그의 영향을 받고 있다. 주희는 이상 북송 도학의 흐름을 모두 종합 정리하여 새로운 학문의 체계를 세워 공자의 유학을 보다 높은 차원으로 발전시

주희(朱熹)

켰다는 칭송을 받고 있다. 그의 학문의 특징을 요약하면 대략 다음과 같다.

첫째 『논어』·『대학』·『중용』·『맹자』를 한데 묶어 '사서(四書)'라 부르며, 여기에 주석을 가하면서[14] 그 해설을 바탕으로 새로운 성리학의 체계를 세운다. 그리고 이 요(堯)·순(舜)·우(禹)·탕(湯)·문왕(文王)·무왕(武王)으로 전해오던 유학(儒學)의 도통(道統)은 공자(『논어』의 저자)에서 시작하여 증자(曾子, 『대학』의 저자)와 자사(子思, 『중용』의 저자)를 거쳐 맹자(孟子)로 전해져오다가 그 '도통'은 끊어지고 더 이상 전해 오지 않게 되었다. 그러나 북송 시대에 이르러 그 끊어졌던 '도통'이 다시 이어지게 되었다는 것이다. 이 유학의 도통론(道統論)은 유학의 성격을 새롭게 만든다. 따라서 이로부터 그들이 설정한 '도통'에 끼는 사람만이 올바른 유학자이고 다른 사람들은 잘못된 학문을 한 학자들이 된다.

둘째 정호·정이 형제의 '이(理)'의 철학과 장재의 '기(氣)'의 철학을 정리하여 '이'와 '기'의 관계를 확실히 하면서 이기(理氣)론을 그의 학문의 근본 명제(命題)로 삼았다. '이'는 '태극(太極)'이고 '도(道)'여서 "태극은 지극히 훌륭하고 지극히 선한 도리일 따름이다."[15]고 말하고 있다. 그리고 "'이'라는 것은 형이상(形而上)의 도이고, 만물을 생성하는 근본이다. '기'라는 것은 형이하(形而下)의 그릇이고 만물을 생성하는 기구이다."[16]라고 '이'와 '기'를 설명하고 있다. 이 '기'가 '이'를 바탕으로 움직이어 '음양(陰陽)'과 '오행(五行)'으로 발전하고 만물을 이룩한다는 것이다. 그리고 주돈이의 『태극도설』에 보이던 도

14) 『四書集註』.

15) 『朱子語類』 권94.

16) 「答黃道夫書」.

교의 흔적이며, 정호와 정이의 '이' 철학에 남아 있던 불교의 냄새를 완전히 씻어버렸다.

셋째 윤리학(倫理學)에 있어서는 "성(性)이 바로 이(理)이다."라고 한 북송 도학자의 이론을 받아들여 "사람과 만물은 모두 천지의 '이'를 타고나 각기 본성(本性)을 이루고, 모두 천지의 '기'를 받아서 서로 다른 형체(形體)를 이룬다."[17] 하였다. 따라서 '어짊(仁)'이라는 덕성도 만물에 다 같이 적용된다는 이론을 바탕으로, '사람의 욕심'을 물리치고 하늘의 '이'인 '천리(天理)'를 되찾는 것이 학문의 목표가 된다고 하였다. '천리' 곧 하늘이 우리에게 내려준 '성'을 회복시키면 성인(聖人)이 되는 것이다.

다시 '성(性)'이 '태극'이라면 마음은 '음양'과 같은 것이다.[18]라고도 하였다. 따라서 사람의 마음은 '도'에 따라 올바로 움직이면 '천리'에 들어맞게 되어 그는 성인이 되고, 마음이 바르지 못하면 그것은 욕심이 되어 그는 보통 사람으로 머물게 된다는 것이다.

'이'는 본연(本然)의 '성'이며 어짊(仁)·의로움(義)·예의(禮)와 지혜(知)도 '성'이기 때문에[19] '예(禮)'는 바로 '천리'가 된다. 곧 사람의 '성'은 천지가 내려준 성(天地之性)이고 하늘이 정해준 성(天命之性)이며, 부자의 사이는 하늘에 의하여 합쳐진 관계(天合)이고 임금과 신하의 사이는 의리에 의하여 합쳐진(義合) 관계여서 '예'는 사람들에게 절대적인 규범이라는 것이다.

넷째로 주희의 학문방법은 거경궁리(居敬窮理)란 말로 요약이 된다. '거경'이란 정호의 가르침을 따라 『대학』에서 말한 대로 마음을

17) 『朱子語類』 권4.

18) 『朱子語類』 권5.

19) 『孟子』 公孫丑 上篇, 朱熹 『集註』.

바르게 하고(正心) 뜻을 정성스럽게 지님(誠意)으로써 자신의 몸을 닦는 일(修身)을 하여 '천리(天理)'를 드러내고 '인욕(人欲)'을 없애자는 것이다. '궁리'란 『대학』에서 가르치고 있는 대로 사물에 대하여 연구하여 올바른 지식을 얻는다는 격물치지(格物致知)를 하여 '이'와 '기'의 실상을 추구하는 것이다. 그리고 그것은 '도'를 추구하여 성인이 되는 것을 목표로 하는 것이다. 따라서 책을 통하여 공부를 많이 하여 많은 지식을 얻는 것은 잘못하면 진정한 공부에 방해가 된다고 믿었다. 『근사록』을 보면 정호는 "기송박식(記誦博識)은 바로 완물상지(玩物喪志)"라고 말하고 있다(권2). 곧 책을 많이 읽고 많은 지식을 얻는 것은 어떤 물건을 지나치게 좋아하여 즐기다가 자기의 뜻을 잃게 되는 거나 같은 짓이라는 것이다. '완물상지'란 『서경(書經)』에 보이는 말로 "사람이 어떤 물건을 너무 좋아하여 지나치게 가까이 하고 즐기면 자신의 뜻까지도 잃어버리게 된다."는 말이다. 그러니 쉽게 말하면 책을 읽으면서 하는 공부는 하지 않아도 된다, 잘못하면 오히려 진정한 공부에 방해가 된다는 것이다.

이 밖에도 많은 특징을 논할 수가 있겠으나 이 정도로도 공자의 유학이 주희에 이르러 완전히 다른 차원의 학문으로 발전하였음을 알 수 있을 것이다. 결과적으로 이들의 공부는 현실적인 문제는 도외시하고 실증(實證)이 없는 지나치게 주관적(主觀的)이고 관념론적(觀念論的)인 진리 추구에 그치고 마는 경향을 지니게 되었다. 북송의 '도학'이 결국은 남송에 가서 '주자학'으로 귀결하였다는 것을 중국 전통사상의 발전을 위하여 어떤 작용을 하였다고 해석해야 좋을지 모르겠다.

주자학은 유학을 크게 발전시켰으면서도 정치적 사회적인 면에 있어서는 중국전통문화의 이질화(異質化)를 뒷받침 하는 결과를 가져왔다. 그것은 결과적으로 주자학이 여진족(女眞族)과 몽고족(蒙古族)의 중원(中原) 지배를 뒷받침해 주었기 때문이다. 그렇게 된 까닭은 어디에 있는가? 간단히 그 까닭을 정리해 본다.

첫째; 너무나 학문 성격이 자기중심적이며 향내적(向內的)이었다. 그들은 거경궁리(居敬窮理)하여 자신의 수양을 쌓고 하늘의 이치를 추구하여 성인(聖人)이 되는 데 학문을 하는 목표를 두고 있다. 그러나 그런 공부를 평생 두고 해보아도 성인이 되는 사람은 없다. 따라서 자기 공부에 평생 얽매여 남의 일이나 밖의 일에 대한 관심을 지닐 여유가 없다. 심지어 나라나 사회와 민족에 대해서도 관심을 지닐 겨를이 없다.

둘째; 그들의 도통론(道統論)도 문제이다. 같은 유학자라 하더라도 그들이 설정한 도통(道統)에 끼지 못하는 사람들은 모두 배척하게 된다. 결과적으로 학문 연구에 있어서 지나치게 독선적(獨善的)이며 배타적(排他的)이다. 성악설(性惡說)을 주장한 전국시대의 대유학자인 순자(荀子)는 말할 것도 없고 같은 시대의 유학자라 하더라도 현실문제에 관심을 갖고 현실적인 문제에도 눈을 돌려야 한다고 주장한 진부량(陳傅良, 1137-1203) · 진량(陳亮, 1143-1194) · 섭적(葉適, 1158-1223) 같은 유학자들도 모두 배척하였다. 그러니 자기와 다른 학파, 다른 학문은 전혀 발을 붙일 여지가 없게 된다. 옛 학자나 문인도 자기와 다른 사람들은 모두 경시하여 결국 학술적 문화적인 전통을 잃게 되었다. 외국의 것은 당연히 모두 내치게 되어 자연히 문화상으로 쇄국주의(鎖國主義) 경향이 드러나는 수밖에 없었다. 다른 학문이 더 이상 발전할 수 있는 여지가 없었고 그들의 문화도 더 이상 발전하기 어렵게 되었다.

북송의 범중엄(范仲淹)·구양수(歐陽脩)·소식(蘇軾)·사마광(司馬光) 같은 학자들도 그들의 학문이나 문학의 바탕으로 도(道)를 중시하였는데, 그들의 '도'는 주공(周公)·공자·맹자 같은 성인들이 언제나 지키고 실천하던 도였다. 그들이 배우려던 '도'는 한유(韓愈)에게서 시작하여 맹자를 거쳐 공자에 이르는 원리였다. 그들은 '도'를 중시하고, 공자로부터 맹자로 이어지던 도통(道統)을 인정하기는 하였지만 자신들이 '도통'의 계승자임을 자처(自處)하지 않았다. 그들은 '도'를 바탕으로 그 시대 그 사회에 적용될 수 있는 새로운 진리를 추구하며 그들과 다른 학파나 학문을 배척하지 않았다. 다만 정이(程頤)가 지금은 전하여지지 않게 된 성인(聖人)의 학문을 체득하였다고 자처하며 자기만이 '성인의 도'를 깨달았다고 자부하였는데, 주희는 그것을 이어받아 유아독존(唯我獨尊)적인 이른바 정주의 학문(程朱之學)을 이룩하였던 것이다.

셋째; 주자학의 중심을 이루는 이기론(理氣論)은 사변적(思辨的) 관념론적(觀念論的)인 방법으로 추구되었다. 주희는 이(理)와 기(氣)에 대하여 다음과 같이 설명하고 있다.

> "천지지간(天地之間)에는 '이'가 있고 '기'가 있다. '이'라는 것은 형이상(形而上)의 도(道)이고 만물을 생성하는 근본이다. '기'라는 것은 형이하(形而下)의 그릇이고 만물을 생성하는 기구이다. 그래서 사람과 만물은 생겨남에 반드시 '이'를 타고 나서 본성(本性)을 갖게 되는 것이며, 반드시 '기'를 타고 나서 형체(形體)를 갖게 되는 것이다."[20]

20) 「答黃道夫書」; "天地之間, 有理有氣. 理也者, 形而上之道也, 生物之本也. 氣也者, 形而下之氣也, 生物之具也. 是以人物之生, 必稟此理, 然後有性, 必稟此氣, 然後有形."

따라서 이기론을 바탕으로 하는 학문은 현실이나 실상과는 거리가 먼 것이 되고 만다. 그리고 이기론을 바탕으로 한 만물일체(萬物一體)의 개념은 결국 인간을 도외시(度外視)하게 되고 인간문제를 가볍게 여기게 된다.

심지어 정호(程顥)는 앞에서 이미 말했듯이 학문방법으로 "글을 읽고 외는 것과 많은 것을 아는 것은 '완물상지(玩物喪志)' 하는 것"이라 하였다. 그는 공부란 공경스런 처신을 하고 마음속으로 이치를 추구하여 얻은 관념론적(觀念論的)인 진리를 사변적(思辨的)으로 설명할 수 있으면 다 되는 것이라 생각한 것이다.

넷째; 음악의 부정이다. 공자는 "사람은 예(禮)를 근거로 서게 되고, 악(樂)을 근거로 완성된다."[21] "위대한 음악은 천지와 같은 조화를 이루고, 위대한 예는 천지와 같은 절조(節調)를 이룬다."[22]고 하였을 정도로 음악을 중시하였다. 그럼에도 불구하고 주희는 음악을 부정하고 있다.

> "그러므로 나는 시(詩)는 사람의 뜻에서 나오는 것이고 악(樂)은 시를 근본으로 하는 것이라고 생각한다. 그러므로 뜻은 시의 근본이 되고 악은 그 말단의 것이다. 말단의 것은 비록 없어진다 하더라도 근본이 존재하는 데에는 해가 되지 않는 것이다."[23]

이러한 음악의 부정은 예술의 부정에서 문화의 부정으로 이어진다. 그리고 다음에 이야기할 사람의 감정의 부정과도 서로 통하는

21)『論語』泰伯.

22)『禮記』樂記.

23)「答陳體仁」; "故愚竊以爲詩出乎志者也, 樂本乎詩者也. 然則志者詩之本, 而樂者其末也. 末雖亡, 不害本之存."

개념이다.

다섯째; 정(情)의 부정이다. 그것은 『중용(中庸)』에서 "기쁨·노여움·슬픔·즐거움의 감정이 나타나지 않은 것이 '중(中)'이다."라고 한 말에 바탕을 두고 있다. 따라서 사람의 정은 사람의 욕심으로 통하고 또 그것은 천리(天理)에 반하는 것이 된다. 사람이 나고 죽는 것도 만물의 생성 소멸과 같은 일종의 자연 변화라고 담담하게 생각하였다. 장재(張載)는 "태어나는 것도 얻는 것이 없고 죽는 것도 잃는 것이 없는 것이다."[24]고 하였다. 따라서 조물주도 없고 사후세계도 없다.

결과적으로 이들은 사람들의 감정을 바탕으로 하는 예술이나 문학을 모두 내치게 된다. 문학의 경우를 보자. 정이(程頤)에게 제자가 "글을 짓는 것은 도를 추구하는 데에 해가 됩니까?" 하고 질문을 하였다. 그때 스승인 정이는 다음과 같은 대답을 하고 있다.

> "해가 되지! …… 『서경(書經)』에 '완물상지(玩物喪志)'라 하였는데 글을 짓는 것도 '완물'일세."[25]
>
> "전에 글이나 시를 많이 짓지 말라고 말한 것은 …… 도리어 도를 추구하는 데에 반드시 해가 될 것이기 때문일세."[26]

이것은 반문학(反文學) 반예술(反藝術) 반문화(反文化) 반문명(反文明)적인 태도로 귀결된다. 그들이 사는 곳은 결국 사랑 없는 가정, 사랑 없는 사회가 되고 만다. 그리고 개인생활에 있어서도 풍요로

---

24) 『正蒙』.

25) 『近思錄』 권2; "問; 作文害道否? 曰; 害也. …… 書曰, 玩物喪志, 爲文亦玩物也."

26) 「答朱長文書」; "向之云無多爲文與詩者, …… 反害于道必矣."

움이나 향락 또는 행복이나 편의를 추구치 않게 된다. 모든 현실적인 가치는 가벼이 여기게 된다.

여섯째; 예즉리(禮則理)의 개념을 바탕으로 봉건질서를 절대적인 것으로 강조하게 된다. 예는 바로 도(道)이며 윤리(倫理)는 바로 천리(天理)라고 주장한다. 주희는 "어짊(仁)과 의로움(義) 및 예(禮)와 지혜(知)는 성(性)이다."[27]라고 하였고, 부모와 자식은 하늘에 의하여 합쳐진 관계(天合)의 관계이고 임금과 신하는 의리에 의하여 합쳐진 관계(義合)의 관계이기 때문에 효(孝)와 충(忠)의 윤리(倫理)는 사람으로서는 거역할 수가 없는 절대적인 것이 된다. "천하에는 옳지 않은 부모가 없다."고도 하였다. 이것은 바로 봉건전제를 강력히 뒷받침하는 원칙이 된다.

일곱째; 비현실적인 이상(理想)이다. 그들에게는 '성(性)'과 '이(理)'를 추구하여 성인(聖人)이 되는 것이 학문목표인데 실제로는 어떤 사람도 평생 공부하고 수신을 한다 해도 그들이 말하는 성인은 될 수가 없다. 따라서 평생 성인을 추구하다가 성인이 되지 못하는 것은 말할 것도 없고 사람 노릇도 제대로 하지 못하고 아무 것도 이루지 못한 채 일생을 끝맺게 되는 것이다. 따라서 그들의 공부하는 방향이나 몸가짐도 현실과는 너무나 거리가 멀다. 장재(張載)는 자신의 학문 목표를 다음과 같이 밝히고 있다.

> "천지를 위하여 마음을 바로 세우고, 살아 있는 사람들을 위하여 올바른 도(道)를 세우고, 옛 성인(聖人)들을 위하여 전승(傳承)이 끊어진 학문을 계승하고, 만세토록 태평성세(太平盛世)를 연다."[28]

---

27) 『朱子語類』 권6.

28) 『近思錄』 권2 爲學類; "爲天地立心, 爲生民立道, 爲去聖繼絶學, 爲萬世開

그의 목표가 위대하기는 하나 사람의 능력으로는 처음부터 어느 한 가지도 올바로 실천할 수 있는 것이라고 장담하기는 어렵다.

더구나 주희가 산 남송은 여진족(女眞族)의 금(金)나라와 몽고족(蒙古族)의 원(元)나라의 세력이 날로 커져서 한족(漢族)에게 위협을 가하고 있던 시대이다. 이미 금나라가 쳐들어와 북송을 멸망시키고 중원지역을 모두 지배하고 있던 시대이다. 따라서 이 시대의 도학자 중에도 저장(浙江) 원조우(溫州) 지방을 중심으로 하는 허경형(許景衡, 1072-1128)·설계선(薛季宣, 1125-1173)·진량(陳亮, 1143-1194)·진부량(陳傅良, 1137-1203)·섭적(葉適, 1158-1223) 등의 영가학파(永嘉學派)는 지식인이라면 외적에게 조국 땅을 빼앗기고 있는 현실을 보다 중시하여야 한다고 생각하였다. 때문에 그들은 조국이 망해가고 있는 현실은 돌보지 않고 관념적인 이기론(理氣論)만을 추구하는 주자학의 태도를 비판하였다. 그들은 학문이란 이 세상에 살아나가는 데 실제로 도움이 되고 세상에 유익해야 한다고 생각하였다. 주자의 머릿속의 생각만으로 진리를 추구하는 것이 학문이라고 생각한 태도와는 완전히 대비가 되는 것이다.

보기를 들면 진량(陳亮)은 세상에 실제로 쓰임이 있는 일의 중요성을 내세우면서 공부하는 사람은 성현(聖賢)의 추구가 아니라 "망해가는 나라를 구하겠다는 뜻을 가지고 세상의 혼란을 없애는 일"을 목표로 삼아 "일세(一世)의 영웅(英雄)"이 되기를 추구하여야 한다고 주장하였다. 그리고 그는 말하기를 주자학자들은 "정심성의(正心誠意)" 같은 얘기나 하면서 나라와 민족이 당면하고 있는 재난은 거

太平."

들떠 보지도 않는다고 하면서 다음과 같은 비판을 하고 있다.

> "(주자학자들은) 온 세상을 나라와 부모의 원수 밑에 맡겨놓고도 편안히 지내면서, 머리를 숙이고 두 손을 모아잡고 성(性)과 명(命)이나 논하고 있는데, 무엇을 '성'이나 '명'이라 하는지도 알지 못하겠다."[29]

> "도덕(道德)·성명(性命)에 관한 이론이 생겨나자 …… 서로 가리고 서로 속이면서 천하의 실질적인 것은 모두 버리니, 결국은 또 모든 일을 다스리지 않고 그만 둘 따름이다."[30]

특히 주희의 시대에 주자학을 적극적으로 배척한 인물로 한탁주(韓侂胄, ?-1207)라는 사람이 있었다. 그는 효종(孝宗)의 순희(淳熙) 연간(1174-1189) 말엽에 지합문사(知閤門事)를 지낸 왕실과 인척 관계가 있는 인물이다. 효종이 죽은 다음 광종(光宗, 1189-1194 재위)이 뒤를 이었는데 병으로 아버지의 상(喪)도 제대로 치르지 못하자 종실의 지추밀원사(知樞密院事)였던 조여우(趙汝愚)는 한탁주를 이용하여 고종(高宗, 1127-1162 재위)의 황후인 헌성태후(憲聖太后)를 움직이어 광종을 밀어내고 영종(寧宗, 1194-1224 재위)을 대신 임금 자리에 올려놓는다.

마침 주희(朱熹)는 조여우의 추천으로 시강(侍講) 자리에 있었는데, 한탁주를 간사한 자라고 임금에게 상주하였다. 그때 한탁주는 임금 앞에서 배우들을 동원하여 높다란 관을 쓰고 넓은 소매의 선비 옷을 입고 선비들의 행위를 비꼬는 놀이를 하게 하였다. 이를 본 주희는 모욕을 느끼고 바로 조정을 떠났다. 한탁주는 자기 자리가

---

29) 「上孝宗皇帝第一書」; "擧一世安于君父之仇, 而方低頭拱手以談性命, 不知何者謂之性命乎."

30) 「送吳允成運干序」; "自道德性命之說一興, …相蒙相欺, 以盡廢天下之實, 則亦終于百事不理而已."

튼튼해지자 경원(慶元) 원년(1195) 다시 주자학을 가짜 학문인 위학(僞學)이라 하며, 조여우도 그 무리 중의 한 명이라 하여 우승상(右丞相) 자리에서 몰아내고, 그 밖의 주자학자들 59명을 가짜 학문을 하는 반역의 무리들(僞學逆黨)이라 하여 처벌하고 주자학자들은 벼슬을 못하도록 하였다. 임률(林栗)도 주희를 탄핵하였고, 여철(余嚞)은 주희의 목을 자르라는 상소를 하였다. 이때 주희는 "지금 내 머리는 겨우 목 위에 붙어있는 셈"이라 스스로 말하였다고 한다.[31] 유삼걸(劉三傑)·하담(何澹)·심계조(沈繼祖)·호굉(胡紘) 등도 가짜 학문 공격에 가담하여 주자학자들은 모두 조정으로부터 사라져버렸다.

한탁주는 가태(嘉泰) 4년(1198)에는 예국공(豫國公), 다음 해에는 평원군왕(平原郡王)에 봉해졌다. 그는 권세를 잡게 되자 가태(嘉泰) 4년(1204) 잃어버린 중원 땅을 되찾기 위하여 금(金)나라 정벌을 의결하였다. 그리고 북송 말엽 금나라와의 전쟁에 심혈을 다 바친 애국자 악비(岳飛, 1103-1142)를 악왕(鄂王)에 추봉하고 굴욕적인 금나라와의 화의를 밀고 나간 진회(秦檜, 1090-1155)의 벼슬을 박탈하였다. 애국적인 사(詞)의 작가로 유명한 신기질(辛棄疾, 1140-207)도 궁전으로 들어와 "적국은 반드시 어지러워지고 반드시 망할 것입니다." 하고 아뢰며 한탁주를 지지하였다.

한탁주는 개희(開禧) 1년(1205)에 평장군국사(平章軍國事)가 되어 40년 이어져 온 금나라와의 화의를 깨고 1206년에는 금나라에 대한 공격을 시작하였다. 남송 군대는 약간의 승리를 거두기도 하였으나 여러 전투에서 패하였고 특히 사천선무부사(四川宣撫副使) 오희(吳曦)가 금나라와 내통하는 바람에 크게 실패하였다. 이에 금나라와

31)『朱子語類』권107 제33 時僞.

의 전쟁을 반대하는 화의파(和議派)가 더욱 늘어났다. 이를 기화로 1207년 예부시랑(禮部侍郎) 사미원(史彌遠, ?-1233)이 황후 양씨(楊氏)와 모의하여 황제의 명을 빌어 조정으로 나오는 한탁주를 습격하여 죽이고 그의 일당을 쓸어버렸다. 그리고 가정(嘉定) 1년(1208)에는 금나라와 다시 화의를 맺어 숙질(叔姪) 관계였던 남송과 금나라의 관계는 백질(伯姪) 관계로 바뀌고, 남송이 금나라에 해마다 바치던 물건은 은(銀) 30만 량(兩)과 비단 30만 필(匹)을 모두 각각 10만 씩 늘이기로 하고, 그 위에 동원된 금나라 군사를 위로하는 경비로 은 300만 량과 죽은 한탁주의 목을 잘라 바치기로 하였다. 그리고 남송이 점령하고 있던 회하(淮河) 남쪽의 땅을 모두 금나라에 바치고 한탁주의 무덤을 파서 관을 꺼내어 시체의 목을 잘라 금나라로 보냈다.

이러한 한탁주의 전기는 『송사(宋史)』 권474 간신열전(姦臣列傳) 중에 실려 있다. 주자학을 가짜 학문으로 몰아붙인 것이 그를 '간신'이라 부르게 된 까닭임에 틀림이 없다. 『송사』를 편찬한 사람들은 주자학이 가장 성행한 원나라 때의 주자학자들이기 때문이다. 원나라 재상 급의 아로도(阿魯圖, ?-1351)·별아겁불화(別兒怯不花)와 탈탈(脫脫, 1314-1355)을 비롯하여 한인(漢人) 학자인 장기암(張起巖)·구양현(歐陽玄, 1279-1357)·이호문(李好文, 1342 전후)·진사겸(陳思謙)·왕택민(汪澤民, 1273-1355) 등의 주자학을 떠받드는 사람들이 그 편찬자들이다. 모두 『원사(元史)』의 그들 전기만 간단히 살펴보아도 주자학자임을 알 수 있는 사람들이다. 한탁주는 오히려 당시의 남송 처지를 생각할 때 중국의 입장에서는 애국자라고 보아야 하지 않을까 한다.

런얼베이(任二北)는 『곡해양파(曲海揚波)』 권3에 『이견속지(夷堅續志)』의 다음과 같은 기록을 인용하고 있다.

"송나라 단평(端平) 연간(1234-1236)에 진덕수(眞德秀, 1178-1235)는 나라의 정치를 맡았었는데 이루어 놓은 일도 없이 죽어버렸다. 위료옹(魏了翁, 1178-1237)도 나라의 일을 독려(督勵)하는 자리에 있었으나 역시 해놓은 일도 없이 그만두었다.

항주(杭州)의 한 배우가 선비로 분장하고 손에 학을 들고 나왔다. 다른 선비가 나와 그를 만나 이름을 묻자, 성은 종(鍾)이고[32] 이름은 용(庸)이라 하였다. 손에 들고 있는 것은 무엇이냐고 물으니 큰 학[33]이라고 대답하였다. 그리고는 어울려 기쁜 듯이 함께 술을 마셨다. 그 사람은 조금도 남기지 않고 마음껏 먹고 잔뜩 마신 다음 갑자기 땅 위에 넘어져 버렸다. 몇 사람이 달려들어 잡아끌었으되 요지부동이었다. 그러자 한 사람이 그의 뺨을 때리면서 큰 소리로 꾸짖었다. '무슨 놈의 『중용』『대학』 가지고 떠들기만 하더니, 그처럼 많은 음식과 술을 먹고는 꼼작도 하지 못한단 말이야?' 그리고는 한바탕 크게 웃고 끝냈다.

어떤 사람이 그들이 진덕수와 위료옹 두 분을 놀이로 모욕한 것이라 하였다. 경윤(京尹)은 배우들을 모두 잡아다가 경형(黥刑)[34]을 가하였다."[35]

여기에 등장한 진덕수는 호가 서산(西山)이며 이종(理宗) 때(1225-1264)에 참지정사(參知政事) 벼슬까지 하였으나 아무런 업적도 이루지 못하고 죽었다. 그러나 그는 주자학을 가짜 학문이라고 몰아낸 한탁주가 죽은 뒤 다시 주자학을 살려놓은 학자로 인정받고 있다.

---

32) 鍾은 중국 음으로는 中과 같음에 주의하기 바란다. 따라서 이름 鍾庸은 주자학에서 중시하는 『中庸』을 가리킨다.

33) 魏了翁의 號가 白鶴山人이고 세상 사람들이 그를 鶴山先生이라 불렀으니 魏了翁을 가리키는 것이라 본 것이다.

34) 얼굴에 罪目을 文身으로 표시하는 형벌임.

35) "宋端平間, 眞西山參大政, 未及有所建置而薨. 魏鶴山督之, 亦未及有所設施而罷. 杭州優人裝儒生, 手持鶴, 別一儒生與之邂逅, 問其姓名, 曰: 姓鍾, 名庸. 問所持何物? 曰: 大鶴也. 因傾蓋歡然飲酒. 其人大嚼洪吸, 靡有孑遺. 忽顚仆於地, 數人拽之不動. 一人乃批其頰大罵曰: 說甚中庸大學? 喫了許多酒食, 一動也動不得, 遂一笑而罷. 或謂其人戲侮眞魏讼, 京尹悉以優人黥之."

위료옹도 병부랑중(兵部郞中)이란 벼슬을 지낸 인물인데, 그도 남송 말엽 이종 때의 대표적인 주자학자이다. 여하튼 이러한 후계자들이 나와 주자학을 다시 살려냈기 때문에, 이후로 주자학은 크게 발전을 이룬다.

주자학은 남송시대보다도 몽고족의 원나라에 와서 관학(官學)으로 본격적으로 행세하며 발전하게 된다. 주희의 시대만 하더라도 장강 북쪽은 금나라가 지배하고 있어서 중원(中原) 일대에서는 주희에 대하여 잘 알지도 못하는 지경이었다. 그러나 원대에 와서는 주자학이 강남뿐만이 아니라 강북에까지도 널리 퍼져서 관학(官學)으로 행세하게 된다. 그것은 주자학이 모든 사람들에게 요구하는 몸가짐이 이민족인 원나라 지배자들의 요구에 잘 들어맞았기 때문이다.

첫째로 주자학자들은 거경궁리(居敬窮理)하여 자기 몸과 마음을 바로잡는 수양과 이기(理氣)의 추구에 여념이 없어 자기 밖의 일 곧 세상일이나 나라 일에 관여할 여유가 없다. 외국의 침략자들이 자기들을 지배하는 실정 아래에서도 자신이 먼저 올바로 수양을 하여야 한다. 수양의 목표가 성인이 되는 것이어서 죽을 때까지 수양을 계속해도 자신이 밖의 일에 나서도 될 만큼 수양이 완성되는 사람은 없다.

둘째로 '만물일체'의 개념 아래 예(禮)도 천리(天理)인 절대적인 것이 된다. 부모는 하늘에 의하여 합쳐진 관계이고 임금과 신하는 의리(義理)에 의하여 합쳐진 관계라고 강조하며 백성과 신하들의 임금에 대한 충성을 절대적인 것이라 주장하는 이 학문을 통치자들이 싫어할 이유가 없다. 신하와 백성들의 임금에 대한 충성은 절대적이어야 함으로 이들은 황제가 이민족이라 하더라도 반항할 생각은 하지 않고 얌전할 수밖에 없다. 따라서 문인들만 보더라도 남송의 유민(遺民)인 방회(方回, 1227-1307)·대표원(戴表元, 1244-1310)·조맹부(趙孟頫, 1254-1322) 등이 모두 원나라에 벼슬하며 몽고족의 통치를 도왔다. 원나라 역대 황제들은 모두 한자도 모르고 중국어도 모르는 사람들이었다. 그러나 원나라 초기부터 원 세조(世祖, 1260-1294 재위) 밑에 벼슬하며 몽고족의 통치를 도운 유병충(劉秉忠, 1216-1274)·허형(許衡, 1209-1281)·오징(吳澄, 1249-1333)·요추(姚樞, 1203-1280)·두묵(竇默)·유인(劉因, 1249-1293) 등이 모두 주자학자이니 황제에게 성리학의 장점을 모두 이야기해 주었을 것이다. 『원사(元史)』 권157 유병충전(劉秉忠傳)에 실려 있는 유병충이 원나라 세조에게 올린 상소문(上疏文)을 훑어보기로 한다. 그는 앞머리에서 이렇게 말하고 있다.

> "그처럼 세상이 다스려지는 도(道)는 하늘에 달려있는 것이지만 사람을 통하여 이루어지는 것입니다. 하늘이 징기스칸(成吉思汗) 황제를 낳으시어, 한번 군사를 일으키자 여러 나라들이 모두 항복하여 몇 년 되지 않아 천하를 차지하셨습니다. 애쓰시며 걱정하고 수고하시어 위대한 보물을 자손들에게 남겨주셨으니 만년토록 전해지면서 영원히 무한한 복을 보전하시게 될 것입니다."[36]

한족의 학자들 모두가 그러하다. 원나라 황제들은 이들의 말을 듣고 또 공손한 이들의 거동을 보고 성리학은 모든 사람들을 얌전하게 만드는 괜찮은 학문이라 여기고 밀어주었을 것이다.

「중편송원학안도언(重編宋元學案導言)」에서는 조복(趙復, 1240 전후)·유인(劉因, 1249-1293)·오징(吳澄, 1249-1333)을 원나라의 삼대유(三大儒)라 하면서 권 83에서부터 권 88에 이르기까지 원대 200여

36) "然治亂之道, 係乎天而由乎人. 天生成吉思皇帝, 起一旅, 降諸國, 不數年而取天下. 勤勞憂苦, 遺大寶於子孫, 庶傳萬祀, 永保無疆之福."

명의 학자들 학문을 소개하고 있다. 그리고 『원사』 권189, 권190은 유학열전(儒學列傳)인데 여기에 실린 40여 명이 거의 모두 성리학자들이다. 유인·오징 등은 따로 개인의 전기가 실려 있다. 오히려 북송 대에는 원우당금(元祐黨禁)[37], 남송 대에는 경원당금(慶元黨禁)[38] 등이 일어나 도학이 박해를 받았고 북쪽에서는 주자학에 대하여 잘 알지도 못하였으나, 원 대에는 학술이 통일되고 전국에 주자학이 행해졌다.

원나라를 뒤이은 명(明)나라도 태조(太祖) 주원장(朱元璋) 때(1368-1398)부터 주자학자들이 활약하였다. 주원장이 원나라 말엽 반란군인 홍건군(紅巾軍)에 투신하여 한 부대의 지휘자가 되었을 적에, 주희의 사위인 황간(黃榦, 1152-1221)의 제자이며 문필가로 유명한 주자학자 송렴(宋濂, 1310-1381)을 비롯하여 유기(劉基, 1311-1375)·장일(章溢)·왕위(王褘, 1321-1372) 같은 학자들이 그의 휘하로 들어와 참모 노릇을 하였다. 주원장은 명나라를 세운 뒤(1368) 그의 책사들인 성리학자들의 견해를 따라 천하 경영에 착수하였다.

또 명나라 초기에 과거제도(科擧制度)가 시행 되었는데 원나라 때

---

37) 元祐黨禁; 元祐는 北宋 哲宗의 연호(1086-1094). 神宗의 뒤를 이은 哲宗은 곧 王安石 神法을 반대하던 司馬光을 필두로 하는 舊黨 사람들을 등용하였다. 徽宗(1101-1125 재위)이 즉위하여 新黨이 득세하자 蘇軾·黃庭堅 등의 文人과 程頤 같은 道學者들을 奸黨이라 하여 120명의 이름을 새긴 元祐姦黨碑를 세우고, 다시 3년 뒤에는 더 그들에 대한 심사를 하여 352명의 이름을 새긴 元祐黨籍碑라는 큰 비석을 세우고 이들을 탄압하였다.

38) 慶元黨禁; 南宋 寧宗(1195-1224 재위) 慶元年間에 韓侂胄 등이 朱熹의 學問을 僞學이라 하여 道學者들을 내치고 핍박한 사건. 慶元元年에 彭龜年·葉適·陳傅良·呂祖儉 등을 유배한 이래로 매년 계속 그들을 탄압하고 趙汝愚·朱熹·劉光祖 등 59명의 僞學의 黨籍을 만들어놓고 그들을 내치고 탄압한 사건.

못지않게 주자학적인 면이 강조되었다. 원나라에서는 뒤에 사부(辭賦)도 시험과목에 들어갔으나 명나라에서는 경의(經義)와 논(論)·책(策)만을 주제로 삼았고, 그 중에서도 '경의'를 특히 중시하였다. '경의'에 있어서 사서(四書)는 필수과목이었고, 오경(五經)은 그 중 하나를 고르면 되었다. 채점 때에 쓰는 표준 주해서(註解書)로 '사서'는 원대에도 주희의 『사서집주(四書集註)』를 썼지만, '오경'에 있어서는 원 대에는 옛날의 주해서도 참작하였는데 명대에 와서는 전적으로 성리학자들의 주해서만을 썼다. 그리고 성조(成祖)의 영락(永樂)연간(1403-1424)에는 성리학자들의 주석을 중심으로 『사서오경대전(四書五經大全)』을 편찬하여 더욱 그러한 목표에 충실토록 하였다.

따라서 성리학은 명대에도 학문의 주류를 이루게 된다. 그런데 뒤에 왕수인(王守仁, 1472-1528)이 나와 심학(心學)이라고도 부르는 이른바 양명학(陽明學)을 이룩하였다. 왕수인은 자가 백안(伯安)이고 호를 '양명'이라 하였다.

왕수인은 한 때 귀주(貴州)의 용장(龍場) 역승(驛丞)으로 귀양 가서 돌집을 짓고 밤낮으로 그 안에 정좌하여 사색하다가 어느 새벽녘에 갑자기 깨달았다. 성인(聖人)의 도(道)란 나의 본성(本性)이어서 나에게 모두 있는 것이니, 전에 밖의 여러 사물에서 이치를 구하려고 했던 것은 잘못이라는 사실이다. 따라서 그는 이렇게 말하고 있다.

> "몸의 주재자는 바로 마음이며, 마음이 겉으로 나타나는 것이 뜻이다. 뜻의 본체는 바로 앎이며, 뜻이 가 있는 곳이 바로 사물이다. … 그래서 나는 주장한다. 마음 밖에는 이(理)란 없으며, 마음 밖에는 사물(物)도 없다."[39]

39) 『傳習錄』 卷上 ; "身之主宰便是心, 心之所發便是意. 意之本體便是知, 意之所在便是物. … 所以某說. 無心外之理, 無心外之物."

그리하여 '마음이 곧 이〔心卽理〕'이며 '앎과 행동은 하나로 합치되어야 하는 것〔知行合一〕'임을 깨닫게 된 것이다. 뒤에 45세(1516) 무렵에 그의 '격물치지(格物致知)'의 학문이 완성되었고 '양지(良知)'에 대한 학설도 무르익어 '양명학'은 크게 발전하였다. 그의 학문은 『전습록(傳習錄)』[40]에 요약되어 있다.

북송 이후의 새로운 유학(Neo-Confucianism)을 사람의 내면주의적인 전개로서 파악한다면, 그 내면주의는 왕양명에게서 절정을 이루고 있는 것이다. 그런 의미에서 '주자학'은 '양명학'으로 발전할 수밖에 없는 운명이었는지도 모른다. "천하에 어찌 마음 밖의 일이 있고 마음 밖에 '이'가 있겠느냐?" 하고 그는 내면적인 마음의 만능을 구가했던 것이다.

청(淸)나라는 처음부터 황실에서 공자 맹자의 도를 높이고 주자학을 존중하였다. 순치(順治) 2년(1645)에 공자를 '대성지성문선선사(大成至聖文宣先師)에 봉하고 북경의 문묘(文廟) 한가운데에는 공자를 모시고 양편에 복성(復聖) 안회(顔回)와 종성(宗聖) 증자(曾子) 및 술성(述聖) 자사(子思)와 아성(亞聖) 맹자(孟子)를 모셨는데, 이는 주희(朱熹)의 도통론(道統論)을 근거로 한 것이다. 그리고 주희를 비롯하여 북송 도학자들과 많은 주자학자들도 공자의 제자들 및 옛날 유학자들과 함께 제사에 모시도록 하였다. 강희(康熙)황제(1662-1722 재위)는 그의 밑에서 한림원장원학사(翰林院掌院學士) 등의 벼슬을 하며 경연(經筵)의 강관(講官) 노릇을 한 도학자 웅사리(熊賜履, 1635-1709)에게서 주자학을 배웠다. 『성조인황제성훈(聖祖仁皇帝聖訓)』 권5 성학(聖學)에는 강희황제가 웅사리와의 대화를 통해서 주자학을 칭송한

40) 김학주 역 『傳習錄』 명문당, 2005 발행 참조.

말이 많이 실려 있다.

청나라의 순치(順治)·강희(康熙)·옹정(雍正)에 이르는 시대(1644-1735)의 학문은 성리학이 주류를 이루었다. 육세의(陸世儀, 1611-1672)·장리상(張履祥, 1611-1674)·육농기(陸隴其, 1630-1693)·이광지(李光地, 1642-1718) 등이 이 시기에 활약한 주자학자들이다.

미국 컬럼비아 대학 교수를 역임한 Wing-tsit Chan(陳榮捷)은 「성리정의와 17세기의 정주학파(性理精義與十七世紀之程朱學派)」[41]라는 논문에서 중국의 대표적인 청대사상사를 다룬 책들[42]에서는 청나라 초기의 주자학의 역할을 가벼이 다루고 있지만 실은 청나라 사상과 학술을 이끈 것은 주자학임을 논하고 있다. 청나라에서도 통치자들로부터 주자학이 매우 존중을 받아 그것을 바탕으로 한족 지식인들이 회유되어 청대의 학문은 복고주의 성향을 지니고 발전한다.

그 뒤의 건륭(乾隆)·가경(嘉慶)·도광(道光) 연간(1736-1850)은 고증학이 성행한 시대이다. 한족 지식인들을 회유하기 위한 정책으로 강희 연간부터 자주 박학홍사과(博學鴻詞科)를 시행하여 지식인들을 벼슬자리로 끌어들이고 또 수많은 학자들을 동원하여 『사고전서(四庫全書)』 등 옛날 책을 편찬케 하여 "문화를 발전시키는 성대함이 이전에는 보기 어려웠을 정도"라 자찬하고 있는 정도이다.[43] 한족의 학자들은 나라의 정책을 따라 얌전히 공부나 하는 한편 자기네 문화유산이나 정리하고 연구하였던 것이다. 때문에 주자학은 청대에

41) 본 논문은 영문으로 쓴 The Hsing-li ching-i and the Ch'eng-Chu School of the Seventeenth Century, 萬先法 번역으로 陳榮捷 『朱學論集』(臺灣 學生書局, 1988) 소재 참고.

42) 錢穆 『中國近三百年學術史』·馮友蘭 『中國哲學史』·梁啓超 『淸代學術概論』 등.

43) 『淸史稿』 選擧志 四.

이르도록 나라의 뒷받침으로 더욱 공자의 유학을 대표하는 자리를 유지할 수가 있었다.

중당(中唐, 756-835) 때의 사상적인 변화를 이어받아 북송에 들어와서는 유학자들이 형이상학적인 도(道)와 이(理)·기(氣) 등의 문제를 학술 연구의 명제로 다루는 '도학'이 발전하여 중국의 정치 사회를 지배해 온 유학의 성격이 변화한다. 이에 따라 북송 이후의 중국 정치 사회와 그 문화는 이전의 전통적인 성격과는 다른 성격의 것으로 전개된다. 따라서 북송 도학의 발전은 이러한 중국의 역사적 성격을 이해하는데 매우 중요하다. '도학'을 논하면서 여기에 남송의 주자학까지 포함시킨 것은, 주희(朱熹)가 북송의 도학을 자기 나름대로 모두 정리하여 주자학이라는 새로운 학문체계를 이룩함으로써 남송 이후의 유학(儒學)을 특수한 방향으로 이끌었기 때문이다. 원(元)나라 때에는 특히 주자학이 대성하였고, 명(明)나라와 청(淸)나라 때에도 주자학이 학술 사상을 주도하였다. 북송의 도학이 주자학을 형성시킨 것으로 생각하기 쉽다. 그러나 중국 사상을 배타적이고 독존적인 성격으로 이끈 주자학과 북송의 도학은 전혀 그 성격이 다르다는 것을 일깨우려는 뜻에서 여기 논의에 주자학을 끌어들였음을 이해하여 주기 바란다.

북송의 수도 변량(汴梁)의 모습을 그린 「청명상하도」의 한 부분

제9장 북송 문학의 발전

1. 당대 '안록산(安祿山)의 난' 이후 문학의 변화 양상

북송은 중국의 전통문학에 있어서도 최고 수준의 발전을 이룩했던 시대이다. 그리고 북송문학의 발전은 앞에서 논한 그 시대 '도학'의 발전과도 밀접한 관계가 있다. 따라서 북송 문학도 학술사상이나 마찬가지로 당나라 현종(玄宗, 713-755 재위) 말년에 일어난 '안록산(安祿山)의 난' 이후의 당대 문학의 변화를 계승하여 발전한 것이다. 평화로웠던 대제국에 갑자기 일어난 내란이 가져온 큰 혼란과 변화는 지식인들에게 세상을 직시하고 사회의식을 지니게 하여 그 시대 문학창작에 현실주의적인 경향이 두드러지게 하였다. 혼란을 통해 깨닫게 된 서민들의 저력과 백성들이 겪고 있는 고난에 대한 이해 및 지식인들의 자기각성도 새로운 시와 문학의 발전 요인으로 작용한다. 펑웬쥔(馮沅君)과 루칸루(陸侃如)가 공저한 『중국시사(中國詩史)』에서는 "8세기 중엽에서 10세기 초에 이르는 중만당(中晚唐)은, 시사(詩史)에 있어서는 영광의 시대가 되지만 당대 역사에 있어서는 영광스럽지 못한 시대가 된다."[1] 하였는데, 적절한 표현이라 하겠다. 그

1) 『中國詩史』 篇四 中晚唐詩, 章一導論.

리고 왕슈이자오(王水照)는 『송대문학통론(宋代文學通論)』의 서론 「송형문화(宋型文化)와 송대문화」에서 다음과 같이 필자의 견해에 상당히 가까운 얘기를 하고 있다.

> "당대의 '안사지란(安史之亂)'은 … 또한 중국의 봉건사회가 점차 전기(前期)로부터 후기(後期)로 바꾸어져 가는 출발점이며, 문화상으로 볼 것 같으면 당나라가 중국 봉건문화의 상승기(上升期)를 대표하고 있다면 송나라는 중당(中唐) 시기부터 점차 발전하기 시작한 신형문화(新型文化)의 정형기(定型期)요 성숙기(成熟期)이다."[2]

'안록산의 난' 이후의 문학상의 변화와 발전을 좀 더 자세히 설명하기로 한다. 먼저 '안록산의 난' 이후 시의 개혁운동은 시성(詩聖) 두보(杜甫, 712-770)에 의하여 불이 당겨진다. 일찍이 그가 체험한 개인적인 고난과 정치적 사회적 여러 가지 모순은 그의 시를 현실주의적(現實主義的)인 방향으로 전환시켰다. 조정과 귀족들의 사치를 보고는 「자경부봉선(自京赴奉先)」·「취시가(醉時歌)」 등의 시를 지었고, 양귀비 자매들의 호사스럽고 음란한 생활을 보고는 「여인행(麗人行)」을 지었고, 농촌의 고통스런 생활을 보고는 「추우탄(秋雨嘆)」을 지었고, 전역(戰役)에 시달리는 백성들을 보고는 「병거행(兵車行)」을 지었다. 이전에는 볼 수 없었던 시인의 사회에 대한 관심과 백성들 생활에 대한 배려이다. 그리고 '안록산의 난'이 일어나서 당 제국이 온통 전란에 휩쓸리게 되자 두보는 전란을 통해서 경험한 고통과 직접 눈으로 본 잔혹한 현상들로 인하여 그의 시를 더욱 현실

---

2) 王水照 『宋代文學通論』(河南大出版社, 1997) 緒論 宋型文化與宋代文化; "唐代的'安史之亂' …也是中國封建社會逐漸由前期轉向後期的起點. 而從文化上看, 唐朝代表了中國封建文化的上升期, 宋朝則是由中唐逐漸發展起來的新型文化的定型期, 成熟期."

주의 방향으로 몰고 간다. 「애왕손(哀王孫)」·「춘망(春望)」·「북정(北征)」·「신악부(新樂府)」·「진중음(秦中吟)」 및 삼리(三吏)·삼별(三別)[3]과 「진주잡시(秦州雜詩)」 20수 등이 그의 대표작이다. 그는 시의 내용에 있어서 뿐만이 아니라 시의 언어에 있어서도 "말이 사람을 놀라게 하지 못한다면 죽는다 해도 물러서지 않겠다."(語不驚人死不休)고 하면서 시의 개성적인 표현에도 노력하였다.

그의 뒤를 잠참(岑參, 715?-770)과 고적(高適, 702?-765)이 또 다른 각도에서 이를 뒷받침한다. 같은 시기에 원결(元結, 719-772) 같은 작가도 현실에 눈을 뜨며 새로운 시의 세계를 추구하지만, 뒤이어 백거이(白居易, 772-846)·원진(元稹, 779-831) 같은 시인들이 나와 이른바 신악부운동(新樂府運動)을 전개하는 한편, 서민들도 이해할 수 있는 평이한 용어로 민중들의 서정을 추구하며 새로운 경향의 시를 짓게 된다. 한편 한유(韓愈, 768-824)·맹교(孟郊, 751-814) 등은 두보의 개성적인 시의 표현을 추구하던 일면을 계승하여 새로운 자기 독특한 시의 내용과 표현을 추구하게 된다. 그들은 시의 한 낱말의 선택과 한 구절을 쓰는 데 있어서도 개성을 살리려고 노력하여, 낡고 평범한 말을 피하고 독특하고 빼어난 표현을 추구하였다. 그는 시어를 심각하게 다듬고 독특한 말과 함축적인 표현을 씀으로써 자기 심령의 깊은 곳에 쌓인 모든 것을 시에 담아내려고 노력하였다. 이처럼 자신의 정력과 성의를 다하여 쓰는 시는 후세의 시, 특히 북송 시의 발전에 큰 영향을 주게 된다. 이밖에도 새로운 시의 창작을 시도한 유장경(劉長卿, 709-780)·위응물(韋應物, 735-789?)·유우석(劉禹錫, 772-842)·유종원(柳宗元, 773-819)·이하(李賀, 791-817) 등 많은 시인들이 나

---

3) 三吏는 「石壕吏」·「潼關吏」·「新安吏」의 세 작품, 三別은 「新婚別」·「垂老別」·「無家別」의 세 작품임.

와서 당시의 풍격을 완전히 바꾸어 놓는다.

원진과 백거이에게는 또 시를 얘기하듯 쓴 긴 시「장한가(長恨歌)」·「비파행(琵琶行)」과「연창궁사(連昌宮詞)」및 이 두 시인이 서로 주고받은 일백운(一百韻) 또는 오십운(五十韻)의 긴 시들이 있다. 이는 이 시대의 전기(傳奇)의 성행 및 속강(俗講)의 유행과도 서로 영향 관계가 있을 것이다. 그리고 북송시대에 가서 "이문위시(以文爲詩)" 곧 '산문으로 시를 짓는' 것 같은 풍조의 길을 열었던 것이라고도 할 수 있다. 또 산문을 짓는 방법으로 시를 지었으니 이 시대의 '고문운동(古文運動)'과도 무관하다 할 수 없다.

한유(768-824)는 또 산문에 있어서는 형식적인 아름다움을 추구하던 변려문(騈儷文)을 반대하고 쓰고자 하는 생각을 표현하는 데 충실한 '고문(古文)'을 쓸것을 주장하였다. 한유는 '고문' 작품으로 유가의 도를 담는데 중점을 둔「원도(原道)」·「원성(原性)」·「원훼(原毁)」와 이치를 표현하는 데 치중한「쟁신론(爭臣論)」·「사설(師說)」및 불교를 배척한「간영불골표(諫迎佛骨表)」등을 남기고 있다. 유종원(柳宗元, 773-819)도 적극적으로 '고문'을 쓸 것을 주장하며 '고문'으로 글을 써서 세상에서는 그들을〈한류(韓柳)〉라 함께 불렀다.

다시 이 시기에 일부 문인들이 민간에 유행하는 가요의 형식을 본떠서 새로운 시가인 장단구(長短句)의 사(詞)를 짓기 시작한다. 이백의 작품이라고 알려진 '사'도 전해지고 있으나 본격적으로 새로운 '사'를 짓기 시작한 것은 백거이(白居易)와 유우석(劉禹錫) 등이다. 백거이에게는「억강남(憶江南)」3수·「장상사(長相思)」2수·「양류지(楊柳枝)」10수·「낭도사(浪淘沙)」6수 등이 있고, 유우석에게는「억강남(憶江南)」2수·「흘나곡(紇那曲)」2수·「소상신(瀟湘神)」2수·「양류지(楊柳枝)」13수·「낭도사(浪淘沙)」9수 등이 있다. 이 시기 사의 특징을 들어내기 위하여 보기로 백거이의 사 작품을 한 수 든다.

억강남(憶江南)

강남은 좋은 곳!
그 풍경 눈에 선하네.
해 뜨면 강가 꽃은 불보다 더 붉었고
봄 되면 강물은 쪽보다 더 푸르렀네.
어이 강남 그립지 않으랴!

江南好, 風景舊曾諳.
강 남 호 풍 경 구 증 암
日出江花紅勝火, 春來江水綠於藍.
일 출 강 화 홍 승 화 춘 래 강 수 녹 어 람
能不憶江南!
능 불 억 강 남

문인들이 사를 짓는 풍조는 만당으로 오면서 더욱 유행하고, 오대(五代)에 이르러는 중국 고전문학사상 새로운 시가로서 완전한 자리를 차지하게 된다. 그리고 북송에 이르러는 그 시대를 대표하는 송사(宋詞)로 크게 발전한다.

20세기초에 감숙성(甘肅省) 돈황(敦煌)의 천불동(千佛洞) 석실(石室)에서 많은 소중한 옛 문서들이 발견되었다. 그 중에는 강창(講唱) 또는 속강(俗講)의 일종인 '변문(變文)'이 들어있다. '변문'이란 원칙적으로 운문과 산문이 엇섞여 있는 문체인데, 운문은 연출자가 노래하던 창(唱)의 부분이고 산문은 말로 해설하던 강(講)의 부분이다. 이 변문은 사원에서 불경을 일반 사람들에게 쉽고 재미있게 강설하기 위하여 인도로부터 수입한 것이다.[4] 따라서 불경이나 불교관계 설화를 쓴 작품이 변문의 주종을 이룬다고도 할 수 있다. 그러나 변문

4) 인도에는 일찍부터 운문과 산문을 혼용한 문체의 글이 쓰였다 한다.

은 곧 불교를 떠나 순전한 민간연예로 발전하였다. 그래서 변문을 흔히 속강(俗講)이라고도 불렀다. 대체로 역사적인 고사나 민간전설을 근거로 한 것들이 많고, 간혹 그 시대의 사회생활을 주제로 한 것들도 있다. 당나라 후기에 '변문'은 속강(俗講)이란 이름 아래 널리 성행하였다. 이 변문은 불교로부터 점점 떨어져 나와 민간연예의 일종인 강창으로 발전하면서 북송시대에는 더욱 다양한 형식의 강창을 이룬다. 북송의 애사(涯詞)·도진(陶眞)·제궁조(諸宮調)·고자사(鼓子詞)·소설(小說)·사화(詞話)와 명·청대의 보권(寶卷)·탄사(彈詞)·고사(鼓詞) 등이 그것이다.

이 시대에 또 전기(傳奇)가 발전한다. '전기'는 소설의 일종으로 백거이·원진의 새로운 시가와 '고문운동' 및 '변문'·'사'의 발전과도 밀접한 관계가 있다. 한유의 「오자왕승복전(圬者王承福傳)」·「모영전(毛穎傳)」과 유종원의 「재인전(梓人傳)」·「종수곽탁타전(種樹郭橐駝傳)」 등은 모두 고문으로 쓴 소설 형식의 전기(傳奇)와 비슷한 글이다.[5] 때문에 '고문'을 바탕으로 '전기'가 성행하였다고도 할 수 있지만 반대로 '전기'가 '고문'의 발전을 뒷받침해왔다고도 할 수도 있다.[6]

이상 얘기한 '안록산의 난'이 일어난 당나라 후기에는 시의 창작이 현실주의적인 방향으로 기울며 시인들은 개성적인 작품을 추구하고, 산문에 있어서는 문장의 형식을 중시하는 변려문(騈儷文)을 버리고 글의 내용을 중시하는 고문(古文)을 쓰기를 주장하는 '고문운동'이 전개되고, 민간에는 강창체(講唱體)의 변문(變文) 같은 속강(俗講)이 유행하며, 고문으로 쓴 새로운 전기소설(傳奇小說)도 성행하고,

---

5) 柳宗元의 「童區寄傳」·「河間婦傳」은 傳奇小說이라 할 수도 있다.

6) 古文運動의 極盛期와 傳奇小說의 盛行期間(大曆, 766-779에서 咸通, 860-873에 이르는 100餘年間)은 일치한다.

민간에 유행하던 노래의 형식을 응용하여 새로운 시인 사(詞)를 문인들이 짓기 시작하는 등 문단에 새로운 변화가 일었다. 그런데 이러한 당나라 후기의 문학적인 변화는 오대(五代)를 거쳐 북송 시대에 들어와 더욱 큰 발전을 이룩하게 된다. 북송은 이러한 문학 창작의 변화를 이어받아 발전시켰기에 중국의 전통문학을 역사상 가장 높은 단계로 이끌 수가 있었던 것이다.

2. 북송 문학의 특징

북송은 정치적인 안정과 오랜 평화를 바탕으로 상공업이 발달하여 경제적인 번영을 누리어 백성들은 안락하고 풍요로운 사회 속에서 자유로운 생활을 하며 여가에는 연예와 오락을 즐기면서 자기네 전통문화를 모든 면에서 크게 발전을 시켰던 시대이다. 특히 중국의 고전문학은 시문(詩文) 뿐만이 아니라 여러 가지 민중문예에 있어서까지도 가장 높은 수준의 발전을 이룩하였다. 북송이 멸망한 이후로는 시를 중심으로 하는 중국전통문학의 발전이 멎어지고 그들의 문화가 변질되면서 문학도 성격이 다른 방향으로 발전하게 된다.

북송의 문학은 사상적으로는 '도'를 바탕으로 하여, 세상의 문제에 대하여는 지식인으로서의 관심을 구체화하고 개인적으로도 문인으로서의 자각(自覺)을 바탕으로 하여 여러 가지 문제를 추구하며 작품에 개성을 살리려고 노력하게 된다. 이는 당나라 후기의 변화를 보인 문학풍조를 계승 발전시킨 것이다. 따라서 시에 있어서는 현실주의적인 경향이 자리를 잡게 되고 시의 표현에 있어서는 '이문위시(以文爲詩)' 하는 경향을 보이면서도 매우 개성적인 방향으로 발전하게 된다. 산문에 있어서도 '도'를 바탕으로 하여 세상의 문제들을 적극적으로 추구하며 '고문'의 성행과 함께 큰 발전을 이루게 된다. 유개(柳開, 948-1001)의 다음에 인용하는 두 토막의 글은 북송 문인들의 문학과 '도'의 관련을 잘 설명해 주고 있다.

> "나의 도(道)는 공자·맹자·양웅(揚雄)·한유(韓愈)의 '도'이고, 나의 문(文)은 공자·맹자·양웅·한유의 '문'이다."[7]

> "문장이란 도를 담는 통발이나 같은 것이니, 통발을 함부로 만들 수 있겠는가? 통발이 좋지 않으면 잡혔던 것도 잃게 된다. …글이란 표현이 이치보다도 화려한 게 나쁜 것이지, 이치가 표현보다 화려한 것은 나쁜 게 아니다."[8]

그럼에도 불구하고 북송 초기에는 화려한 자구와 대우(對偶) 및 전고(典故)를 강구하는 서곤체(西崑體)도 '고문'과 함께 유행하였다. 그러나 곧 구양수(歐陽脩, 1007-1072)·매요신(梅堯臣, 1002-1060) 등이 나와 앞 당대 후기 문학의 개혁방향을 계승하여, 고문과 함께 새로운 송시를 발전시킨다. 그리고 뒤이어 왕안석(王安石, 1021-1086)·소식(蘇軾, 1036-1101) 등의 대가가 나와 그 발전을 더욱 성숙시켰다. 그리고 다시 황정견(黃庭堅, 1045-1105)을 정점으로 하는 강서시파(江西詩派)는 시의 표현면에서 단련(鍛鍊)을 통한 개성적인 표현을 발전시킨다.

다만 북송의 시는 후세 중국인들이 그다지 중시하지 않으려는 경

7) 柳開「應責」"吾之道, 孔子孟軻揚雄韓愈之道 ; 吾之文, 孔子孟軻揚雄韓愈之文也."(『全宋文』 권122).

8) 柳開「上王學士第三書」; "文學爲道之筌也, 筌可妄作乎? 筌之不良, 獲斯失義. …惡辭之華於理, 不惡理之華於辭也."(『河東集』 권5)

향이 있다. 그것은 원(元)대 이후 한족의 왕조인 명(明)대(1368-1661)의 시단을 대표하는 전칠자(前七子)와 후칠자(後七子)라고 불리는 시인들이 모두 당시(唐詩)를 크게 내세웠던 영향과 함께, 국세를 밖으로 크게 떨치지 못한 북송을 가볍게 보려는 중국 사람들의 편견도 작용하고 있는 것 같다. 그러나 북송의 시는 이전 시대의 시보다 크게 발전한 여러 가지 특징을 지니고 있다. 무엇보다도 시의 내용과 형식에 있어 그 규모가 크게 확대되었다는 것이다. 당대의 시선(詩仙)이라 받드는 이백(李白)이나 시성(詩聖)이라 모시는 두보(杜甫)라 하더라도 그들이 지은 시의 내용에는 일정한 한계가 있고, 그들이 잘 지은 시의 형식도 대체로 한두 가지로 치우쳐 있다고 볼 수 있다. 그러나 북송시대에 이르러는 시인들이 자연은 물론 자기 생활 주변의 모든 것, 보기를 들면 그 시대의 사회나 생활 주변의 일 및 사람들의 개인문제 등을 모두 시로 읊고 있다. 그리고 북송의 대가들은 모든 형식의 시를 여러 가지 내용에 맞추어 다 소화하고 있을 뿐만 아니라 사(詞)와 산문(散文) 등에도 빼어난 수준의 작품을 남기고 있는 것이다.

따라서 송시에는 이전의 시에서는 볼 수 없었던 철학적인 작품이 있는가 하면 하찮은 신변의 잔 일들을 노래한 작품도 있게 되었다. 표현에 있어서도 산문적이고 설리적(說理的)인 것들이 있는가 하면, 더 많은 함축과 정확한 뜻을 추구하여 애써 문장을 다듬은 작품도 있게 되었고, 심지어 통속적인 표현조차도 시의 용어로 활용되었다. 이것은 대단한 시의 발전으로 보아야 할 것이다. 흔히 중국학자들은 당시와 이백·두보를 중국문학의 정점이라고 내세우지만, 북송의 구양수를 비롯하여 소식·왕안석 등의 문호들은 이들보다도 한 계단 더 윗자리에 있다고 할 수 있는 것이다.

한편 도학자인 주돈이(周敦頤, 1017-1073)가 "글이란 도를 싣는 기구이다(文所以載道也.)"고 주장하면서, 문학 창작에 있어서 '도'를 중시하는 풍조가 강해졌다. 그리고 사람의 정(情)은 성(性) 곧 천리(天理)에 반하는 것으로 인식되어[9] 감성적(感性的)인 것은 배제되는 경향도 보이게 되었다. 그 때문에 심지어 반문학(反文學) 또는 반예술적(反藝術的)인 경향까지도 보이게 되었다.[10] 때문에 북송시대의 중국시는 발전의 정점에 이르렀으면서도, 당시가 보여주던 뜨거운 정은 사라지고 시의 풍격이 고경(古硬)하고 평담(平淡)한 경향까지도 보이게 되어, 시의 맛을 떫고 재미가 없게 만들었다.[11] 한편 시로 사회적인 문제와 사상적인 내용을 노래하다 보니, 이른바 산문으로 시를 쓴다는 '이문위시(以文爲詩)'하는 시의 산문적인 경향까지도 드러내게 되어 시의 맛은 오히려 당시보다 못하게 느끼는 사람들이 많도록 만들기도 하였다.

다음에는 산문인 '고문'의 발전을 보기로 한다. 당대 후기에 한유(韓愈)와 유종원(柳宗元) 등에 의하여 추진되었던 고문운동(古文運動)이 북송에 와서 성공을 거둔 일에 주목을 해야 할 것이다. 고문은 당대 후기로부터 오대(五代)를 거치며 쓰이기 시작하였으나, 변려문(騈儷文)도 그대로 쓰이고 있었다. 그러나 구양수(歐陽修, 1007-1072)를

---

9) 程頤「顏子所好何學論」: "形旣生矣, 外物觸其形而動其中矣, 其中動而七情出焉, 曰: 喜怒哀樂愛惡欲. 情其熾而益湯, 其性鑿矣. 是故覺者約其情, 使合於中, 正其心, 養其性. 愚者則不和制之, 縱其情而至於邪僻, 梏其性而亡之."(『程代文集』伊川先生文 4).

10) "問: 作文害道否? 曰: 害也. …… 書云: 玩物喪志, 爲文亦玩物也."(『程氏遺書』18 伊川先生語 4).

11) 歐陽修「水谷夜行寄子美聖兪」: "(梅聖兪)近詩尤古淡, 咀嚼古難嘬. 初如食橄欖, 眞味久愈在." 又「梅聖兪墓誌銘幷序」: "其初喜爲淸麗閒肆平淡, …"

필두로 하여 소식(蘇軾, 1036-1101) 삼부자와 증공(曾鞏, 1019-1083)·왕안석(王安石, 1021-086) 등 이른바 육대가(六大家)가 나옴으로써 고문운동은 완전한 성공을 이루게 된다. 이 고문운동의 성공은 당대 한유에게서 시작된 도학(道學)이 북송에 이르러 크게 발전하기 시작한 점도 크게 작용하였다고 보아야 할 것이다.

또 다른 북송 문학의 특징의 하나는 새로운 시가인 사(詞)가 성행하여 흔히 송사(宋詞)라 부를 만큼 북송을 대표하는 문학이라고 볼 수 있을 정도로 크게 발전하였다는 것이다. 사는 본시 노래의 가사로서 당나라 후기에 대두하기 시작하여 만당(晩唐)과 오대(五代)를 거치면서 문인들이 창작하는 시가로 자리가 잡혀져 있었다. 사는 노래의 가사인데, 노래란 귀족들로부터 서민들에 이르기까지 누구나가 즐기는 것이다. 북송은 경제적인 발전을 이루어 제왕이나 귀족들로부터 서민들에 이르기까지 그들의 생활에 노래의 수요가 많아졌기 때문에 사가 발전할 수 있는 여지가 충분하였다. 거기에다 북송시대에는 바로 진종(眞宗)·인종(仁宗)·신종(神宗)·휘종(徽宗) 등 여러 황제들이 모두 문학과 음악을 좋아하여 사를 가까이 하였고 또 모든 문인과 사대부들이 사를 짓게 되었다.

본시 중국시는 서정을 바탕으로 하여 발전하여왔다. 그러나 중당 이후 북송에 이르러 시가 현실주의적인 방향을 중시하게 되면서 남녀 사이의 '사랑'이나 '그리움' 등을 주제로 하는 가벼운 서정은 멀리 하는 경향이 생겨났다. 이때 가벼운 서정이 주류를 이루는 민간가요에서 나온 '사'가 시인들이 아쉬움을 느끼기 시작한 그러한 '시'의 공백을 메워줄 수 있었다는 점도 사의 성행의 한 가지 원인이 되었을 것이다.

이 사의 발전도 구양수 등에 의한 고문의 성행 및 새로운 송시의 발전과 궤를 같이한다. 그리고 유영(柳永, 1045 전후) · 장선(張先, 990-1078) 등이 새로운 형식의 만사(慢詞)를 유행시켰으며, 내용에 있어서는 소식이 완약(婉約)한 풍격에서 벗어나 호방(豪放)한 기풍의 사까지도 지음으로써, 형식과 내용 모두 새로운 북송을 대표하는 시가로 무르익게 되는 것이다. 여기에서 사는 본시 비정통적인 문학형식으로 발생했으면서도 마침내 정통문학의 자리에까지 오르게 된다.

사가 정통문학의 자리로 발돋움하면서 사와 음악이 분리되는 현상도 나타났다. 이 때문에 음악은 모르면서도 선인들의 격식을 본떠서 사를 짓는 경우도 생겨난 것이다. 그럼에도 불구하고 사는 위로는 제왕과 귀족들의 오락물로 또는 문인들의 새로운 시가로서 유행하는 한편, 여전히 창루(倡樓)에서는 기녀(妓女)들의 가곡으로 또는 민간의 가요로서도 성행되었다. 그리고 작품도 사대부들의 것들뿐만이 아니라 낮은 계층의 것들이 더 많았을 것이다. 남송의 증조(曾慥)가 편찬한 『악부아사(樂府雅詞)』만 보더라도, 송인의 우아한 사를 위주로 모았는데도 100 수가 넘는 이름을 알 수 없는 사람의 작품이 실려 있으니, 통속적이거나 낮은 계층의 사로서 후세에 전하지 않게 된 것이 많음을 상상할 수 있다.

북송시대 도시경제의 발달로 말미암은 시민들의 오락의 추구는 곧 여러 가지 민간연예를 발전시켰다. 그중에서도 우리가 주의해야 할 것은 강창(講唱)과 가무희(歌舞戲) 및 골계희(滑稽戲)이다. 왜냐하면 '강창'은 마침내 백화로 쓰인 본격적인 소설을 발전시켰고, '가무희'와 '골계희'는 강창과 함께 마침내 중국의 대희(大戲)를 발전시켰기 때문이다. '대희'란 소희(小戲)의 대가 되는 말로 남송 이후 중국 연극을 대표하는 남희(南戲) · 원(元)대의 잡극(雜劇) · 명(明)대의 전기(傳奇) · 청(淸)대의 경희(京戲) · 지방희(地方戲) 등을 가리킨다. 이 '대희'

의 발전에는 여진족(女眞族)과 몽고족(蒙古族) 등 중국을 침략하여 지배한 외족문화의 영향도 컸을 것이다. 그리고 강창이나 가무희·골계희는 그 자체의 예술성도 가벼이 볼 수가 없는 성질의 것이었다.

먼저 '강창'이란 당대 후기에 성행하기 시작한 속강(俗講)에서 발전한 것으로, 산문인 강설(講說)과 운문인 가창(歌唱)을 엇섞어 한 가지 얘기를 사람들에게 들려주던 형식의 연예이다. 북송의 강창으로는 도진(陶眞)·애사(涯詞·崖詞) 등 여러 가지 명목이 보이나 특히 제궁조(諸宮調)와 소설(小說)이 가장 우리의 눈을 끈다. '제궁조'는『서상기제궁조(西廂記諸宮調)』처럼 수려한 산문과 운문을 엇섞어가며 빈틈없는 구성으로 큰 규모의 고사를 서술하고 있는 것이 있어서 소설과 희곡 발전에 크게 기여했으리라 생각된다.

'소설'은 가창보다도 강설(講說)에 중점을 두어 고사를 얘기한 것으로, 그 연출자의 대본인 화본(話本)은 바로 본격적인 백화소설로 우리에게 전해지게 된 것이다. '소설'에는 다시 소설(小說, 一名 銀字兒)·담경(談經)·설참청(說參請)·설원경(說諢經)·강사서(講史書)·상미(商謎)[12] 등 여러 가지가 있었으나, 그 중에서도 '소설'과 강사(講史)가 가장 중요하다. 대체로 '소설'은 단편, '강사'는 장편으로 후세 중국소설을 발전시키기 때문이다.

'가무희'로는 전답(轉踏, 또는 纏達)·대곡(大曲)·곡파(曲破) 등이 보이고, '골계희'로는 우스갯짓과 풍자를 위주로 하는 잡극(雜劇)이 있었다. 이 '잡극'은 다시 가무희와 강창의 영향을 받아 그 구성이나 연출 내용이 매우 연극적인 성격을 지닌 것들도 있게 된다. 이것이 금(金)나라에서는 원본(院本)으로 발전한다. 이 '잡극'과 '원본'은 대희

12) 吳自牧『夢粱錄』권20 의거. 孟元老의『東京夢華錄』·耐得翁의『都城紀勝』·周密의『武林舊事』등에도 비슷한 기록이 있으나 내용이 모두 다르다.

(大戱)인 원대 '잡극'의 발전에 직접적인 영향을 끼쳤다. 이 밖에 인형극인 괴뢰희(傀儡戱)와 그림자놀이인 영희(影戱)도 상당히 발달했었다.

이상의 강창·가무희·골계희 등이 종합되어 북송 말에는 창(唱)을 위주로 하고 과(科)·백(白)[13]이 보태어져 연출되는 보다 큰 규모의 희극인 희문(戱文)이 이루어지는 것이다. 그리고 징기스칸의 몽고(蒙古)에서는 곧 '잡극'이 생겨난다. 이렇게 볼 때 북송시대는 중국의 정통문학이라 할 수 있는 시·문도 역사상 최고의 경지로 발전했었고, 새로운 형식의 시가인 '사'를 발전시킨 위에, 중국문학사상 본격적인 백화소설과 고전희곡도 완성시킨 시대였다.

3. 북송 시의 발전

1) 북송 시의 특징

북송의 시는 당대의 시성(詩聖) 두보(杜甫)의 개성적인 문장과 현실주의적인 내용의 추구를 뒤이어 중국시를 다시 한 단계 높이 발전시켰다. 그러나 명대에는 전칠자(前七子)와 후칠자(後七子)라는 대표적인 시인들이 나와 "시는 반드시 성당(盛唐)을 배워야 한다."고 주장하며 복고주의적인 방향으로 흐르는 바람에 사람들이 북송시를 가벼이 보는 경향도 생겨났다. 그러나 명말 원굉도(袁宏道, 1568-1610)를 중심으로 한 공안파(公安派) 문인들이 송시(宋詩)를 내세웠고, 다시 청(淸)나라 초기에 오지진(吳之振, 1640-1688)이 『송시초(宋詩鈔)』

13) 科는 연극에 있어 배우들의 동작을, 白은 대화를 말한다.

를 내면서 송시는 다시 많은 사람들의 주의를 끌기 시작했다. 그러나 청대 중엽에는 다시 송시가 당시에 눌려지는 경향을 보이다가, 청 말엽에 가서야 증국번(曾國藩, 1811-1872) · 하소기(何紹基, 1799-1873) 같은 사람들이 송시를 내세워 크게 성행하게 된다. 특히 이들을 뒤이어 청나라 말엽에 나와 이루어진 동광체(同光體)는 북송의 강서시파(江西詩派)의 시를 높이 받드는 것이었다. 그리고 중국학자들은 북송과 남송을 합쳐 '송'이라 부르고, 북송의 시와 남송의 시를 합쳐 '송시'라 말하고 있음에 주의해야 한다. 이처럼 남송을 북송에 합치는 것은 북송의 시뿐만이 아니라 그 문화와 문학 전체에 걸쳐 북송문학이 제대로 평가받지 못하는 까닭이 되고 있다고도 할 수 있다.

송시를 싫어하는 사람들은 대체로 송시가 너무나 논리적(論理的)이고 산문적(散文的)이어서 시 같지 않다는 것을 가장 큰 이유로 내세우고 있다. 그러나 한편 중국문인들에게는 북송시대가 외족에게 계속 밀려온 왕조이고, 그 뒤로 몽고족과 만주족에게 지배를 당해 온 데 대한 감정적인 반발도 작용하고 있는 것 같다. 이미 남송의 엄우(嚴羽, 1200 전후)가 『창랑시화(滄浪詩話)』에서 "본조 시인들은 이치를 숭상하여 뜻과 흥취에 병폐가 있다."[14]고 한 이래로, 명나라 진자룡(陳子龍, 1608-1647)은 「여인론시서(與人論詩書)」에서 송시에 대하여 다음과 같은 비평을 하고 았다.

> "송나라 사람들은 시를 알지 못하면서 억지로 시를 지었다. 그들은 시에서 이치만을 말하고 정은 말하지 않았으니, 송나라에는 시가 없었다 하겠다."[15]

14) "本朝人尙理而病於意興."

15) "宋人不知詩而强作詩. 其爲詩也, 言理而不言情, 終宋之世無詩."

또 청대의 오교(吳喬)는 『위로시화(圍爐詩話)』에서 다음과 같이 송시를 비판하고 있다.

> "당나라 사람들은 시로써 시를 지었으나 송나라 사람들은 산문으로 시를 지었다. 당시는 정을 전달하는 것을 위주로 하였기 때문에 『시경』에 가깝지만, 송시는 의론을 위주로 하였기 때문에 『시경』으로부터 멀어졌다."[16]

그러나 송시는 전아(典雅)하고 화려한 표현과 여리고 애틋한 개인 감정의 표현을 일삼던 이전의 시를 더 한층 높은 경지로 발전시킨 것이라 보는 편이 옳다. 다만 사람들의 정만을 다루지 않고 세상의 여러 가지 문제와 사람들의 개별적인 생활까지도 다루는 송시는 열정적인 당시에 비해 읽기에 시 다운 맛이 적게 느껴지는 것도 사실이다.

역대 비평자 중에는 송대 시의 변화와 발전을 논한 사람들이 많으나,[17] 그 중 전조망(全祖望, 1750-1755)의 「송시기사서(宋詩紀事序)」의 글을 본보기로 한편 소개한다.

> "송시는 처음에 양억(楊億, 974-1020)·유균(劉筠, 971-1031)의 여러 사람들이 가장 두드러졌는데 이른바 서곤체(西崑體)이며, 논자들이 많은 비평을 가하고 있다. 그런데 서곤파의 습성을 깨끗이 씻어버린 이가 구양수(歐陽脩. 1007-1072)였는데, 구양수는 양억·유균을 존중하지 않은 일이 없었으니, 마치 두보(杜甫, 712-770)가 초당의 왕발(王勃, 648-675)·낙빈왕(駱賓王, 640?-680?)을 존중했던 일과 같아서 비로소 옛 분들의 허심(虛心)함을 알겠다. 경력(慶曆, 1041-1048) 이후로는 구양수·매요신(梅堯

16) "唐人以詩爲詩, 宋人以文爲詩. 唐詩主於達情, 故於三百篇近; 宋詩主於議論, 故於三百篇遠."

17) 宋 嚴羽『滄浪詩話』·元 方回「羅壽可詩序」·戴表元「洪潛甫詩集序」·袁桷「書湯西樓詩後」·淸 宋犖『漫堂說詩』·紀昀『四庫全書總目提要』등.

> 臣, 1002-1060)·소순흠(蘇舜欽, 1008-1048)·왕안석(王安石, 1021-1086) 같은 분들이 나와 송시를 일변시켰다. 소식(蘇軾, 1036-1101)은 웅장하고도 거침없고, 왕안석은 세련되고 기교가 뛰어났는데, 아울러 두드러진 명성이 있었다. 그리고 황정견(黃庭堅, 1045-1105)은 특출한 가락으로 힘써 두보를 뒤쫓았고, 이른바 강서시파(江西詩派)들이 거기에 맞추어 극성함으로써 송시는 또 일변하였다. 남송의 건염(建炎, 1127-1130) 이후로는 소덕조(蕭德藻, 1151 전후)의 여위면서도 꿋꿋함과, 양만리(楊萬里, 1127-1206)의 싱싱하면서도 껄끄러움과, 육유(陸游, 1125-1210)의 가볍고도 원만함과, 범성대(范成大, 1126-1193)의 정교하고도 치밀함으로써, 사방의 벽이 함께 열렸다. 그리고 영가(永嘉, 浙江省)의 서조(徐照)·서기(徐璣)·조사수(趙師秀)는 청허(淸虛)하고 편리한 가락으로 행세하여 섭적(葉適, 1150-1223)에게 인정을 받아 세상에서는 그들을 영가사령(永嘉四靈)이라 하였으며, 남송시는 다시 일변하였다. 가정(嘉定, 1208-1224) 이후에는 강호(江湖)의 작은 집회가 성행하였는데, 대부분이 이들 사령(四靈)의 무리들이었다. 남송이 망할 즈음에 방봉(方鳳)·사고(謝翺) 같은 유민(遺民)들이 연이어 급박하고 위태롭고 고통스런 시들을 읊어 송시는 또 일변했다."[18]

이상을 정리하면 북송시는 1) 서곤체, 2) 구양수·소순흠·매요신, 3) 왕안석, 4) 소식, 5) 황정견, 6) 강서시파 의 순으로 크게 발전하였다. 남송시대에 가서는 영가사령·강호시파·유민시(遺民詩) 의 순으로 변화를 보여주고 있으나 송시의 발전은 북송의 "강서시파"를 정점으로 하고 있고, 남송 이후로는 더 이상의 발전을 이루지 못하였다. 청대의 기균(紀昀, 1724-1806) 같은 사람은 이 밖에 이학시(理學詩)

18) "宋詩之始也, 楊·劉諸公最著, 所謂西崑體者也, 說者多有貶辭·然一洗西崑之習者歐公, 而歐公未嘗不推服楊·劉, 猶之草堂之推服王·駱, 始知前輩之虛心也. 慶曆以後, 歐·梅·蘇·王數公出, 而宋詩一變. 坡公之雄放, 荊公之工練, 並起有聲. 而涪翁崛奇之調, 力追草堂, 所謂江西詩派者, 和之最盛, 而宋詩又一變. 建炎以後, 東夫之瘦硬, 誠齋之生澀, 放翁之輕圓, 石湖之精致, 四壁並開. 乃永嘉徐·趙諸公, 以淸虛便利之調行之, 見賞於水心, 則四靈派也, 而宋詩又一變. 嘉定以後, 江湖小集盛行, 多四靈之徒也. 及宋亡, 而方·謝之徒, 相率爲急迫危苦之音, 而宋詩又一變."

일파도 내세우고 있으나, 성리학자들의 시는 문학작품으로 두드러진다고 볼 수는 없다.

이상 설명한 북송대의 시의 특징을 조목별로 아래에 간략히 요약해 본다. 첫째; 북송의 시인들은 현실생활과 눈앞에 펼쳐지고 있는 일들에 대하여 크게 관심을 기울이고 여러 가지 문제들을 작품에 반영하였다. 둘째; 사람들 생활 모든 면에 관심을 기울이어 작품의 주제가 다양해졌다. 셋째; 글의 표현이 정밀해지고 자기 나름대로의 개성을 들어내려고 힘썼다. 넷째; 논리를 추구하여 조리 있는 글을 섰다. 다섯째; 문장의 법도와 기교를 중시하고 옛 분들의 좋은 표현을 다시 새롭게 살려내기에 힘썼다. 여섯째; 멋지고 아름답고 웅대한 것보다도 현실적인 사실과 문제 등을 자세히 표현하기에 더욱 큰 힘을 기울이었다. 이렇게 하여 북송의 시는 중국 사람들이 크게 내세우는 당시보다도 한 층 더 큰 발전을 이룩하였다.

2) 북송시의 형성

북송 초기에는 만당의 감상적이고 유미주의적인 시풍이 그대로 이어지는데, 그 시체를 서곤체(西崑體)라 부른다. 양억(楊億, 974-1020)·전유연(錢惟演, 977-1034)·유균(劉筠, 971-1031) 등 한림학사(翰林學士)를 지낸 사람들이 이 서곤파(西崑派)를 이끈 작가들이다. 북송 진종(眞宗)의 경덕(景德)년간(1004-1007)에 그때의 대표적인 시인 17명이 작품을 모아 『서곤수창집(西崑酬唱集)』 2권을 낸데서 '서곤'이란 호칭이 생겨났다. 이들은 모두가 만당(晩唐)의 이상은(李商隱, 813-858)을 본떠서 대우(對偶)를 중시하고 전고(典故)를 많이 쓰며 감상적이고 형식적으로 화려한 시들을 짓기에 힘썼다. 그러한 시는 관각학사(館

閣學士)의 신분과 태평성세를 누리는 상류사회의 생활환경에 알맞는 것이어서 반세기 이상을 두고 북송 초기의 시단을 지배하였다. 이들의 시는 전고의 사용 때문에 번역하기조차도 어려운 정도이다. 그렇지만 한자의 특성은 이러한 문장에서 가장 잘 발휘되고 있다고 할 수 있다. 그 때문에 반세기 이상 북송 시단을 이런 풍조가 휩쓸 수 있었을 것이다. 이는 한자의 특성으로 말미암은 것이다. 그러나 지나친 화려한 수사에서 개성과 변화와 생동하는 힘 또는 진실한 감정 같은 것을 표현하기 어렵다는 것이 무엇보다도 큰 결함이라 할 것이다.

그러나 이 시기에도 왕우칭(王禹偁, 954-1001) · 위야(魏野, 960-1019) · 구준(寇準, 961-1023) · 임포(林逋, 967-1028) · 석개(石介, 1005-1045) 같은 사람들이 청신하고 개성이 있는 '서곤체'와는 다른 성격의 시를 쓴 사람들도 있었다. 보기로 왕우칭의 시를 한 수 들겠다.

한식날(寒食)

올해는 한식을 상산(商山)에서 보내고 있는데,
산속의 풍경 또한 아름답기만 하네.
어린애들은 꽃으로 달려가 나비를 잡으려 하고,
사람들은 큰 나무에 그네를 매고 있네.
넓은 들판의 새벽 풀 나무는 막 내린 비로 푸르고,
마을 골목엔 봄 그늘 아래 갑자기 밥 짓는 연기 끊이었네.
부사(副使)의 벼슬 한가롭다 슬퍼하지 말게나 !
술값으로 아직도 비문(碑文) 지어주고 받은 돈이 있다네.

今年寒食在商山, 山裏風光亦可憐.
금 년 한 식 재 상 산 산 리 풍 광 적 가 린
稚子就花拈蛺蝶, 人家依樹繫鞦韆.
치 자 취 화 념 협 접 인 가 의 수 계 추 천

郊原曉綠初經雨, 巷陌春陰乍禁煙.
교 원 효 녹 초 경 우 항 백 춘 음 작 금 연
副使官閑莫惆悵! 酒錢猶有撰碑錢.
부 사 관 한 막 추 창 주 전 유 유 천 비 전

이 시는 작가가 태종(太宗)의 순화(淳化) 2년 황제의 노여움을 사 변경의 상주(商州)로 쫓겨 가서 지은 시이다. 한식(寒食)은 모두가 밥을 지어먹지 않는 절기여서 고향과 벼슬살이 하던 도읍인 변량(汴梁)이 더욱 그리워지게 한다. 그런 중에도 상산의 시골 풍경이 잘 그려져 있고 술을 즐길 마음으로 자신을 위로하고 있다. 이미 당시와는 풍격이 크게 달라진 좋은 시이다. 그러나 이들의 힘만으로는 세상을 휩쓸고 있는 '서곤체'의 시풍을 물리칠 수는 없었다. 고문이나 마찬가지로 북송 초의 시가 '서곤체'에서 벗어나 독특한 송시로 전변하기 위하여는 구양수(歐陽脩)의 출현을 기다리지 않으면 안 되었다.

구양수(1007-1072)가 나와 매요신(梅堯臣, 1002-1060) · 소순흠(蘇舜欽, 1008-1048) 등과 함께 이제까지의 중국시와는 다른 새로운 풍격의 시를 씀으로서 북송을 지배하던 '서곤체'를 물리치고 시가의 혁신운동을 일으키어 새로운 북송시를 이룩한다. 이는 구양수가 윤수(尹洙, 1001-1047) · 소순흠 등과 손잡고 추진한 고문운동(古文運動)과 함께 공전의 문학개혁의 위업이라고 할 수 있는 것이다. 구양수와 동시에 고문을 내세웠던 석개(石介, 1005-1045)는 역시 도학적인 입장에서 '서곤체'도 극렬히 반대하였으나,[19] 창작으로 그의 이론을 뒷받침까지 하지는 못하였다.

구양수는 고문뿐만이 아니라 시에 있어서도 당대의 한유(韓愈)를 존중하였다. 그러나 구양수는 고문 이론을 바탕으로 시를 쓴 한유

19) 石介「怪說」참조.

의 기본 태도만을 따랐을 뿐, 한유처럼 기이한 뜻을 표현하거나 애써 까다로운 말로 시를 쓰지는 않았다. 어떻든 그가 서곤파 작가들의 학문을 바탕으로 한 시들을 높이 평가하면서도, 서곤파의 습성을 숙청할 수 있었던 것은 그 때문이다. 그밖에 그와 뜻을 같이 하였던 매요신의 평담(平淡)한 시풍과 소순흠 시의 호방(豪放)한 풍격도 구양수의 고문의 방법으로 쓰려는 시에 큰 영향을 주어 새로운 경지의 북송시를 이룩하게 하였다. 그렇다고 당시에서 닦여진 서정(抒情)·서경(敍景)·서사(敍事)의 수법이나 여러 가지 시의 격식과 수사의 방법 등 어느 하나도 버린 것은 아니다. 그러니 구양수는 이전의 시보다도 내용이나 형식이 더욱 확장된 새로운 풍격의 북송시를 이룩한 것이다. 아래 든 시 한 수를 읽어보더라도 위에 든 네 가지 특징을 모두 발견할 수 있을 것이다.

감이자(感二子)

황하는 천년에 한 번 맑아진다는데,
기산(岐山)에서 울던 봉황새 다시 울지 않는구나.
소순흠(蘇舜欽)·매요신(梅堯臣) 두 분이 죽은 뒤로는,
천지가 적막해지고 우레 소리도 걷힌 듯하네.
모든 벌레 문을 부숴 놓고도 동면에서 깨어나진 않았고,
온갖 초목 봄을 만났는데도 싹은 트지 않았네.
어찌 여러 새의 말소리 알아듣는 이 없단 말인가?
종일 지저귀어도 아무도 들어주지 않네.
두 분의 정세한 생각은 온갖 것 다 찾아내어,
천지나 귀신도 숨겨 놓은 진실이란 더 없게 되었네.
그들이 붓 들어 빼어난 생각들 써내게 되면,
붓 아래 만물은 영광을 낳게 된다네.
옛 사람들은 이를 두고 하늘의 기교를 엿 본 것이라 하였는데,
목숨 짧아 일찍 죽으니 아마도 하나님께서 미워하신 때문인 듯.

옛날 이백과 두보는 앞 다투며 세상을 횡행했는데,
기린과 봉황 같은 그들보고 세상이 놀랐었지.
기린과 봉황이 태평성세 만들 수 있는 건 아니지만,
태평성세가 되어야만 그들은 나타난다네.
당나라 현종(玄宗)의 개원(開元)·천보(天寶)년간에는 문물이 극도로 발달하였으나,
이 뒤로부터는 중원이 전쟁에 피폐해졌네.
영웅들의 백골도 황토로 변하였거늘,
부귀야 어찌 뜬구름처럼 가벼운 정도에 그치겠는가?
오직 훌륭한 문장만은 해나 별처럼 빛나고,
기운은 산악 위로 늘 치솟고 있다네.
현명한 이 어리석은 자 예부터 모두 죽어 없어지는데,
우뚝 후세에까지도 이름만 공연히 남기고 있구나!

黃河一千年一淸, 岐山鳴鳳不再鳴.
황 하 일 천 년 일 청 기 산 명 봉 불 재 명
自從蘇梅二子死, 天地寂寞收雷聲.
자 종 소 매 이 자 사 천 지 적 막 수 뇌 성
百蟲壞戶不啓蟄, 萬木逢春不發萌.
백 충 괴 호 불 계 칩 만 목 봉 춘 불 발 명
豈無百鳥解言語, 喧啾終日無人聽.
개 무 백 조 해 언 어 훤 추 종 일 무 인 청
二子精思極搜抉, 天地鬼神無遁情.
이 자 정 사 극 수 결 천 지 귀 신 무 둔 정
及其放筆騁豪俊, 筆下萬物生光榮.
급 기 방 필 빙 호 준 필 하 만 물 생 광 영
古人謂此覷天巧, 命短疑爲天公憎.
고 인 위 차 처 천 교 명 단 의 위 천 공 증
昔時李杜爭橫行, 麒麟鳳凰世所驚.
석 시 이 두 쟁 횡 행 기 린 봉 황 세 소 경
二物非能致太平, 須時太平然後生.
이 물 비 능 치 태 평 수 시 태 평 연 후 생
開元天寶物盛極, 自此中原疲戰爭.
개 원 천 보 물 성 극 자 차 중 원 피 전 쟁
英雄白骨化黃土, 富貴何止浮雲輕.
영 웅 백 골 화 황 토 부 귀 하 지 부 운 경
唯有文章爛日星, 氣凌山岳常崢嶸.
유 유 문 장 난 일 성 기 준 산 악 상 쟁 영
賢愚自古皆共盡, 突兀空留後世名.
현 우 자 고 개 공 진 돌 필 공 유 후 세 명

이 시의 '이자(二子)'는 매요신과 소순흠의 두 사람을 가리킨다는 것은 이미 번역을 통해서 알았으리라고 믿는다. 이러한 산문적인 경향은 결국 자기 생활 주변의 여러 가지일 뿐만 아니라 자기의 사상이나 사회적인 문제 등 모든 것을 시로써 써내게 하는 것이다. 그는 낮은 어려운 백성들의 생활에 대하여도 많은 관심을 기울이었다. 그 보기로 시를 한 수 든다.

술지게미를 먹는 백성들(食糟民)

농민이 찰벼를 심으면 관에서는 그것으로 술을 빚는데,
전매로 이익을 독점하면서 한 말이고 한 되고 조금도 양보하지 않네.
술 팔아 돈을 받으면 지게미는 버리는 물건이 되는데,
큰 집에는 한 해가 지나도록 쌓아두어 썩어빠질 지경일세.
술이 익어 보글거리는 소리는 물이 끓는 것 같고,
봄바람 불어오면 술독에서는 향기를 뿜는데,
술독과 술병이 줄줄이 쌓여있으되
맛보지 못할까 걱정만 되네.
관(官)에서 파는 술은 맛이 짙고 시골마을의 술은 맛이 싱거워
매일 관의 술을 마시면 정말 즐거운 일일 터인데,
밭에서 찰벼 키운 사람들은 그런 것 보지도 못하고,
그들 솥에는 겨울과 봄을 보낼 미음이나 죽도 없어서,
다시 관청으로 찾아가 술지게미를 사다가 먹게 되는데,
관리들은 술지게미 뿌려 주는 것을 은덕이라 생각하네.
아아, 저 관리들이여!
그들의 직책은 백성들을 이끌어 주는 것이라 하였거늘,
누에도 안치고 농사도 짓지 않으면서 입고 먹으며
배우는 것은 의로움(義)과 어짊(仁)이라 하네.
어질다면 마땅히 남을 먹여 살려야 할 것이고 의롭다면 올바르게 행동해야 할 것이며,
말하여 실정을 상부에 알리고 능력을 발휘하여 올바르게 일하여야 할 것인데,

위로는 나라에 이익을 늘여주지 못하고
아래로는 백성들의 굶주린 배도 채워 주지 못하네.
나는 술을 마시고,
너희는 술지게미를 먹으니,
너희가 비록 나를 책하지 않는다 하더라도
내 책임 어이 면할 수 있겠는가?

田家種糯官釀酒, 榷利秋毫升與斗.
전가종나관양주 교리추호승여두
酒沽得錢糟棄物, 大屋經年堆欲朽.
주고득전조기물 대옥경년퇴욕후
酒醅瀺灂如沸湯, 東風吹來酒瓮香,
주배참작여불탕 동풍흠래주옹향
纍纍罂與缾, 惟恐不得嘗.
누누앵여병 유공불득상
官沽味醲村酒薄, 日飮官酒誠可樂,
관고미농촌주박 일음관주성가락
不見田中種糯人, 釜無糜粥度冬春,
불견전중종나인 부무미죽도동춘
還來就官買糟食, 官吏散糟以爲德.
환래취관매조식 관리산조이위덕
嗟彼官吏者, 其職稱長民,
차피관리자 기직칭장민
衣食不蠶耕, 所學義與仁.
의식불잠경 소학의여인
仁當養人義適宜, 言可聞達力可施,
인당양인의적의 언가문달력가시
上不能寬國之利, 下不能飽民之飢.
상불능관국지리 하불능포민지기
我飮酒, 爾食糟,
아음주 이식조
爾雖不我責, 我責何由逃?
이수불아책 아책하유도

그뿐만이 아니라 짧은 감흥을 읊은 시 같은 데 있어서도 구양수는 당대 시인에 못지않은 수준의 작품을 보여준다.

풍락정에서의 봄놀이(豐樂亭春遊)

붉은 꽃나무 섞인 푸른 산에 날 저물어 가는데,
넓은 들 풀 빛은 한없이 푸르르네.
놀이꾼은 봄 다 가는 것도 상관치 않고,
정자 앞 왔다 갔다 하며 떨어진 꽃잎 밟고 있네.

紅樹靑山日欲斜, 長郊草色綠無涯.
홍 수 청 산 일 욕 사 장 교 초 색 록 무 애
游人不管春將老, 來往亭前踏落花.
유 인 불 관 춘 장 노 래 왕 정 전 답 락 화

그 밖에도 구양수는 또 『육일시화(六一詩話)』를 지어 시론과 시에 관한 여러 가지 얘기를 써 놓음으로써 중국문학사상 시화(詩話)의 선례를 남기고 있다. 그리고 그는 시인인 동시에 고문과 사에 있어서도 대가였고, 『신당서(新唐書)』·『신오대사(新五代詞)』를 지은 역사가요, 『시본의(詩本義)』·『역동자문(易童子問)』 같은 새로운 연구 업적을 남긴 경학자이며, 『집고록(集古錄)』을 남긴 고고학자이기도 하였다. 그러나 매요신과 소순흠은 오로지 시인으로서 북송문학의 개혁에 공헌한 사람들이다.

매요신은 자가 성유(聖兪)이고 선주(宣州) 선성(宣城, 安徽省) 사람이다. 그는 처음에 '서곤파'의 전유연(錢惟演)에게 시재(詩才)를 인정받아 망년지교(忘年之交)를 맺었으나, 곧 이어 구양수와 시문을 통하여 사귀게 되었다. 그의 평담한아(平淡閑雅)한 특징을 드러내 보이는 시를 한 수 보기로 든다.

노산산행(魯山山行)

알맞게 들의 정취와 어울리도록,
많은 산들 높았다 낮았다 하고,
아름다운 봉우리 곳곳에 새로운데,
그윽한 오솔길은 홀로 가다 잃겠네.
서리 내린 나무 위로 곰이 기어오르고,
숲은 고요한데 사슴이 시냇물 마시고 있네.
사람들 사는 집은 어디쯤 있는 걸까?
구름 저편에서 닭 울음소리 들리네.

適與野情愜, 千山高復低.
적 여 야 정 협 편 산 고 복 저
好峯隨處改, 幽徑獨行迷.
호 봉 수 처 개 유 경 독 행 미
霜落熊升樹, 林空鹿飮溪.
상 락 태 승 수 임 공 녹 음 계
人家在何許? 雲外一聲鷄.
인 가 재 하 허 운 외 일 성 계

후세 사람들이 송시를 좋아하지 않는 또 다른 한 가지 이유는 우리 주변의 너무나 시원찮은 물건이나 일까지도 시로 읊고 있다는 것이다. 곧 당대의 시인이라면 절대로 생각해보지도 않았을 자기 주변의 하찮은 잔 벌레나 작은 일에도 시적인 관심을 보이고 있다. 보기를 들면 매요신의 시에는 심지어 사람들이 말만 들어도 징그러워하는 '지렁이'를 읊은 시가 있다. 그의 「지렁이(蚯蚓)」시를 먼저 읽어보자.

지렁이는 진흙 굴 안에 있는데,
몸을 내밀거나 움츠리거나 늘 그 속에 차 있는 것 같네.
용이 틀임을 하듯 역시 틀임을 하고
용이 울음 울듯 역시 울기도 하네.
스스로 말하기를 용과 견주어보고 싶지만

머리에 뿔이 없는 게 한이 된다네.
청개구라는 서로 도아주고 있는 것 같으니
풀뿌리에 박혀 우는 소리 멈추지 않고 있네.
시끄러워 나는 잠도 못 이루고
밤마다 날이 밝기만을 기다리네.
하늘과 땅은 그런 것들 감싸서 길러주고 있거늘
오직 사람들 마음만이 그것들 미워하고 있다네.

蚯蚓在泥穴, 出縮常似盈.
구 인 재 니 혈 출 축 상 사 영
龍蟠亦以蟠, 龍鳴亦以鳴.
용 반 역 이 반 용 명 역 이 명
自謂與龍比, 恨不頭角生.
자 위 여 용 비 한 불 두 각 생
螻蟈似相助, 草根無停聲.
루 괵 사 상 조 초 근 무 정 성
聒亂我不寐, 每夕但欲明.
괄 란 아 불 매 매 석 단 욕 명
天地且用畜, 憎惡唯人情.
천 지 차 용 축 증 오 유 인 정

북송대의 시인들은 사람들과 연관되는 모든 일에 관심을 보였다. 그러기에 매요신의 시집을 보면 지렁이 이외에도 사대부라면 입에 담기도 쉽지 않았을 이와 벼룩을 읊은 시가 있고 모기 파리 같은 사람들을 괴롭히는 벌레를 읊은 시도 있다. 그런 시 중 거미를 읊은 「영지주(詠蜘蛛)」라는 짧은 시가 있기에 한편 더 소개한다.

하루에 한 자 넓이의 그물을 치니
몇 자 길이의 실을 토하는지 알만 하네.
여러 벌레들이 모두 네 먹잇감이라지만
많은 너희들 배는 늘 매우 고플 것이네.

日結一尺網, 知吐幾尺絲.
일 결 일 척 망 지 토 기 척 사
百蟲爲爾食, 九腹常苦饑.
백 충 위 이 식 구 복 상 고 기

그물만 쳐놓고 가만히 앉아서 먹잇감이 와서 걸려주기를 바라고 있는 거미의 살아가는 방법이 별로 마음에 들지 않았던 것 같다. 어떻든 이런 벌레에까지도 관심을 기울이는 송대 시인들의 시는 당시에 비하여 멋지고 아름답지 않을지 모르지만 당대 시인들에 비하여 더 인간적인 것 같다. 이런 벌레를 읊으면서도 그 시에 자기의 철학을 담으려고 애썼던 것 같다. 지렁이를 읊은 시에서도 "하늘과 땅은 그런 것들 감싸서 길러주고 있거늘, 오직 사람들 마음만이 그것들 미워하고 있다네." 하고 시를 끝맺고 있다. 지렁이 모습을 징그럽게 여기고 지렁이 울음소리가 싫어서 지렁이를 미워하는 그릇된 사람들의 태도를 지적하고 있는 것이다. "하늘과 땅이 지렁이를 감싸서 길러주고 있듯이" 사람들도 그런 자연의 것들을 감싸주고 길러주는 마음가짐을 지녀야만 한다는 것이다.

소순흠은 자가 자미(子美)이고 재주(梓州) 동산(銅山, 江蘇省 徐州) 사람이다. 일찍이 목수(穆修, 979-1032)와 뜻이 맞아 고문운동과 시가 개혁에 노력하였다. 그의 시는 특히 호방하고 빼어난 특징이 있어서 구양수의 인정을 받았다. 다음에 인용한 그의 시는 빼어난 기풍과 함께 자기 생활 주변의 잡다한 일들까지도 놓치지 않고 노래하는 송시의 특징을 잘 보여줄 것이다.

한여름에(夏中)

집 외진데 발 두텁게 드리우니 낮 햇빛도 엷고,
가벼운 바람 따라 때때로 장대 위 까마귀 움직이는 게 보이네.
연못 속 가득 찬 물풀 사이엔 고기 새끼들 놀고,
뜰아래 두터운 그늘 속엔 제비가 새끼 데리고 노네.
비 갠 뒤엔 아이들이 떨어진 과일 다투며 줍는 것 보다가,
하늘 맑아지자 손님 힘까지 빌며 나머지 책 햇볕에 너네.

조용히 산다 해도 티끌 같은 세상일에 끌리지 않을 수 없으니,
몸과 세상 모두 잊고 술병 기울이네.

院僻簾深晝景虛, 輕風時見動竿烏.
원 벽 염 심 주 경 허 경 풍 시 견 동 간 오
池中綠滿魚留子, 庭下陰多燕引雛.
지 중 록 만 어 유 자 정 하 음 다 연 인 추
雨後看兒爭墜果, 天晴因客曝殘書.
우 후 간 아 쟁 추 과 천 정 인 객 폭 잔 서
幽棲未免牽塵事, 身世相忘在壺酒.
유 서 미 면 견 진 사 신 세 상 망 재 호 주

이상과 같은 시들 앞에 서곤체는 물러서지 않을 수가 없었을 것이다. 이에 북송의 시는 완전히 풍격을 달리하게 되는 것이다. 그들을 뒤이어 왕안석(王安石)·소식(蘇軾) 같은 대가들이 나와 북송의 시를 더욱 발전시키게 된다.

3) 북송시의 발전

송시는 구양수에서 왕안석(王安石, 1021-1086)·소식(蘇軾, 1036-1101)에 이르면서 발전이 정점에 이른다. 왕안석은 신법(新法)으로 정치혁신에 노력하는 한편, 경전(經傳)에 대하여도 『춘추(春秋)』를 "조정의 공문쪼가리(斷爛朝報)"라 비평하며 『주관신의(周官新義)』 등을 지어 경전의 새로운 해석을 시도하고, 시(詩)와 부(賦)를 존중하던 과거제도(科擧制度)를 개혁하려고 하는 등 맹렬한 활동을 한 사람이다. 이러한 그의 적극적인 사고와 행동은 그의 문학에도 그대로 반영되고 있다. 그의 작품은 다른 작가들에 비하여 분량이 많은 것은 아니지만, 시는 물론 산문과 사(詞)에 있어서까지도 우미하고도 개성적이며 기백과 뼈대가 있는 그 시대를 대표할 만한 수준의 작품들을 보여주고 있다.

왕안석은 그 자신이 대시인이라고 생각한 이백(李白)·두보(杜甫)·한유(韓愈)·구양수(歐陽脩) 네 작가의 시를 모아 『사가집(四家集)』을 내었는데, 이백에 대하여는 시를 잘 지었지만 대부분이 술과 여자에 관한 작품임을 못마땅하게 여겼다 한다.[20] 그리고 "이백의 시가는 호방하고 빼어난 면에서는 남이 따를 수 없는 정도이나, 그의 풍격은 거기에만 머무르고 있을 뿐 변화를 모른다. 그러나 두보는 펴냈다 거둬들이고, 내려갔다 올라가고, 빨랐다가 느려지고, 앞뒤로 갔다 좌우로 옮겨 다니는 등 못하는 게 없다."[21]고 하였다 한다. 그는 구양수를 따라 한유의 시를 높이 평가하며 배우려 하는 한편, 무엇보다도 두보의 시를 짓는 정신과 엄정(嚴正)한 시율(詩律) 및 애써 깎고 다듬은 표현을 높이 평가하였다. 그리고 구양수를 그 시대의 가장 위대한 문호라 생각하고 존경하였다.

따라서 그의 시에는 한유와 구양수의 영향을 받은 산문적인 표현 방법을 쓰면서도 자기 독특한 자구(字句)와 운각(韻脚) 등을 사용한 고체시(古體詩)가 있는가 하면, 특히 만년에 두보를 통해서 체득한 엄격한 작시 방법을 따라 지어진 격조가 고고(高古)하고 서정(抒情)에도 뛰어난 작품들도 있다. 그의 시는 만년의 것들이 대표하며, 이런 시들이야말로 소식의 작품과 함께 중국 시의 최고봉을 이룬다고 할 수 있다. 보기로 그 시대의 명작으로 명성을 떨쳐 많은 다른 시인들이 이에 화작(和作)한 「명비곡(明妃曲)」을 읽어보자. 명비는 한나라 원제(元帝) 때의 아름다운 궁녀 왕소군(王昭君)으로, 흉노(匈奴)의 임금인 선우(單于)에게 시집갔던 슬픈 신세의 여인으로 전해지고 있다.

---

20) 宋 釋惠洪 『冷齋夜話』 참조.

21) 金 王若虛 『滹南詩話』에 보이는 王安石의 말.

명비가 옛날 한나라 궁전을 나갈 때,
눈물은 봄바람에 젖고 머리는 아래로 늘어졌었지.
머뭇머뭇 자기 그림자 되돌아보는 핏기 잃은 얼굴빛,
그 모습에 황제도 어쩔 줄을 몰랐었지.
돌아와서야 명비의 초상 잘못 그려 바친 화공[22]을 의심했는데,
그렇게 눈에 드는 여자 평생에 처음이었기 때문이네.
고운 자태란 본시 그려낼 수가 없는 것,
그때 모연수를 죽인 건 부질없는 짓이었지.
한 번 가면 다시는 못 돌아온다는 것 마음속으로 알았으니,
가엾게도 한나라 궁전 옷은 그때가 마지막으로 입은 거였네.
소리 질러 국경 남쪽 한나라 일 물어보고자 해도,
오직 해마다 기러기 떼만 날아갈 따름이었지.
만 리 저쪽 집안 식구들에게 전하고자 한 소식은,
오랑캐 도성에 잘 있으니 걱정하지 말라는 거였지.
그대는 가까운 장문궁(長門宮)에 갇혀 있던 아교(阿嬌)[23]를 보지 못했는가?
사람이 나서 뜻 잃고 보면 남북이 따로 없다네.

明妃初出漢宮時, 淚濕春風鬢脚垂.
명 비 초 출 한 궁 시 누 습 춘 풍 빈 각 수
低徊顧影無顔色, 尙得君王不自持.
저 회 고 영 무 안 색 상 득 군 왕 불 자 지
歸來却怪丹靑手, 入眼平生未曾有.
귀 래 각 괴 단 청 수 입 안 평 생 미 증 유
意態由來畵不成, 當時枉殺毛延壽.
의 태 유 래 화 불 성 당 시 왕 살 모 연 수
一去心知更不歸, 可憐着盡漢宮衣.
일 거 심 지 경 불 귀 가 련 착 진 한 궁 의
寄聲欲問塞南事, 祗有年年鴻雁飛.
기 성 욕 문 색 남 사 지 유 년 년 홍 안 비
家人萬里傳消息, 好在氈城莫相憶.
가 인 만 리 전 소 식 호 재 전 성 막 상 억

22) 漢 元帝는 後宮에 많은 미인들을 모아놓고 畵工에게 초상화를 그려 바치게 한 다음, 그 초상화를 보고 여자들을 골랐다 한다. 다음 구절에 보이는 毛延壽는 그때의 화공 이름이다.

23) 阿嬌는 漢 武帝의 陳皇后, 뒤에는 쫓겨나 長門宮에 갇혀 살았다(『漢書』 外戚傳).

君不見咫尺長門閉阿嬌? 人生失意無南北.
군 불 견 지 척 장 문 폐 아 교 인 생 실 의 무 남 북

이 시에는 두보·한유·구양수의 장점이 다 모아져 있는 듯하다. 서정은 말할 것도 없고 서사에도 뛰어나다. 특히 옛날 왕소군이란 궁녀에 관한 문제뿐만이 아니라 그 당시 서하(西夏)와 요(遼)나라에게 많은 은과 비단을 보내주면서 침략을 모면해가던 자기 조국 북송의 실정에 대한 한족(漢族) 지식인으로서의 감상도 깃들여 있다고 여겨진다. 그리고 그는 길이가 짧은 시를 통해서도 상당히 우미한 서정을 보여주고 있다. 보기를 한 수 든다.

죽리(竹裏)

대숲 속 바위 뿌리에 기대어 초가 엮어 놓으니,
성근 대 줄기 사이로 앞 마을 보이네.
하루 종일 낮잠 자도 찾아오는 이 없고,
저절로 봄 바람 일어 문 앞을 쓸어주네.

竹裏編茅倚石根, 竹莖疎處見前村.
죽 리 편 모 의 석 근 죽 경 소 처 견 존 촌
閒眠盡日無人到, 自有春風爲掃門.
한 면 진 일 무 인 도 자 유 춘 풍 위 소 문

소식(1036-1101)은 왕안석 보다도 더 크고 더 높은 경지를 이룩한 중국문학사상 가장 위대한 문호라고도 할 수 있는 작가이다. 그는 시뿐만이 아니라 고문에 있어서도 팔대가(八大家) 중 가장 뛰어난 글을 남기고 있고, 사(詞)에 있어서도 호방(豪放)한 기풍으로 이전의 완약(婉約)하기만 하던 풍조를 벗어남으로써 사의 내용을 해방시킨 작가였다. 그뿐만이 아니라 서예의 대가였고, 그림에 있어서도 문인화의 창시자로서의 명성을 지니고 있다. 그는 자신의 사상과 감정

을 한없는 예술적인 재능을 바탕으로, 온갖 가장 유효한 방법을 동원하여 자유로이 표현할 수 있었던 것 같다. 구양수에 뒤이어 그와 같은 대가가 나왔기에 고문이 북송 이후로 중국의 대표적인 산문체(散文體)로 확정되었고, 북송의 시와 사가 중국문학사상 최고의 발전을 이룩할 수 있었을 것이다.

그는 구양수나 마찬가지로 『역전(易傳)』·『서전(書傳)』을 비롯하여 많은 경전에 관한 논저를 남긴 대학자인 동시에, 왕안석의 '신법'을 반대하는 보수당(保守黨)의 영도자였으며, 또 자기 문하(門下)에 수많은 빼어난 인재들을 배출한 문화계의 영도자이기도 하였다. 그러나 그가 그의 스승 구양수보다도 한층 더 클 수 있었던 것은, 구양수보다도 더 파란 많은 정치적인 경험과, 유학을 바탕으로 불학과 도학을 어우르는 더욱 폭 넓은 사상적인 바탕 및 더욱 다양한 문학적인 수련 등 때문일 것이다.

구양수도 곧은 성품 때문에 이릉(夷陵)과 저주(滁州)로 귀양을 가서 살았던 적이 있고, 왕안석의 '신법'을 반대하였으나 직접 부딪치지는 않았다. 그러나 소식은 '신법'을 반대하다가 항주(杭州)·밀주(密州)·서주(徐州)·호주(湖州) 등 지방으로 쫓겨나 벼슬살이를 해야만 하였고, 시로써 시정(時政)을 풍자했다 하여 죽음을 겨우 면한 뒤 황주(黃州)로 귀양을 가기도 하였고, 다시 여주(汝州)·상주(常州)·항주(杭州)에서 벼슬살이를 한 다음 혜주(惠州)·경주(瓊州) 등지로 쫓겨나기도 했었다. 이런 경험을 통하여 그의 견문이 넓어지고 인생을 보는 눈도 거시적으로 발전하였던 것이다. 소식은 자신이 어려운 처지를 수없이 경험하였기 때문에 가난한 농촌 사람이나 어려운 사람들에게도 적지 않은 관심을 보이고 있다. 보기로 어려움을 겪고 있는 농촌 아낙네의 실정을 노래한 「강남 농촌 아낙의 탄식(吳中田婦

歎)」이란 시를 한편 소개한다.

올해는 메벼가 각별히 늦게 익어가고 있어서,
오래지 않아 서리바람이 불어올까 걱정하였네.
곧 서리바람 불어오자 비는 쏟아 붓듯 퍼붓고,
고무래 머리엔 곰팡이 나고 낫은 녹으로 덮이니,
눈이 마르도록 눈물은 다해도 비는 그치지 않고,
잔인하게도 누런 벼이삭이 푸른 진흙 속에 넘어진 것 보게 되었네.
밭두둑 위의 띠풀 엮어 지붕 덮은 움막에서 한 달이나 묵으면서
날이 개자 벼를 수확하여 수레에 싣고 돌아와,
땀 흘리며 어깨가 붓도록 져다가 저자로 가져가니
값이 싸 겨나 싸라기처럼 구걸하다시피 하여 내주고 오네.
소 팔아 세금 내고 집 부수어 밥 지으니
생각 얕아 내년에 주리게 될 것은 염두에도 없네.
관에서는 지금 돈만 요구하고 쌀은 필요하지 않다고 하니,
서북 만 리 저편의 오랑캐들 달래기 위해서라네.
훌륭한 신하들이 조정에 가득하다는데 사람들은 더욱 괴로움당하고 있으니,
차라리 황하에 뛰어들어 물귀신 마누라 되는 편이 좋겠네.

今年粳稻熟苦遲, 庶見霜風來幾時.
금 년 갱 도 숙 고 지 서 견 상 풍 래 기 시
霜風來時雨如瀉, 杷頭出菌鎌生衣,
상 풍 래 시 우 여 사 파 두 출 균 겸 생 의
眼枯淚盡雨不盡, 忍見黃穗臥靑泥.
안 고 루 진 우 부 진 인 견 황 수 와 청 니
茅苫一月隴上宿, 天晴穫稻隨車歸,
모 점 일 월 롱 상 숙 천 정 확 도 수 거 귀
汗流肩赬載入市, 價賤乞與如糠粞.
한 류 견 정 재 입 시 가 천 걸 여 여 강 서
賣牛納稅拆屋炊, 慮淺不及明年飢.
매 우 납 세 탁 옥 취 려 천 불 급 명 년 기
官今要錢不要米, 西北萬里招羌兒.
관 금 요 전 불 요 미 서 북 만 리 초 강 아
龔黃滿朝人更苦, 不如却作河伯婦.
공 황 만 조 인 갱 고 불 여 각 작 하 백 부

소식은 기본적으로는 유학을 숭상하여 구양수와 같이 문학개혁

에 있어서 명도(明道)와 치용(治用)의 이론을 견지하였다. 그러나 한편으론 노장(老莊) 사상도 좋아하여 낭만적이고 열정적이며 매인 데 없는 자유를 추구하기도 하였다. 특히 만년에는 불경(佛經)과 도장(道藏)도 많이 읽었고 스님 및 도사들과 교류하였으며, 여자를 사랑하기도 하고 술을 즐기기도 하면서 인생을 추구하였다. 곧 그는 생활을 통하여 이제껏 중국에 성행한 모든 사상을 포괄하려 한 셈이니 사상의 폭이 어느 누구보다도 넓고 크지 않을 수가 없었다. 때문에 그의 시에는 당시에서는 볼 수 없었던 사상적인 깊이가 담긴 작품들이 있다. 보기를 한 수 든다.

자유의 〈면지회구〉시에 화작함(和子由澠池懷舊)

인생은 어디를 가나 무엇과 같은지 아는가?
말할 것도 없이 날아간 기러기가 진눈을 밟아놓은 것 같으니,
진눈 위에 어쩌다가 발자국은 남겼지만
기러기는 동쪽으로 날아갔는지 서쪽으로 날아갔는지 어찌 뒤에 따질 수 있겠나?
늙은 중은 이미 죽어 새 부도(浮屠)가 이룩되었고,
무너진 벽에서는 옛날 적어놓은 시를 찾아볼 길이 없네.
옛날에 어려웠던 일을 아직도 기억하는가?
갈 길은 멀고 사람은 지쳤는데 절름발이 나귀는 울어대기만 하였지.

人生到處知何似? 應似飛鴻踏雪泥,
인 생 도 처 지 하 사 　 응 사 비 홍 답 설 니
泥上偶然留指爪, 鴻飛那復計東西?
니 상 우 연 류 지 조 　 홍 비 나 복 계 동 서
老僧已死成新塔, 壞壁無由見舊題.
노 승 이 사 성 신 탑 　 괴 벽 무 유 견 구 제
往日崎嶇還記否? 路長人困蹇驢嘶.
왕 일 기 구 환 기 부 　 노 장 인 곤 건 려 시

시 제목에 보이는 '자유'는 자기 아우 소철(蘇轍)이다. 아우의 시에

화작(和作)한 작품인데 매우 철학적인 내용으로 이루어져 있다. 물론 북송시가 철학적인 경향으로 흐르게 된 데에는 도학의 발전도 영향을 끼치고 있다.

구양수가 문학개혁운동의 선구자로서 한유만을 존중했던 데 비하여, 왕안석은 거기에 스승 구양수와 두보를 더 보탰으나, 소식은 특히 만년엔 도연명(陶淵明)을 좋아하여 많은 화도시(和陶詩)를 썼고, 유우석(劉禹錫)과 이백(李白)의 시풍을 본받기도 하였으며,[24] 또 백거이(白居易)를 배우려고도 하였다.[25] 맹교(孟郊)와 원진(元稹)도 좋아하였다.[26] 이전의 대가라면 그는 그들의 장점을 모두 배우려 하였으니, 다른 어떤 시인보다도 작품 내용의 폭이 넓고 다양한 형식의 문학을 창작할 수 있었다.

따라서 그의 시는 어떤 대가보다도 스케일이 크다. 드러나는 기상이 광대하고 시의 의취(意趣)가 빼어나다. 그리고 시의 표현이나 내용도 아속(雅俗)을 가리지 않고 그가 보고 느낀 것을 자신의 사상 속에 융화시켜 가장 적절한 방법으로 읊고 있다. 구양수도 일찍부터 그의 시문에 감복하여, 머지않아 그가 자기보다도 뛰어나게 될 것을 예견하고 있었다 한다.[27] 청대 섭섭(葉燮, 1627-1703)은 『원시(原

24) 陳師道 『後山詩話』; "蘇詩始學劉禹錫, 故多怨刺; 學不可不愼也. 晩學太白, 至其得意, 則似之矣, 然失於粗, 以其得之易也."

25) 姚鼐 『今體詩鈔』; "東坡天才, 有不可思議處. 其七律只用夢得·香山格調, 其妙處豈劉·白能望者?"

26) 宋 許顗 『彦周詩話』; "東坡祭柳子玉文; 郊寒·賈瘦·元輕·白俗, 此語具眼. 客見詰曰; 子盛稱白樂天·孟東野詩, 又愛元微之詩, 而取此語何也? 僕曰; 論道當嚴, 取人當恕."

27) 宋 朱弁 『曲洧舊聞』; "東坡詩文, 落筆輒爲人所傳誦. 每一篇到; 歐陽公爲終日喜, 前後類如此. 一日, 與棐(歐陽修 아들 이름)論文及東坡, 歎曰; 汝記吾言, 三十年後, 世上更不道着我也."

詩)』에서 소식의 시에 대하여 이렇게 논하고 있다.

> "소식 같은 분의 시는 고금에 없었던 경계를 개척한 것이다. 천지 만물과 즐기고 웃고 성내고 욕하는 것 등이 모두 붓끝에서 춤을 추며, 그의 뜻이 내놓으려 하는 것과 같이 드러난다. 이것은 한유 이후의 일대변화이며 성대함을 극한 것이라 하겠다."[28]

그는 중국시가 한유 이후 소식에서 발달의 극점에 달하였음을 지적하고 있는 것이다. 실로 소식은 중국문학사를 대표할 일대 문호라 할만하다. 보통 소식은 칠언시를 잘 지었다 하나 오언시에도 빼어난 작품이 적지 않다. 보기를 든다.

송정호조(送鄭戶曹)

강물이 팽조루(彭祖樓) 감돌고,
산이 희마대(戲馬臺)[29] 둘러싸고 있는,
예부터 호걸들 활약하던 이 고장,
천 년 지나서도 남은 슬픔이 있네.
이 고장 출신 한 고조[30] 하늘로 날아가 버렸고,
이곳에 도읍을 정했던 항우도 재 되어 없어졌으며,
이곳 백문(白門)에선 조조(曹操)에게 여포(呂布)가 항복했었고
당나라 이광필(李光弼)도 이곳에서 죽었다네.
또 생각건대 남조 송(宋) 무제 유유(劉裕)는,
희마대에 술자리 벌이고 놀았었다지.

---

28) "如蘇軾之詩, 其境界皆開闢古今之未所有. 天地萬物, 嬉笑怒罵, 無不鼓舞於筆端, 而適如其意之所欲出. 此韓愈後之一大變也, 而盛極矣."

29) 彭祖樓와 戲馬臺는 모두 徐州에 있는 樓臺 이름. 鄭戶曹는 鄭僅이란 徐州 사람이며, 蘇軾은 이 때 그곳 知州였다. 彭祖樓는 殷나라 賢臣 彭祖의 廟의 俗稱이며, 戲馬臺는 項羽가 지었다고 한다.

30) 漢 高祖는 沛縣 豐邑 사람인데, 옛날엔 徐州에 속한 고장이었음.

근래 와선 괴롭게도 인재들 활동 잠잠해져서,
황폐한 채전에는 푸른 이끼만 성하네.
황하는 백보홍(百步洪)부터 여울지고,
산줄기는 구리산(九里山)에서 맴돌고 있어,
산과 물 서로 부딪치니,
밤이면 소리가 바람 불고 우레 치듯 변하네.
질펀한 청하(淸河) 언덕 가 땅 위의,
황루(黃樓)는 내가 세운 것인데,
가을 달 성 모퉁이로 지는 것 보았고,
봄바람은 술잔의 술을 찰랑이게 했었지.
그대가 자리에 손으로 낄 때면,
옥 같은 새 시가 나왔었지.
황루 낙성되자 그대는 가게 되니,
사람 일 정말 잘도 어긋나네.
뒷날 그대 여행에 지쳐,
흰머리로 고향 찾아와서,
황루에 올라 긴파람 불 적이면
나는 어디에 가 있을고?

水繞彭祖樓, 山圍戲馬臺.
수 요 팽 조 루　산 위 희 마 대
古來豪傑地, 千歲有餘哀.
고 래 호 걸 지　천 세 유 여 애
隆準飛上天, 重瞳亦成灰;
백 준 비 상 천　중 동 역 성 회
白門下呂布, 大星隕臨淮.
백 문 하 여 포　대 성 운 임 회
尙想劉德輿, 置酒此徘徊.
상 상 유 덕 여　치 유 차 배 회
邇來苦寂寞, 廢圃多蒼苔.
이 래 고 적 막　폐 포 다 창 태
河從百步響, 山到九里回;
하 종 백 보 향　산 도 구 리 회
山水自相激, 夜聲轉風雷.
산 수 자 상 격　야 성 전 풍 뇌
蕩蕩淸河壖, 黃樓我所開;
탕 탕 청 하 연　황 루 아 소 개
秋月墮城角, 春風搖酒杯.
추 월 타 성 각　춘 풍 요 주 배
遲君爲座客, 新詩出瓊瑰.
지 군 위 좌 객　신 시 출 경 괴

樓成君已去, 人事固多乖.
루 성 군 이 거　인 사 고 다 괴
他年君倦遊, 白首賦歸來,
타 년 군 권 유　백 수 부 귀 래
登樓一長嘯, 使君安在哉!
등 루 일 장 소　사 군 안 재 재

그의 시에는 한유와 구양수에게서 개발된 산문적인 시의 수법뿐만이 아니라 이백·두보·백거이 등의 풍격도 조금씩은 다 섞여 있는 것 같은 느낌을 준다. 그는 칠언시 중에서도 특히 길이가 긴 고시에서 그의 특징을 가장 잘 발휘하고 있으나, 짧은 시에서도 집약된 격정과 큰 기상을 보여주고 있다.

유월이십칠일망호루취서(六月二十七日望湖樓醉書)

먹물 뒤엎은 것 같은 검은 구름 산허리에 걸쳤는데,
흰 구슬 같은 빗발이 어지러이 배 안으로 들이치더니,
땅을 휩쓰는 바람 문득 불어 비구름 흐트리자,
망호루 아래 물이 하늘처럼 펼쳐 있네.

黑雲翻墨未遮山, 白雨跳珠亂入船.
흑 운 번 묵 미 차 산　백 우 도 주 난 입 선
捲地風來忽吹散, 望湖樓下水如天.
권 지 풍 래 홀 취 산　망 호 루 하 수 여 천

이 밖에 왕안석이 “힘써 이단을 배척하며 누가 나를 도왔던가? 선생 만날 때 생각하노니 정말 특이한 인재였네”[31]하고 읊은 왕령(王令, 1032-1059)이 활달하고 웅장하고 힘 있는 시로 뛰어났다. 그는 일찍 죽었지만 특히 사회의 암흑상을 폭로한 현실문제를 다룬 좋은 시들을 남겼다. 그리고 소식의 문하에서는 황정견(黃庭堅)·장뢰

---

31) 「寄王逢原」; “力排異端誰助我? 憶見夫子眞奇材.”

(張耒)·조보지(晁補之)·진관(秦觀) 등 소문사학사(蘇門四學士)라 부르는 사람들과, 진사도(陳師道)·이치(李廌) 등이 나왔는데 이들을 합쳐 흔히 육군자(六君子)라고도 부른다. 이 중 장뢰(1052-1112)는 백거이에 가까운 평담한 시와 장적(張籍)에 가까운 악부체시를 잘 지었다. 진관(1049-1100)은 특히 사에 뛰어난 작가여서, 그의 시는 사의 영향을 받아 사람들이 여인의 시라 할 만큼 청신하고 아름다우면서도 부드러운 느낌을 준다. 반대로 조보지(1053-1110)는 억세고 빼어난 기골을 느끼게 하는 시로 두드러진다. 이치는 산문엔 뛰어나나 좋은 시는 짓지 못하였고, 황정견과 진사도에 대하여는 강서시파(江西詩派)를 대표하는 시인으로 아래에 좀 더 자세히 설명할 것이다.

4) 황정견과 강서시파(江西詩派)

원(元)대의 원각(袁桷, 1267-1327)은 「서탕서루시후(書湯西樓詩後)」에서 송시에는 임천(臨川, 王安石)·미산 (眉山, 蘇軾)·강서(江西)의 삼종(三宗)이 있다고 하였지만, 그 중에서도 북송 일대를 통하여 가장 큰 성세를 떨치고 원나라 때까지도 영향을 끼친 것은 '강서시파'이다. 강서시파는 왕안석·소식에게서 극도로 발전했던 북송시의 문학적인 예술성을 인식하고, 자신의 온 학문과 정력을 기울여 엄숙한 태도로 개성적인 시의 표현을 추구하려던 사람들이다.

강서시파의 창시자는 황정견(黃庭堅, 1045-1105)인데 그의 자는 노직(魯直), 호는 산곡(山谷)이며 홍주(洪州) 분녕(分寧, 江西省 修水) 사람이다. 일찍이 소식이 그의 시문을 보고 세상에 다시없을 빼어난 작품이라 칭찬하여 사람들에게 이름이 알려지기 시작했고, 소식의 문하에서 나온 소문사학사(蘇門四學士)라고 불리는 사람들 중에서도 우두머리 격의 시인이다. 뒤에는 시에 있어서는 소식과 이름을 나란히 떨치어 소황(蘇黃)이라 불리기도 하였다. 정치적으로는 소식과 견해가 비슷하여 벼슬은 제대로 하지 못하고 평생을 두고 귀양살이를 다니다시피 하였으나, 시에 있어서는 일파의 창시자로서 크게 위력을 떨쳤다.

그의 시의 특징은 원(元)나라 방회(方回, 1227-1307))가 『영규율수(瀛奎律髓)』에서 다음과 같이 요약하여 설명하고 있다.

> "소식의 시는 천재적이고 교묘한 데 비하여 황정견의 시는 학력(學力)을 바탕으로 하여 정엄(精嚴)하다. 소식은 시율(詩律)에 관대하고 활기가 있는 데 비하여 황정견의 시는 시율에 엄격하고 확실하다 하겠다."[32]

황정견은 시를 지을 때 힘써 시의 표현을 다지고 시법(詩法)을 엄격히 지켜 한 마디 한 글자도 가벼이 쓰지 않았다. 황정견은 소식처럼 수많은 대가들을 본받으려 했지만, 그 중에서도 특히 두보(杜甫)를 가장 존중하였다. 그는 두보 시의 예술적인 성취나 사회시 같은 내용보다도, 두보의 엄정한 시율(詩律)과 표현의 묘를 배우려 하였다. 그 스스로 다음과 같이 말하고 있다.

> "두보가 지은 시와 한유가 지은 글은 한 글자도 유래가 없는 것이 없다. 대체로 후인들은 책 읽은 게 적기 때문에 두보와 한유가 그런 말을 스스로 만든 것으로 안다. 옛날의 문장을 잘 지은 사람들은 비록 옛 사람들의 낡은 말을 취하여 자기 글에 넣더라도, 마치 영단(靈丹) 한 알을 쇠에 묻히면 금이 되듯 하였다."[33]

---

32) "坡詩天才高妙, 谷詩學力精嚴; 坡律寬而活, 谷律刻而切云."

33) 「答洪駒父書」; "老杜作詩, 退之作文, 無一字無來處, 蓋後人讀書少, 故謂

'영단'은 도사들이 만들어내는 선약(仙藥)이며, 시의 묘한 외형의 변화를 여기에서처럼 "영단(靈丹) 한 알을 쇠에 묻히면 금이 되듯 변한다." 곧 '점철성금(點鐵成金)'이라 하는 것이다. 따라서 그의 시의 특징은 한 마디로 '엄정한 형식'과 개성적인 표현의 추구에 있는 것이다. 이에 따른 그의 시론의 요점은 아래 몇 가지로 요약할 수가 있다.

첫째, 시의 조구법(造句法)으로서의 환골법(換骨法)과 탈태법(脫胎法)이다. '환골탈태'는 실상 위에서 말한 '점철성금'처럼 선술(仙術)에 가까운 개념이다. 북송 시대에 들어와 문학론에 흔히 쓰인 도(道)의 개념이 황정견에 이르러는 도술(道術)의 경지로 발전한 것으로 보인다. 그러나 후세 사람들은 황정견의 '환골법'과 '탈태법'이 이해하기 어려워 여러 가지 해설을 시도하고 있다.

남송 왕무(王楙, 1151-1213)는 『야객총서(野客叢書)』에 부록된 『야로기문(野老紀聞)』에서 다음과 같이 황정견의 말을 인용하여 이를 설명하고 있다.

> "그 뜻은 바꾸지 않고 새로운 말을 만드는 것을 '환골법'이라 하고, 그 뜻을 본받아 그대로 형용하는 것을 '탈태법'이라 한다."[34]

곧 '환골법'은 이전 사람들의 시의 뜻을 그대로 취하여 새로운 말로 그것을 표현하는 것이고, '탈태법'은 이전 시인들의 시구의 뜻뿐만이 아니라 표현까지도 빌리는 것이다. 그것은 옛 사람도 이미 지

韓杜作此語耳. 古之能爲文章者, 雖取古人之陳言入於翰筆, 如靈丹一粒, 點鐵成金也."

34) "然不易其意而造其語, 謂之換骨法, 規模其意形容之, 謂之脫胎法."

적했듯이 일종의 표절이라 할 수도 있다.[35] 그러나 이것은 아무래도 후인의 잘못된 해석인 듯하다. 황정견의 시구의 표현을 단련하려는 본뜻과 거리가 먼 것으로 여겨지기 때문이다. 그러나 그러한 말은 후기 강서시파의 한 가지 폐해를 뜻하는 말로 쓸 수는 있도록 그 시파가 발전하고 있다.

둘째, 요체(拗體)의 추구이다. '요체'란 근체시의 시율에서 벗어나는, 곧 평측(平仄)이 맞지 않는 시체를 뜻한다. 일찍이 두보가 가끔 요체로써 특수한 감정을 드러냈었고, 한유가 요체에서 오는 특이한 표현을 추구하였다. 황정견은 더욱 특이한 표현을 추구하기 위하여 시율에 어긋나는 특이한 글자를 잘 써서 강서시파의 특징의 하나가 되게 하였다. 보기로 요체를 활용한 그의 시를 한 수 든다.

제낙성사(題落星寺)

낙성사의 스님 깊숙한 곳에 절을 지었는데,
용각(龍閣)의 이 늙은이가 와서 시를 읊게 되었네.
부슬비 속 자욱한 산 대하고 손은 오래도록 앉아 있고,
긴 강물은 하늘에까지 닿은 듯한데 돛 배 움직임 더디네.
잔치 벌인 방 안의 맑은 향기는 이 세상과 다르고,
그림 솜씨 절묘한데 아무도 아는 이 없다네.
여러 방들은 제각기 문과 창 열어 놓았고,
곳곳에서 차 끓이는 속에 등나무 한 가지 뻗어있네.

落星開士深結屋, 龍閣老翁來賦詩.
小雨藏山客坐久, 長江接天帆到遲.
宴寢淸香與世隔, 畫圖妙絶無人知.

35) 金 王若虛『滹南詩話』; "魯直論詩, 有脫胎換骨, 點鐵成金之喩, 世以爲名言, 以予觀之, 特剽竊之黠者耳."

蜂房各自開戶牖, 處處煮茶藤一枝.

평성(平聲)에만 "◦"표를 하였는데 이것만으로도 이 시가 성조(聲調)의 배합에 있어서 매우 독특한 '요체'를 이루고 있다는 것을 쉽사리 알 수 있을 것이다.

셋째, 진부한 표현이나 속된 말을 배척하고 특이한 말과 억센 표현을 추구하였다. 따라서 그의 시는 부드럽고 예쁜 맛이란 거의 없고 웅장하고 기특한 풍격을 느끼게 한다. 그의 시에는 여자에 관한 일이나 연정 같은 것을 주제로 한 것이 거의 없다. 이는 그가 시를 짓는 데에 더욱 엄정한 태도로 임했기 때문이다. 여기에서 북송의 시는 더욱 새로운 경계를 개척한 것으로 보이기도 하지만 너무 극단적인 방향으로 흐르기 시작하여 북송시의 뛰어난 장점을 흐려지게 하였다고도 하겠다.

그의 시를 보기로 한 수 든다.

등쾌각(登快閣)

바보처럼 관청 일은 내동댕이치고,
쾌각에 올라 동서로 해 기우는 맑은 경치 즐긴다.
낙엽진 수많은 산 저편으로 하늘은 끝없고,
한 줄기 맑은 강물 위에는 낮 달 또렷하다.
내 뜻 알아주던 고운 님 떠나 버려 의욕 없어졌으니,
반가운 눈빛을 잠시 아름다운 술 위에 흘겨본다.
멀리 떠나가는 배에서는 긴 피리 소리 들려오는데,
이 마음을 나는 흰 갈매기에 실어 본다.

癡兒了卻公家事, 快閣東西倚晩晴.
치 아 요 각 공 가 사 쾌 각 동 서 의 만 청
落木千山天遠大, 澄江一道月分明.
낙 목 천 산 천 원 대 징 강 일 도 월 분 명

朱絃已爲佳人絕, 靑眼聊因美酒橫.
주 현 이 위 가 인 절 청 안 료 인 미 주 횡
萬里歸船弄長笛, 此心吾與白鷗盟.
만 리 귀 선 농 장 적 차 심 오 여 백 구 맹

금(金)나라 왕약허(王若虛)는 그의 『호남시화(滹南詩話)』에서 황전견 시의 결점을 아래와 같이 꼬집고 있다.

> "산곡(山谷)의 시는 기이하기는 하되 오묘하지는 않으며, 매우 특수하기는 하되 빼어나지는 않는다. 학식을 늘어놓고 풍부한 것으로 알고, 진부한 것들을 들어내 놓고 참신한 것이라 한다. 따라서 제대로 자연스럽게 이루어져서 자기 가슴 속으로부터 흘러나온 것 같은 것이 부족하다. 이 점이 힘써서 소식(蘇軾)을 좇아가면서도 그에게 미치지 못하는 까닭이다."[36]

황정견을 시조로 하는 강서시파란 말이 확정된 것은 남송 여본중(呂本中, 1119 전후)의 『강서시사종파도(江西詩社宗派圖)』가 나온 뒤부터이다. 그는 황정견을 종주(宗主)로 한 위에 모두 25명의 이름을 들고 있고, 또 『강서종파시집(江西宗派詩集)』 115권을 편찬했다. 뒤이어 증굉(曾紘, 1125 전후)의 『강서속종파시(江西續宗派詩)』 2권도 나왔다 한다.[37] 황정견의 시풍을 따르는 강서시파는 실은 25명에 그치지 않았고 남송에까지도 영향이 파급되어 우무(尤袤, 1124-1193) · 양만리(楊萬里, 1127-1206) · 범성대(范成大, 1126-1193) · 육유(陸游, 1125-1210) · 소덕조(蕭德藻, 1151 전후) 같은 남송의 대가들도 모두 그 풍조에 영향을 받았다.

---

36) 王若虛『滹南詩話』; "山谷之詩, 有奇而無妙, 有斬絶而無橫放. 鋪張學問以爲富, 點化陳腐而爲新. 而渾然天成, 如肺肝中流出者不足也. 此所以力追東坡而不及歟."

37)『宋史』藝文志 의거.

'강서시파' 중 가장 뛰어난 시인으로는 진사도(陳師道, 1053-1101)와 진여의(陳與義, 1090-1138)가 있다. 원대 방회(方回, 1127-1306?)는『영규율수(瀛奎律髓)』에서 진사도와 황정견 · 진여의를 삼종(三宗)이라 하고, 모두 두보를 배우려 하였으므로 이들을 일조삼종(一祖三宗)이라 부르고 있다.

진사도는 자를 이상(履常) 또는 무기(無己)라 하였고 호는 후산(後山)이라 하였으며 팽성(彭城, 江蘇省 銅山縣) 사람이다. 처음에는 증공(曾鞏)에게 고문을 인정받았고, 뒤에 소식의 추천으로 벼슬길에 올랐으나 벼슬길이 평탄하지 못하여 빈한한 일생을 보냈다. 진사도는 뒤늦게 황정견의 시를 보고 스스로 제자가 되었으나, 황정견이 두보의 특수한 '요체' 같은 것을 배우려 했던 데 비하여 그는 두시의 올바른 격식을 제대로 배우려 애썼다. 곧 그는 시율을 제대로 지키면서 힘 있고 빼어난 시를 지으려 했던 것이다. 그 때문에 율시에 있어서는 스승인 황정견보다도 뛰어나다고 보는 이도 있다.[38] 그래서 방회는『영규율수』에서 황정견과 진사도를 "송시지관(宋詩之冠)"이라고도 말하였다. 보기로 그의 작품을 한편 든다.

등쾌재정(登快哉亭)

성은 맑은 강 따라 굽이지고,
샘 물은 어지러운 돌 사이를 흐른다.
저녁 해 땅 속으로 숨자마자,
저녁노을 벌써 산에 번지는데,
날아가는 새 어디로 가려는 것일까?

38) 元 方回『瀛奎律髓』; "後山律詩, 往往精於山谷也. 山谷宏大, 而古詩尤高, 後山嚴密, 而律詩尤高."

떠가는 구름은 그저 한가하기만 하네.
정자에 오른 흥취 다하지 않았는데,
어린 아이들은 돌아가려고만 하네.

城與淸江曲, 泉流亂石間.
성 여 청 강 곡 천 류 난 석 간
夕陽初隱地, 暮靄已依山.
석 양 초 은 지 모 애 이 의 산
度鳥欲何向? 奔雲亦自閒.
도 조 욕 하 향 분 운 적 자 한
登臨興不盡, 稚子故須還.
등 임 흥 부 진 치 자 도 수 환

진여의는 자를 거비(去非) 호는 간재(簡齋)라 하였으며 낙양(洛陽, 河南省)사람이다. 벼슬길이 별로 평탄하지 못하여, 북송이 망한 후 강남 지방을 떠돌아다녔다. 그러나 그는 나랏일을 걱정하고 그릇된 시세(時勢)를 가슴아파하는 감상이 보태어져 이 때 좋은 작품들을 많이 남겼다. 또 만년에는 벼슬이 한림학사(翰林學士)를 거쳐 참지정사(參知政事)에 이르렀는데, 황정견처럼 빼어나고 특이한 표현만을 추구하지 않고 자연스럽고도 솔직한 개성적인 시를 써서 강서시파의 새로운 다른 면모를 발전시켰다. 특히 만년의 비장한 격정이 깃든 작품들이 뛰어나다. 그의 오언율시를 보기로 한 수 든다.

도중한식(道中寒食)

몇 말의 녹이 내 행동 구속하니
떠다니는 구름도 내 삶 비웃겠네.
시로 흐르는 세월 벗하면서
꿈에도 공명은 이루려 하지 않네.
객지에서 돌아가는 기러기 만나기도 하고
시름 속에 어지러이 우는 꾀꼬리 소리 듣기도 하네.
버들 솜은 남의 속도 모른 채

바람 타고 더욱 가벼이 떠다니네.

斗粟淹吾駕, 浮雲笑此生.
두 속 엄 오 가 부 운 소 차 생
有詩酬歲月, 無夢到功名.
유 시 수 세 월 무 몽 도 공 명
客裏逢歸雁, 愁邊有亂鶯.
객 리 봉 귀 안 수 변 유 난 앵
楊花不解事, 更作倚風輕.
양 화 불 해 사 갱 작 기 풍 경

강서시파 시인들이 추구한 빼어나고 특이하면서도 억센 표현은 잘못하면 부자연스럽고 거칠어지기 쉬우며, '환골법'과 '탈태법'은 그대로 남의 작품의 표절에 그치기 쉽다. 따라서 여기에 논술한 작가들을 제하고는 강서시파도 적지 않은 폐단을 드러낼 수밖에 없었다. 어떻든 좀 더 성실하고 엄정히 빼어난 시를 지으려던 그들의 기본노력은 중국시 창작의 새로운 면을 개척하였다고 할 수 있다.

중국문학은 시를 중심으로 하여 발전하여 왔기 때문에 이상 논한 바와 같은 북송시대의 시의 발전은 시뿐만이 아니라 고문(古文)과 사(詞)까지도 합쳐 북송의 문학이 중국문학사상 최고의 수준으로 발전할 수 있게 하였던 것이다. 심지어 제10장에서 논할 민간연예(民間演藝)도 시의 발전을 바탕으로 하여 크게 성행하였다고 할 수 있다.

4. 고문(古文)의 발전

1) 북송 초 변려문(騈儷文)의 유행과 고문(古文)

당나라 후기에 한유·유종원 등이 산문에 있어서 그때까지 유행하고 있던 문장의 형식적인 아름다움을 추구하는 변려문(騈儷文)을 반대하고 고문으로 글을 짓자는 운동을 일으키어 세상에 고문이 상당히 유행하게 되었다. 그러나 변려문은 북송에 들어와서 서곤체(西崑體)의 시와 함께 상당히 행세하였다. 북송 초기의 대부분의 문인들은 문학 창작에 있어, 시와 산문의 차이만 있을 뿐, 모두 대우(對偶)와 전고(典故)의 사용에 힘쓰고 성조(聲調)의 해화(諧和)를 중시하며 아름다운 수사(修辭)를 추구하였다. '서곤체'를 대표하는 양억(楊億, 974-1020)·유균(劉筠, 971-1031)·전유연(錢惟演, 977-1034) 등은 동시에 산문에 있어서는 변려문의 대가이기도 하였다. 인종(仁宗)의 경력(慶曆, 1041-1048) 무렵부터 구양수가 '서곤체'의 시를 반대하고 그들의 '변려문'을 배척하여, 다시 고문을 내세우자 비로소 변려문의 추세가 오므라들었다.

고문운동의 성공으로 고문이 중국산문의 주류가 되었음에도 불구하고, 북송 시대에는 조정의 명령조책(命令詔冊)이나 사대부들 사이의 편지 및 축문(祝文)·상소문(上疏文) 같은 글에는 여전히 변려문체의 글이 쓰였다. 남송의 오자량(吳子良, 1240 전후)이 『임하우담(林下偶談)』에서 "본조의 사륙문(四六文)은 구양수가 첫째이고, 소식·왕안석은 다음 가는 작가이다."[39]라고 말하고 있을 정도로, 북송 고문의

39) "本朝四六, 以歐公爲第一, 蘇王次之."

대가들은 변려문인 '사륙문'도 잘 지었다. 그리고 구양수가 『귀전록(歸田錄)』에서 양억(楊億)을 평하여 "진실로 일대의 문호이다"고 말하고 있는 것을 보면, 그의 학문을 바탕으로 한 시문의 능력에 존경하는 마음을 지니고 있었음이 확실하다. 북송 시대에 와서 고문이 산문의 주종으로 확정되었으면서도 변려문의 명맥도 끊이지는 않았던 것이다.

그러나 실상은 북송 초에도 한편으로 고문이 상당한 수준으로 계승되고 있었다. 앞에 얘기한 '서곤체'의 대가들에 앞서 왕우칭(王禹偁, 954-1001)·위야(魏野, 960-1019)·구준(寇準, 961-1023)·임포(林逋, 967-1028) 등이 서곤체와는 다른 질박(質朴)하고 청신(淸新)한 시들을 지었고, 유개(柳開, 948-1001)·왕우칭 같은 사람들이 산문으로 고문을 내세웠다. 그리고 이들을 뒤이어 목수(穆修, 979-1032)·범중엄(范仲淹, 989-1052)·손복(孫復, 992-1057)·윤수(尹洙, 1001-1047)·석개(石介, 1005-1045) 같은 사람들도 모두 고문을 중시하였다.

특히 유개는 한유와 유종원을 흠모한 나머지 이름을 초유(肖愈), 자를 소원(紹元)이라고 바꾸고 고문을 받들었다. 그는 이런 말을 하고 있다.

> "문장이란 도(道)를 잡아 담는 통발이나 같은 것이니, 통발을 함부로 만들 수 있겠는가? 통발이 좋지 않으면 잡혔던 것도 잃게 된다. …… 글이란 표현이 이치보다도 화려한 게 나쁜 것이지, 이치가 표현보다 화려한 것은 나쁜 게 아니다."[40]

이러한 유개의 고문론은 한유의 이론을 계승한 것이며, 도학적(道

40) 柳開「上王學士第三書」; "文章爲道之筌也, 筌可妄作乎? 筌之不良, 獲斯失矣. ……文惡辭之華於理, 不惡理之華於辭也." (『河東集』 권5)

學的)인 경향을 지닌 다른 고문론자들에게도 큰 영향을 끼쳤다.

유개에서 석개에 이르는 북송 초 고문론의 요점은 대체로 문장이란 도(道)를 밝히기 위한 수단이며 어짊(仁)과 의로움(義)의 교화(教化)를 위한 효용이 있어야만 한다는 명도(明道)와 치용(致用)으로 집약되고 있다. 석개의 다음 글만 읽어보아도 한유에게서 출발하여 더욱 발전한 "문이재도(文以載道)"의 개념을 짐작하게 되리라 믿는다.

> "그러므로 음양(陰陽)은 문장의 본체요, 삼강(三綱)은 문장의 형상이오, 오상(五常)은 문장의 바탕이오, 구주(九疇)[41]는 문장의 분수요, 도덕(道德)은 문장의 근본이오, 예악(禮樂)은 문장의 수식이오, 효제(孝悌)는 문장의 아름다움이오, 공업(功業)은 문장의 형용이오, 교화(敎化)는 문장의 밝음이오, 형정(刑政)은 문장의 기강이오, 호령(號令)은 문장의 소리인 것이다.[42]

따라서 이들이 유미주의적인 서곤체와 변려문을 반대한 것은 당연한 일이라 할 것이다. 북송 시대에 와서 한유에 대한 숭앙이 눈에 띄게 드러나는 것도 명도치용론(明道治用論) 때문일 것이다. 석개는 이렇게 한유를 찬양하고 있다.

> "공자가 성인으로서 지극한 분이라면 한유는 현문(賢文)으로서 지극한 분이다. 몇 만 몇 억 년 지나야 다시 공자 같은 이가 나올지 알 수 없고, 몇 백 몇 천 년 지나야 다시 한유 같은 이가 나올지 알 수 없다. 공자의 역

---

41) 九疇; 『書經』 洪範편에 보이는 아홉 가지 원리로 五行·敬用五事·農用八政·協用五紀·建用皇極·乂用三德·明用稽疑·念用庶徵·嚮用五福과 威用六極의 아홉 가지를 가리킨다.

42) 石介 「上蔡副樞書」; "故兩儀文之體也, 三綱文之象也, 五常文之質也, 九疇文之數也, 道德文之本也, 禮樂文之飾也, 孝悌文之美也, 功業文之容也, 教化文之明也, 刑政文之綱也, 號令文之聲也." (『徂徠集』 上)

> (易)·춘추(春秋)는 성인 이래로 미증유의 것이며, 한유의 원도(原道)·원인(原人)·원훼(原毁)·불골표(佛骨表)는 제자(諸子) 이래로 미증유(未曾有)의 것이다. 아아! 지극하도다!"[43]

이러한 한유에 대한 존숭은 사상적으로는 유학의 도통론(道統論)을 높이 산 때문이고, 문학적으로는 그의 고문운동으로 문통(文統)을 세우려 한 때문이다. 따라서 한유의 존숭은 북송 일대를 통하여 산문뿐만이 아니라 시에 있어서까지도 큰 영향을 끼치게 된다. '도'의 추구로 말미암아 시인들도 세상과 인간의 본원적인 문제에서 시작하여 세상일과 사람들의 생활 및 자기의 존재 같은 문제까지도 생각하며 시를 읊게 된 것이다. 도학(道學)은 말하자면 북송의 새로운 문학을 사상적으로 뒷받침해 준 것이다. 목수는 이런 말을 하고 있다.

> "당대의 문장은 처음에는 주(周)·수(隋)·오대(五代)의 기풍에서 벗어나지 못하였는데, 중간에 이백·두보 같은 대가의 재능으로 비로소 뛰어날 수 있었다고 일컬어지고 있으나 시가(詩歌)에 있어서만 뛰어났지 도(道)를 다 제대로 갖추지는 못했었다. 한유·유종원이 나온 이후에야 옛 사람들과 같은 문장을 크게 써낼 수 있어서, 그들의 말과 어짊·의로움이 서로 꽃과 열매처럼 어울려 잡되지 않게 되었다."[44]

곧 이백과 두보도 명도(明道)의 입장에서 보면 불만족스러운 수준

---

43) 石介「尊韓」; "孔子爲聖人之至, 韓吏部爲賢文之至. 不知更幾千萬億年復有孔子, 不知更幾千百年復有吏部. 孔子之易·春秋, 聖人來未有也; 吏部原道·原人·原毁·佛骨表, 自諸子以來未有也. 嗚呼, 至矣!"

44) 穆修「唐柳先生文集後序」; "唐之文章, 初未去周·隋·五代之氣, 中間稱得李·杜, 其才始用爲勝, 而號專雄歌詩, 道未極其渾備. 至韓·柳氏起, 然後能大吐古人之文, 其言與仁義相華實而不雜."

이고, 한유·유종원에 이르러서야 어느 정도 이상적인 문학이 이루어졌다는 것이다. 그리고 그들을 바탕으로 북송 문학이 발전한 것이다.

북송 초 이들의 고문운동은 논리에 있어서도 당당하고 정열도 대단한 것이었다. 그러나 이들의 힘만으로는 세상에 행해지고 있는 유미주의의 기풍을 바로잡지는 못하였다. 오히려 그 당시에는 고문을 내세우는 사람들을 비판하며 이상한 사람들로 대우하는 사람들도 적지 않았다. 그 위에 이들은 대부분이 도학자(道學者)들이어서, 논리적인 능력에는 뛰어났지만 문학의 창작에 있어서는 '서곤파'에 견줄 만한 업적을 내지 못하였다. 따라서 한유와 유종원의 고문운동과 유개·석개 같은 사람들의 고문론이 다시 빛을 발하여 서곤파의 풍조를 깨끗이 씻어내고 고문운동을 완성시키기 위해서는 구양수라는 문호의 출현을 기다려야만 하였다.

2) 구양수(歐陽脩)와 고문

구양수(1007-1072)는 자가 영숙(永叔)이고 호는 취옹(醉翁) 또는 육일거사(六一居士)라 하였으며 여능(廬陵, 江西省 吉安) 사람이다. 구양수는 고문뿐만이 아니라 시·사에 있어서까지도 북송의 특징 있는 문학을 이룩하는데 공헌한 문호이다. 그는 이론에만 그치지 않고 실제로 창작을 통해서도 고문의 우미(優美)함을 증명한 대가이다. 그는 고문은 말할 것도 없고 시·사·부는 물론 변려문에 있어서까지도 그 시대의 가장 뛰어난 작가였기 때문에, 그의 문학론에 찬동하건 않건 간에 모두가 그의 문학에는 감복하였고, 아무도 그의 작품을 놓고 왈가왈부할 수가 없었다. 그가 한 시대 문학의 방향을 결정하는 역할을 담당할 수 있었던 것은 당연한 추세였다. 그는 문단의 맹주(盟主)였을 뿐만이 아니라 정치적으로도 참지정사(參知政事)까지 지낸 정치가들의 영도자였고, 학술적으로도 이제까지의 학문 경향과는 다른『모시본의(毛詩本義)』·『역동자문(易童子問)』등의 저술을 내어 북송 시대 학술을 새로운 방향으로 이끈 대학자였다.

구양수는 일찍이 고문가인 윤수(尹洙, 1001-1047)와 시인 매요신(梅堯臣, 1002-1060) 등을 사귀면서 문학개혁의 터전을 넓혀갔고, 인종(仁宗) 가우(嘉祐) 2년(1057)에는 지공거(知貢擧)가 되어 과거를 관장하면서 소박하고 간명한 고문으로 답안을 쓴 이들만을 진사(進士)로 뽑고, 속없이 화려하기만 하거나 기이한 표현에만 힘쓴 글들은 모두 낙제시켰다. 이 때문에 조야(朝野)에서는 한 때 의론이 분분하였으나 구양수는 소신을 굳게 지키어 한 시대의 과거 시험 평가 방향을 바로잡고, 아울러 문학풍조를 개혁하는데 크게 공헌하게 되었다. 왕안석(王安石, 1021-1086)·증공(曾鞏, 1019-1083)·소식(蘇軾, 1037-1101)·소철(蘇轍, 1039-1112) 같은 고문 대가들은 모두 구양수의 그러한 문학이념을 따른 사람들이었다. 구양수는 이처럼 그 시대의 정치적 학술적 거목이면서 문단의 맹주(盟主)의 지위를 확보하였기 때문에, 그 시대의 명사들과 교류하고 많은 대가들을 문하에 배출하여 고문운동을 완성하고 북송의 문학을 개혁 발전시킬 수가 있었던 것이다.

그의 고문론은 명도(明道)와 치용(治用)을 근거로 한 석개 등의 이론을 계승 발전시킨 것이었다. 그는 이렇게 말하고 있다.

> "대체로 도에 뛰어난 사람은 문장이 어렵지 않게 스스로 이르게 된다."[45]
> "도가 순수하게 되면 속에 차 있는 게 충실하게 되고, 속이 충실하면 문

---

45) 歐陽修「答吳充秀才書」; "大抵道勝者, 文不難而自至也."

장으로 드러나는 것이 번쩍번쩍 빛나게 된다."[46]

곧 그는 도통(道統)과 문통(文統)을 합일시키려는 것이었다. 위의 "문장"이라 번역한 문(文)은 문식(文飾)으로 옮겨도 좋을 것이다. 따라서 그는 '문'보다는 '도'를 더 중시하였지만, 이전의 석개 같은 사람들보다는 훨씬 '문'의 가치를 높이 보고 있는 것이다. '도'가 본질적인 것이기는 하지만, 그것이 아름다운 형식인 '문'도 아울러 갖추고 있을 때 더욱 빛을 발하는 것이라 생각했던 것이다.

'명도'는 '치용'을 위한 것이기 때문에 그는 「붕당론(朋黨論)」·「상고사간서(上高司諫書)」 등의 정론문(政論文)들도 남기고 있다. 그의 정론문은 사상적인 입장이 분명한 위에 논리가 명쾌하고 빈틈이 없어 대단한 설득력을 느끼게 한다. 그의 글은 논리면에 있어서 뿐만 아니라 서정(抒情)과 사물(寫物)에 있어서도 독특한 경지를 보여주고 있다. 특히 「석비연시집서(釋秘演詩集序)」·「소씨문집서(蘇氏文集序)」 같은 많은 시문집의 서문을 보면, 죽은 친구나 옛 일에 대한 추억 또는 그들과 얽힌 정치적 문학적 상황의 서술 같은 데에 글 쓴 이의 정감이 살아 움직이고 있어 읽는 이들로 하여금 큰 감동을 느끼게 한다. 그리고 특히 그는 「유미당기(有美堂記)」·「풍락정기(豐樂亭記)」·「현산정기(峴山亭記)」 같은 잡기(雜記)에서 산문의 극치를 보여주고 있다. 보기로 유명한 「취옹정기(醉翁亭記)」를 한편 읽어보자.

> 저주(滁州)를 두르고 있는 것은 모두가 산이다. 그 서남쪽 여러 봉우리와 숲과 골짜기가 특히 아름답다. 그 쪽을 바라볼 때 나무가 우거지고 깊이 빼어나 있는 것이 낭야산(瑯琊山)이다.

46) 歐陽修「答祖擇之書」; "道純則充於中者實, 中充實則發爲文者輝光."

산 속으로 6, 7리를 가면 점점 물소리가 뚜렷해지다가, 철철 두 봉우리 사이에서 흘러나오고 있는 것이 양천(釀泉)이다. 봉우리를 감싸고 길을 감돌아 가면 정자가 있어, 나는 듯이 샘물 위에 솟아 있는 것이 취옹정(醉翁亭)이다. 정자를 지은 사람은 누구인가? 산 속의 중 지선(智僊)이다. 정자에 이름을 붙인 사람은 누구인가? 태수(太守) 스스로 그렇게 부른 것이다. 태수가 손님들과 이곳에 와서 술을 마시게 되면, 조금 마셔도 언제나 취했고 또 나이는 그 자신이 가장 많았기 때문에 스스로 취옹이라 호를 지었다. 취옹의 뜻은 술에 있는 게 아니고 실은 산수의 아름다움에 있었다. 산수의 즐거움을 마음으로 터득하면서 그것을 술에 기탁하였던 것이다.

만약 해가 나오면 숲 속의 안개 걷히고, 구름이 되돌아오면 바위 동굴 어두워지고 하여, 어두움과 밝음이 변화하는 것은 산 속의 아침과 저녁이다. 들의 꽃이 피어 그윽한 향기가 퍼지고, 아름다운 나무가 높이 자라 무성한 녹음이 생기고, 바람이 높은 하늘에 불며 서리가 깨끗이 내리고, 물이 줄어들어 바위가 물위로 솟아나는 것은 산간의 사철이다. 아침에 나갔다고 저녁에 돌아오곤 하는데, 사철 따라 경치 다르고 즐거움 또한 무궁하다.

짐을 진 자들도 길을 가면서 노래 부르고 길 가던 사람은 나무 아래서 쉬기도 하면서, 앞서 가는 자가 소리쳐 부르면 뒤에 가는 자가 응답하고, 서로 몸을 굽혀 손을 잡고 끌어 주며 오고 가는 사람들이 끊이지 않는 것은 저주(滁州) 사람들이 움직이는 모습이다. 시냇가에서는 물고기를 잡는데 물은 깊고 고기는 살이 쪄 있다. 샘물로 술을 담그니, 샘물이 맑고 차서 술이 향기롭다. 산나물에 들 푸성귀 곁들여 어지럽게 안주를 앞에 벌여 놓은 것은 태수가 베푸는 잔치 상 모습이다.

잔치 자리에서 즐기는 데에는 현악기나 관악기가 필요 없다. 활쏘기 하는 자들은 과녁을 맞히려 하고 장기 두는 자들은 서로 이기려 하며, 큰 쇠뿔 벌주잔과 술잔을 헤아리는 산가지가 어지럽게 뒤섞여 있고, 일어섰다 앉았다 왁자지껄 떠드는 것은, 모인 손님들이 즐거워하는 모습이다. 붉은 얼굴에 머리는 흰 한 늙은이 하나가 그 가운데 쓰러져 있는 것은 주인인 태수가 취한 모습이다.

어느새 저녁 해가 산에 걸리고 사람들의 그림자도 하나둘 어지러이 흩어지는 것은 태수를 따라 손님들이 돌아가는 것이다. 숲에 저녁 그늘이 드리워지고 새들의 울음소리만 여기저기서 들려오니 이제 사람들이 가버리자 새들이 즐기는 것이다. 그런데 새들은 산 숲 속에서 노는 즐거움은 알아도 사람들의 즐거움은 모르고, 사람들은 모두 태수를 따라 놀며 즐거워할 줄은 알아도 태수가 모든 그러한 즐거움을 자신의 즐거움으로 삼고 있다는 것은 알지 못하리라.

술이 취하여서는 그들과 즐거움을 같이 하고, 술이 깨어서는 글로 그것을 쓸 줄 아는 이는 태수이다. 태수는 누구를 말하는가? 바로 여릉(廬陵)의 구양수(歐陽修)이네.

環滁皆山也. 其西南諸峯, 林壑尤美, 望之蔚然而深秀者, 瑯琊也.

山行六七里, 漸聞水聲, 潺潺而瀉出于兩峯之間者, 釀泉也. 峯回路轉有亭, 翼然臨于泉上者, 醉翁亭也. 作亭者誰? 山之僧智僊也. 名之者誰? 太守自謂也. 太守與客來飮于此, 飮少輒醉, 而年又最高, 故自號曰醉翁也. 醉翁之意, 不在酒, 在乎山水之間也. 山水之樂, 得之心, 而寓之酒也.

若夫日出而林霏開, 雲歸而巖穴暝, 晦明變化者, 山間之朝暮也. 野芳發而幽香, 佳木秀而繁陰, 風霜高潔, 水落而石出者, 山間之四時也. 朝而往, 暮而歸, 四時之景不同, 而樂亦無窮也.

至於負者歌于塗, 行者休于樹, 前者呼, 後者應, 傴僂提攜, 往來而不絶者, 滁人遊也. 臨溪而漁, 溪深而魚肥, 釀泉爲酒, 泉冽而酒香. 山肴野蔌, 然而前陳者, 太守宴也.

宴酣之樂, 非絲非竹. 射者中, 奕者勝, 觥籌交錯, 起坐而諠譁者, 衆賓歡也. 蒼顔白髮, 頹乎其間者, 太守醉也.

已而夕陽在山, 人影散亂, 太守歸而賓客從也; 樹林陰翳, 鳴聲上下, 人去而禽鳥樂也. 然而禽鳥知山林之樂, 而不知人之樂; 人知從太守遊而樂, 而不知太守之樂其樂也.

醉能同其樂, 醒能述以文者, 太守也. 太守謂誰? 廬陵歐陽修也.

구양수의 고문은 쉽고 분명하면서도 이전의 어떤 문장과도 다른 독특한 분위기를 느끼게 한다. 이러한 창조적인 문재(文才)는 부(賦)에 있어서도 이전의 부가 지닌 엄격한 격률과 형식을 무너뜨리고 새로운 산문 형식의 작품을 써냈다. 이를 문부(文賦)라 하는데 '문부'의 창작도 북송문학의 특징 중의 하나이다. 「추성부(秋聲賦)」와 「명선부(鳴蟬賦)」 등이 구양수의 대표작이며, 소식이 「적벽부(赤壁賦)」를 쓰면서 '문부'의 문학적인 자리를 확고히 하였다. 황정견과 소철 ··

장뢰 등도 '문부'의 좋은 작품을 남기고 있다.

그리고 시에 있어서도 시의 표현을 더욱 평담화(平淡化)·산문화시키고 있으니, 그의 문학개혁은 고문운동이 전체적인 바탕이 되어 주었다고 할 수 있다. 소식은 구양수의 「육일거사집서(六一居士集序)」에서 그의 문장에 대하여 이렇게 평하고 있다.

> "한(漢)나라 이래로 도술(道術)이 공자로부터 나오지 않아 천하고 혼란해진 경우가 많았다. 진(晋)나라는 노장사상(老莊思想) 때문에 망하였고, 양(梁)나라는 불교로 망하였으되, 아무도 이를 바로잡지 못하였다. 500여 년 뒤에야 한유가 나왔다. 학자들은 한유를 맹자에 짝지어 말하는데 거의 옳은 일이다. 한유 뒤로 300여 년 만에 구양수가 나왔다. 그의 학문은 한유·맹자를 밀고 올라가 공자에 이르고 있다. ……"[47]

구양수가 이처럼 공자·맹자·한유로 이어지는 문통(文統)의 계승자로 인정받았던 것도, 고문을 중심으로 한 그의 새로운 북송문학의 건설의 공로 때문이었다.

구양수를 뒤이어 송대 육대가(六大家)라 일컬어지는 사람들이 나와 고문운동을 완성시키고, 한유·유종원과 함께 고문의 당송팔대가(唐宋八大家)라 불리게 된다. 다만 이들 '육대가'의 문장 풍격은 제각기 차이가 있다. 증공(曾鞏, 1019-1083, 字 子固)은 건창(建昌) 남풍(南豐, 江西省 黎川縣 서쪽) 사람인데, 그의 글은 일찍이 구양수에게 인정을 받았다.[48] 그의 고문은 주희(朱熹, 1130-1200)가 "증공의 문장은 확

47) 自漢以來, 道術不出於孔子, 而亂天下者多矣. 晋以老莊亡, 梁以佛亡, 莫或正之. 五百餘年而後得韓愈. 學者以愈配孟子, 蓋庶幾焉. 愈之後三百有餘年, 而後得歐陽子. 其學推韓愈·孟子, 以達孔子. ……

48)『宋史』曾鞏傳; "年十二試作六論, 援筆而成. 甫冠, 名聞四方, 歐陽修見其文奇之. 中嘉祐二年進士."

실하다"[49]고 평했을 정도로 표현이 정확하고 논리에 빈틈이 없는 전아(典雅)하고 평실(平實)한 특징을 지니고 있다. 소순(蘇洵, 1009-1066)은 자가 명윤(明允)이며 미주(眉州) 미산(眉山, 四川省) 사람으로 그의 글은 고고(高古)하고 간경(簡勁)하며, 그의 두 아들 소식(蘇軾)·소철(蘇轍)의 문학창작의 바탕이 되었다.

소식(1037-1101)은 자가 자첨(子瞻)이고 호는 동파(東坡)이다. 그의 글은 구양수를 배우고 이어받아 여러 방향으로 달리며 변화하여 고문의 극치를 이루었다 할 경지에 이르렀다. 보기로 그가 구양수의 문부(文賦) 창작을 이어받아 쓴「전적벽부(前赤壁賦)」를 읽어보기로 한다.

> 임술(壬戌)년 가을 칠월 열엿새 날에 나는 객과 더불어 배를 띄우고 적벽(赤壁) 아래에서 놀았다. 맑은 바람은 서서히 불어오고 물결도 별로 일지 않고 있었다. 술잔을 들어 손님에게 권하며『시경(詩經)』의 월출(月出) 시를 읊조리고 요조(窈窕) 시를 노래하는데, 곧 달이 동산 위로 솟더니 북두성(北斗星)과 견우성(牽牛星) 사이를 배회하고 있다.
>
> 흰 이슬이 강물 위에 비껴 내리고 물빛은 하늘에 닿아 있다. 한 조각 작은 배를 가는 대로 내어몰며 망망한 만경창파를 건너가니, 넓고도 넓은 허공에 의지하여 바람을 몰고 가는 듯이 그 머무를 곳을 모르겠고, 훌쩍 떠올라 세상을 버리고 홀로 우뚝 솟아서, 날개 돋아나 신선이 되어 날아다니는 듯하다. 이에 술 마시고 매우 즐거워서 뱃전을 두드리며 노래를 불렀다.
>
> "계수나무 노와 목란(木蘭) 상앗대로 물에 비친 달빛을 치며 흐르는 강물을 거슬러 올라가는데,
>
> 넓고 아득한 나의 마음속에 하늘 저쪽에 있는 임이 그리워지네."
>
> 손님 중에 퉁소 부는 사람이 있어 노래에 맞춰 반주하니, 그 소리 구슬퍼서 원망하는 듯 사모하는 듯 흐느끼는 듯 하소연하는 듯, 퉁소가락 가냘프고 길게 이어져 실 가닥처럼 끊어지지 않으니, 깊은 골짜기 물속에 잠

49) 朱熹『朱子語類』.

겨 있는 용을 일어나 춤추게 하고, 외로운 배안의 과부를 울릴 것만 같네.

나는 얼굴빛을 바꾼 뒤 옷깃을 여미고 고쳐 앉으며 객에게 물었다.

"어째서 이토록 슬프오?"

손님이 대답하였다.

"'달 밝고 별은 드문데 까막까치가 남쪽으로 날아가네.'하고 읊은 것은 옛날 조조(曹操)의 시가 아니오? 서쪽으로 하구(夏口)를 바라보고 동쪽으로 무창(武昌)을 바라보니 산과 강물이 뒤엉킨 중에 나무는 울창하게 우거져 있는데, 이곳이 옛날 조조가 주유(周瑜)에게 곤욕을 치렀던 그곳이 아니오?

그가 막 형주(荊州)를 격파하고 강릉(江陵)으로 내려와 물결 따라 동쪽으로 내려갈 때에는, 큰 배들이 꼬리를 물고 천리 길이로 이어져 있고 그의 깃발은 하늘을 뒤덮고 있을 때, 강물을 대하여 술잔을 기울이며 긴 창 비껴들고 시를 읊었었으니 참으로 일세(一世)의 영웅이었소! 그러나 지금 그는 어디에 있소?

하물며 나와 그대는 강가에서 고기 잡고 나무하며 물고기 새우들과 짝하고 고라니 사슴들과 벗하며, 일엽편주를 타고 쪽박 술잔을 들어 서로 권하며 하루살이 같은 목숨으로 천지간에 붙어 있으니, 망망한 바다 속의 한 알 좁쌀 같은 존재요. 우리 삶이 잠깐임이 슬프고 장강(長江)은 끝없음이 부럽기만 하오. 날아다니는 신선들과 어울려 즐거이 놀고 밝은 달을 안고 오래오래 살고 싶으나, 쉽사리 될 수 있는 일이 아님을 깨닫고 서글픈 가락을 슬픈 가을바람에 실어 본 거라오."

내가 말하였다.

"당신도 저 물과 달을 알고 있지요? 가는 것은 이와 같이 쉬지 않고 흘러가고 있지만 완전히 가버린 일은 없소. 차고 일그러지는 것은 저 달과 같지만 끝내 없어지지도 더 늘어나지도 않고 있소.

변한다는 관점에서 보면 천지간에는 한순간도 변하지 않는 것이 없고 변하지 않는다는 관점에서 보면 만물과 나는 모두 무궁한 것이오. 그런데 또 무엇을 부러워하오?

게다가 하늘과 땅 사이의 모든 사물은 각기 그 주인이 있어서 나의 것이 아니면 털끝 하나라도 취할 수 없지만, 오직 강 위에 부는 맑은 바람과 산 사이에 뜨는 밝은 달은 귀로 들으면 소리가 되고 눈에 넣으면 색깔을 이룩하는데, 이것들은 가져도 막는 사람이 없고 아무리 써도 없어지지 않소. 이는 조물주가 주신 무진장의 것이어서 나와 당신이 함께 즐기고 있는 것이오."

손님은 기뻐 웃으며 잔 씻어 다시 술을 따르는데, 안주는 이미 바닥나서 술잔과 쟁반만이 어지러이 흩어져 있다. 서로를 베개 삼고 배 안에 누우니 동녘이 이미 밝아오고 있다는 것도 모를 지경이었다.

壬戌之秋七月旣望, 蘇子與客, 泛舟遊於赤壁之下.

淸風徐來, 水波不興. 擧酒屬客, 誦明月之詩, 歌窈窕之章.

少焉, 月出於東山之上, 徘徊於斗牛之間, 白露橫江, 水光接天. 縱一葦之所如, 凌萬頃之茫然,

浩浩乎如憑虛御風而不知其所止, 飄飄乎如遺世獨立, 羽化而登仙.

於是飮酒樂甚, 扣舷而歌之.

歌曰;

桂棹兮蘭槳, 擊空明兮泝流光. 渺渺兮余懷, 望美人兮天一方.

客有吹洞簫者, 倚歌而和之, 其聲嗚嗚然, 如怨如慕, 如泣如訴,

餘音嫋嫋, 不絶如縷, 舞幽壑之潛蛟, 泣孤舟之嫠婦.

蘇子愀然正襟, 危坐而問客曰; 何爲其然也?

客曰; 月明星稀, 烏鵲南飛. 此非曹孟德之詩乎?

西望夏口, 東望武昌, 山川相繆, 鬱乎蒼蒼. 此非孟德之困於周郎者乎?

方其破荊州下江陵, 順流而東也, 舳艫千里, 旌旗蔽空.

釃酒臨江, 橫槊賦詩, 固一世之雄也, 而今安在哉?

況吾與子, 漁樵於江渚之上, 侶魚鰕而友麋鹿. 駕一葉之扁舟, 擧匏樽以相屬,

寄蜉蝣於天地, 渺滄海之一粟. 哀吾生之須臾, 羨長江之無窮,

挾飛仙以遨遊, 抱明月而長終. 知不可乎驟得, 託遺響於悲風.

蘇子曰; 客亦知夫水與月乎? 逝者如斯, 而未嘗往也; 盈虛者如彼, 而卒莫消長也.

蓋將自其變者而觀之, 則天地曾不能以一瞬; 自其不變者而觀之, 則物與我皆無盡也. 而又何羨乎?

且夫天地之間, 物各有主. 苟非吾之所有, 雖一毫而莫取;

惟江上之淸風, 與山間之明月, 耳得之而爲聲, 目寓之而成色, 取之無禁, 用之不竭.

是造物者之無盡藏也, 而吾與子之所共樂.

客喜而笑, 洗盞更酌. 肴核旣盡, 盃盤狼藉. 相與枕藉乎舟中, 不知東方之旣白.

그는 「답사민사서(答謝民師書)」에서 자신의 문장에 대하여 스스로 이렇게 큰 소리를 치고 있다.

> "대략 떠가는 구름과 흘러가는 물 같아서 처음에는 정해진 성질이 없지만, 오직 당연히 가야만 할 곳으로 늘 가고, 멈추지 않으면 안 될 곳에서 늘 멈춘다. 글의 논리는 자연스럽고 여러 가지 모습이 언제고 들어난다."[50]

자기가 추구하는 문장의 실상을 쓴 것이라 할 수도 있을 것이다. 어떻든 소식은 글이라면 '좋은 금과 아름다운 옥(精金美玉)' 같아야 한다고 생각하였다. 『송사(宋史)』 소식전(蘇軾傳)에서는 다음과 같이 소식의 문장을 평하고 있다.

> "그의 문체는 모든 것을 감싸며 빛을 발하여 웅시백대(雄視百代)하니, 문장이 있은 이래로 매우 드문 일이다."[51]

극도의 칭송이다. 따라서 남송 때에는 "소식의 글만 익히면 과거는 문제없다."[52]는 말이 유행했다 한다. 그의 아우 소철(蘇轍, 1039-1112)은 자가 자유(子由)이고, 형의 명성에 가려진 것 같은 느낌을 주나 역시 법도 있고 때로는 빼어난 기상을 느끼게 하는 좋은 글을 썼다. 왕안석(王安石, 1021-1086)은 자가 개보(介甫)이고 호는 반산(半山)이며 무주(撫州) 임천(臨川, 江西省) 사람이다. 형공(荊公)에 봉작(封爵)되었으나, 신법의 추진 때문에 많은 비판을 받았다. 그는 간결하고도

50) 蘇軾 「答謝民師書」; "大略如行雲流水, 初無定質, 但常行于所當行, 常止于所不可不止. 文理自然, 姿態橫生."

51) "其體渾涵光芒, 雄視百代, 有文章以來, 蓋亦鮮矣."

52) 陸游 『老學庵筆記』; "蘇文熟, 秀才足."

깨끗하면서 정력적이고 힘 있는 가장 특출한 고문을 썼다. 이들 '육대가'의 개성 있는 고문을 통해서 고문운동은 커다란 결실을 이루게 되는 것이다.

3) 도학(道學)과 고문

북송시대에 들어와 고문이 중국 산문을 대표하는 문체로 확정된 것은 학술과 사상면에서 볼 적에는 '도학'이라고 하는 새로운 유학의 성행에 크게 힘입었다. 북송 도학의 발전에 대하여는 이미 앞의 '제8장'에서 자세히 얘기하였다. 그들은 글이란 올바른 도리를 표현하는 수단에 불과한 것이니, 문장을 잘 꾸미려 하는 것 같은 것은 쓸데없는 짓이라 생각하였다. 주돈이(周敦頤, 1017-1073)가 『통서(通書)』에서 이렇게 말하고 있다.

> "글이란 도(道)를 싣는 수단이다. 수레바퀴나 멍에에는 장식을 해도 소용이 없고 공연한 장식이 될 뿐인데, 하물며 빈 수레에랴! 문사(文辭)란 기예(技藝)이고 도덕(道德)은 실질(實質)인 것이다. ……도덕에 힘쓸 줄은 모르고 다만 문사를 능사로 삼는 사람은 기예에 그칠 따름이다."[53]

북송 초 고문운동을 주도한 손복(孫復, 992-1057) · 석개(石介, 1005-1045) 등도 성리학의 선구자들이었기 때문에 고문론으로 모두 "도를 밝힐 것(明道)"을 내세웠다. 보기로 손복의 글을 한 대목 인용한다.

> "문(文)이라는 것은 도(道)의 쓰임이며, '도'라는 것은 교(敎)의 근본이

53) 『通書』 文辭篇; "文所以載道也. 輪轅飾而弗庸, 徒飾也, 況虛車乎! 文辭藝也, 道德實也. …不知務道德而第以文辭爲能者, 藝焉而已."

> 다. 그러므로 '문'을 지을 적에는 반드시 마음으로 터득한 것을 말로서 그 것을 이룩하는 것이다."[54]

이들의 "글이란 도를 싣는 수단(文以載道)"이란 이론은, 이전의 양(梁)나라 유협(劉勰, 464?-520)의 『문심조룡(文心雕龍)』 원도(原道)편에 근거를 두고 가까이는 당나라 한유(韓愈)의 "글이란 도를 관통하는 기구(文者貫道之器)"[55]라는 생각을 계승한 것이다. 그리고 직접적으로는 당대 한유가 고문을 주장하면서 함께 내세운 도론(道論)을 계승한 것이다. 따라서 북송 시대에 성행한 고문은 '도'를 글을 쓰는 정신으로 가장 중시하였음은 더 말할 것도 없다. 그러나 일부 도학자(道學者)들은 이미 북송시대에도 이(理)를 밝히지 못하는 글을 짓는 것은 '도'를 해치는 쓸데없는 짓이라고 주장하며 한유의 문학하는 태도조차 비평의 대상으로 삼았다. 정이(程頤)는 이런 주장을 하고 있다.

> "한유는 만년에 글을 짓는 데에 있어 터득한 바가 매우 많았다. 학문이란 본시 덕을 닦는 것이어서, 덕이 있은 연후에야 할 말이 있게 되는 것임으로, 한유는 거꾸로 공부한 셈이다."[56]

한유가 공부를 거꾸로 했다고 보는 것은 결국 그 공부의 성과도 대단치 않은 것으로 보는 말이 된다. 남송의 주자학(朱子學)에 가서는 그러한 경향이 더욱 뚜렷해진다. 주희(朱熹)는 심지어 "글이란

---

54) 孫復 「答張洞書」(『孫明復小集』 所載).

55) 李漢의 「昌黎先生諱愈文集序」에 보이는 말임.

56) 『二程遺書』 권18 ; "退之晩來爲文, 所得處甚多. 學本是修德, 有德然後有言, 退之却倒學了."

'도'를 관통하는 기구"라고 한 한유 일파의 고문관(古文觀)까지도 비판하였다.

> "글이란 모두가 '도' 가운데로부터 흘러나오는 것인데, 어찌 글이 반대로 '도'를 관통할 이치가 있겠는가? 글은 글이고, 도는 도이다. 글이란 오직 밥 먹을 때의 반찬이나 같은 것이다. 만약 글로써 도가 관통된다면, 또한 근본을 말단이라 하고 말단을 근본이라 하는 게 되는데, 될 일이겠는가?"[57]

곧 도는 근본적이고 절대적인 것인 데 비하여, 글이란 말단적이고 부수적인 것에 불과하다는 것이다. 이어서 주희는 구양수(歐陽脩)·소식(蘇軾)의 문장에 대하여 높이 평가를 하면서도, 도학(道學)의 입장에서 이들의 부족한 점을 비평하고 있다. '도학'이 주자학으로 발전하면서 '도'에 관한 기본 개념이 더욱 엄격해지는 것이다.

도학자들은 문장의 형식이야 어떻든 간에 거기에 올바른 도리만이 잘 표현되어 있으면 그만이라 생각하였다. 그래서 저서로는 그들의 말을 그대로 옮겨 책으로 엮은 어록(語錄)도 성행하였다. 글을 쓰는 데 있어서 '도' 이외의 것을 생각하는 것은 오히려 마음을 어지럽히고 흐리게 하는 짓이라고까지 여겼다. 주자학에 가서는 문학을 대하는 태도가 부정적이라고까지 말할 수 있는 정도로 발전하고 있다.

어떻든 북송시대에는 도학이 발전하여 글을 쓰는 데 있어서까지도 '도'를 중시하였기 때문에 문학자들은 자연스럽게 글을 쓸 적에

---

57) 『朱子語類』 권139 論文上; "這文皆是從道中流出, 豈有文反能貫道之理? 文是文, 道是道. 文只如吃飯時下飯耳. 若以文貫道, 却是把本爲末, 以末爲本, 可乎?"

수사(修辭)를 중시하는 '변려문'을 내치고 고문에 빠져들게 되었다. 그리고 '도'의 사상은 사실과 논리를 중시하도록 하기 때문에 한 층 더 고문을 발전하도록 밀어주고, 문학으로서의 고문 창작을 더욱 성행하게 하였던 것이다. 북송 고문의 발전은 그 시대 도학의 발전도 크게 기여했다고 하여야 할 것이다.

북송의 문학이 중국문학사상 역대 최고의 수준으로 발전하였다고 할 때, 북송 시에 있어서는 문제를 제기하는 이들이 있을 수 있다. 그러나 북송 시대에 이전에 쓰던 변려문(騈儷文)을 물리치고 고문을 중국 산문의 대표적인 문체로 확정지었음은 아무도 부정할 수가 없는 일이다. 북송시대에 많은 고문의 대가가 나왔기 때문에 북송시대의 문학을 크게 추켜올려 세워도 자연스러워 질 수가 있다고도 할 수 있다.

5. 사(詞)의 발전

1) 북송사 개관

'사'는 당나라 후기에서 시작되어 당나라 말엽과 오대(五代)를 거치면서 문학의 자리를 확보한 뒤 북송시대에 들어와 새로운 시가(詩歌)로서 발전하고 꽃피운 북송을 대표하는 시가(詩歌)이다. 사는 제왕 귀족들과 문인들로부터 승니(僧尼)나 기녀(妓女)에 이르기까지 위 아래 모든 계층의 사람들에 의하여 지어졌고, 또 궁중으로부터 민간에 이르기까지 널리 유행되었다. 근인 당구이장(唐圭璋)이 편집한 『전송사(全宋詞)』에는 1,100여 작가의 작품이 모아져 있는데, 실은 이보다도 훨씬 많은 사람들이 사를 지었을 것이다. 일부 문인들이 '사'는 시나 다른 글만 못한 것으로 보고 그들의 문집 속에 사를 넣지 않았기 때문에 더욱 많이 없어져 전해지지 않게 되었을 것이다.[58] 그러나 황제만 보더라도 북송의 신종(神宗)·휘종(徽宗)·흠종(欽宗) 등이 사 작품을 남기고 있다. 그리고 유영(柳永)이란 작가는 특수하기는 하지만 "모든 샘물을 마시고 있는 곳이면 유영(柳永)의 사를 노래하였다"[59]고 할 정도로 온 세상에 사가 크게 유행하였다.

북송시대에는 상공업의 발전으로 도시가 번성하여 사치와 연락(宴樂)의 풍조가 위 아래로 만연했다. '사'는 당대부터 궁중과 민간에 유행하기 시작했던 노래의 가사이므로, 북송에 와서는 연락의 성행 속에 더욱 성행하지 않을 수가 없었을 것이다. 시인들은 서정을 위주로 하던 전통시가 '도'를 중시하게 되면서 자신의 사상을 추구하는 작품과 여러 가지 사회문제나 사람들의 생활 관련 사건까지도 노래하는 서사적(敍事的)인 것들까지도 지어지게 되자 다시 순수한 인간의 서정을 추구하기 위하여 '사'의 창작에도 열의를 올렸던 것도 같다. 또 사는 민간 가요를 바탕으로 한 것이기에 다른 한편으로는 고문운동이나 강창·소설의 흥성과도 밀접한 관계가 있다고 볼 수 있다.

북송 초기의 4, 50년간은 남당(南唐)의 항복한 임금 이욱(李煜, 937-978)과 후촉(後蜀)의 항복한 신하 구양형(歐陽炯)을 비롯한 몇몇 사람들이 사를 지었을 뿐 일가를 이룬 사람이 나오지 않았다. 북송

58) 清 朱彝尊『詞綜發凡』; "唐宋以來作者, 長短句每別爲一編, 不入集中, 以是散佚最易."

59) 宋 葉夢得『避署錄話』; "余仕丹徒, 嘗見一西夏歸朝官云, 凡有井水飮處, 卽能歌柳詞."

에서는 항복한 임금들을 모두 한 나라의 임금으로 잘 대접해 주었기 때문에 이욱이며 구양형 같은 이들이 북송에서 계속 작품활동을 할 수가 있었다. 그러나 곧 안수(晏殊, 991-1055)·구양수(歐陽脩, 1007-1072) 같은 대가들이 나왔고 또 구준(寇準, 961-01023)·한기(韓琦, 1008-1075)·송기(宋祁)·범중엄(范仲淹, 989-1052) 같은 사람들도 사를 지었는데, 모두가 조정의 대신들이었다는 것은 주목할 만한 일이다. 이들은 만당과 오대의 완약(婉約)한 사의 풍조(風潮)와 형식을 그대로 계승하였다. 특히 안수(晏殊)의 아들인 안기도(晏幾道, 1030-1106)는 완약한 화간풍(花間風)의 사의 최후의 작가라고 할 만한 위치에 놓일 작가이다.

그것은 장선(張先, 990-1078)·유영(柳永, 980-1053) 같은 사람들이 나와 이제까지의 소령(小令)보다는 편폭이 긴 만사(慢詞)를 유행시켰고, 소식(蘇軾, 1037-1101)은 새로 호방(豪放)한 기풍의 사를 지어 완약한 사풍만이 지배하던 사의 경계(境界)를 확대하고 살의 격조(格調)를 높여주었기 때문이다. 뒤이어 주방언(周邦彦, 1056-1121)은 사의 음률(音律)을 중시하며 작품에 쓰이는 글자와 구절을 정련(精練)하여, 남당(南唐)에서 유영·소식을 거치며 변화해 온 사의 발전을 집대성(集大成)하였다. 진관(秦觀, 1049-1100)·하주(賀鑄, 1052-1125)는 사율(詞律)을 중시하며 완약하면서도 우아하고 단정한 사를 지어 주방언을 선도하였다. 이들 밖에도 소식 계열로는 왕안석·황정견·조보지(晁補之)·모방(毛滂) 등이 있었고, 주방언 계열로는 조단례(晁端禮)·믁기영(万俟咏)·여위로(呂渭老)·전위(田爲)·조충지(晁冲之) 등이 활약하였다. 그리고 북송에서 남송에 걸쳐 활약한 여류 사 작가인 이청조(李淸照, 1084-1159)도 일가를 이룬 진관·하주에 가까운 풍격의 개성적인 작품을 지었던 작가이다.

북송이 망하면서 사대부들이 사치와 연락 속에 지내다가 망국의 고통과 피난의 괴로움을 겪게 되자 많은 사람들이 비분강개가 실린 사를 짓게 되었다. 주돈유(朱敦儒, 1081-1159) · 육유(1125-1210) · 신기질(辛棄疾, 1140-1207) · 유과(劉過, 1154-1206) 등이 이러한 남송 초의 사를 대표한다. 특히 신기질은 우국의 정을 호방한 사로 노래하여, 소식과 함께 소신(蘇辛)이라 나란히 일컬어지기도 하였다.

2) 북송 초의 사

북송 초엽의 사는 안수(晏殊) · 안기도(晏幾道) 부자와 구양수(歐陽脩)가 대표하며, 이들 밖에도 많은 고관들이 사를 지어 사의 성행을 앞서서 이끌었다.

안수(991-1055)는 자가 동숙(同叔)이며 무주(撫州) 임천(臨川, 江西省) 사람이다. 어려서부터 글을 잘 지었고 진사(進士)가 된 뒤로 집현전 대학사(集賢殿大學士)를 거쳐 재상(宰相) 자리에까지 올랐던 사람이다. 그리고 범중엄(范仲淹) · 부필(富弼) · 구양수 · 왕안석 등 한 때의 명사들이 그의 문하에서 나왔다. 그는 벼슬길도 득의하였고 생활에도 여유가 있었기 때문에 그의 시나 글에도 부귀스러운 풍격이 실려 있다. 『주옥사(珠玉詞)』 1권이 있는데, 풍연사(馮延巳)를 비롯한 오대의 사풍을 이었고 "북송 사 작가의 초조(初祖)"라 일컬어지기도 한다.[60] 그의 사 한 수를 읽어보자.

---

60) 淸 馮煦 『宋六十一家詞選』 例言; "晏同叔去五代未遠, 馨烈所扇, 得之最先, 故左宮右徵, 和婉而明麗, 爲北宋倚聲家初祖."

답사행(踏莎行)

오솔길 가엔 붉은 꽃 드물어지고,
향기로운 들판엔 녹음이 덮이니,
높은 누대까지도 나무의 푸른 그늘 물드네.
봄바람은 버들 솜 어찌할 줄 몰라,
자욱이 날려다 행인 얼굴 함부로 치네.

푸른 나뭇잎 속에 꾀꼬리 숨어 울고,
구슬 발 저쪽엔 제비들 나는데,
향로의 향기는 고요히 아지랑이 따라 감돌고 있네.
시름 섞인 꿈 따라 술기운 깨어 가는데,
지는 햇빛 깊숙한 뜰 안을 빛이고 있네.

小徑紅稀, 芳郊綠遍,
소 경 홍 희 방 교 녹 편
高臺樹色陰陰見.
고 대 수 색 음 음 견
春風不解禁楊花, 濛濛亂撲行人面.
춘 풍 불 해 금 양 화 몽 몽 난 박 행 인 면

翠葉藏鶯, 珠簾隔燕,
취 엽 장 앵 주 렴 격 연
爐香靜逐遊絲轉.
노 향 정 축 유 사 전
一場愁夢酒醒時, 斜陽却照深深院.
일 장 수 몽 주 성 시 사 양 각 조 심 심 원

구양수(1007~1072)는 고문과 시에 있어서도 송대문학의 건설자라 하였지만, 사에 있어서는 여성적인 서정과 섬세한 감상 또는 부드럽고 염정(艶情)이 담긴 내용들을 시와는 다른 새로운 사라는 운문의 한 격조로 확정짓는데 큰 역할을 하였다. 시와는 달리 그의 사가 여성적인 감상과 염정이 넘치는 청신하고도 가벼운 서정을 위주로 하고 있는 것은, 시인들이 사를 통해서 이전의 중국시가 추구하던 순수한 서정을 추구하였기 때문이고, 또 사가 민간가요에서 발전한 것이라는 성격 때문일 것이다. 그에게는 『육일사(六一詞)』와 『취옹금취외편(醉翁琴趣外編)』의 두 사집이 있다. 그의 작품을 보기로 한 수 든다.

생사자(生查子)

지난 해 정월 보름밤에는,
화려한 등불놀이로 대낮 같이 밝았는데,
달이 버드나무 가지 위에 떠 있을 때,
우리는 해진 뒤에 만나기로 한 약속대로 만났었지.

올 해 정월 보름밤도,
달과 등불은 예나 다름없는데,
지난해의 그이 보이지 않으니,
눈물이 봄 옷 소매 적시네.

去年元夜時, 花市燈如晝,
거 년 원 야 시 화 시 등 여 주
月上柳梢頭, 人約黃昏後.
월 상 유 초 두 인 약 황 혼 후

今年元夜時, 月與燈依舊,
금 년 원 야 시 월 여 등 의 구
不見去年人, 淚濕春衫袖.
불 견 거 년 인 루 습 춘 삼 수

안기도(1030-1106)는 자가 숙원(叔原)이고 호는 소산(小山)이며, 안수(晏殊)의 일곱째 아들이다. 그는 약간 시대는 뒤지지만 여전히 오대의 완약한 사풍을 이어 받고 있다. 초년에는 귀공자로서 즐거운 삶을 살았으나 만년에는 몰락하여 어렵게 살았으므로, 그가 지은 '사'에도 지난날을 되뇌는 애상(哀傷)이 깃들어 있다. 『소산사(小山詞)』 1권이 있다. 그의 작품 한 수를 보기로 든다.

접련화(蝶戀花)

취하여 서루(西樓)에서 헤어지곤 깨어나서 기억도 못하니,
봄의 꿈이나 가을의 구름처럼,
모였다 흩어졌다 정말 쉽기도 하네.
기운 달 창 가운데 걸려 있어 잠 제대로 못 이루는데,
부질없이 펴놓은 그림 병풍엔 오산(吳山)만이 푸르네.
옷의 술 자국과 시 속의 글자들,
한 점 한 점 한 줄 한 줄 모두가 쓸쓸한 정 일깨우네.
붉은 촛불도 스스로 좋은 계책 달리 없음 가엽게 여기는 듯,
밤은 싸늘한데 공연히 나 위해 눈물 흘려주누나!

醉別西樓醒不記,
취 별 서 루 성 불 기
春夢秋雲, 聚散眞容易.
춘 몽 추 운 취 산 진 용 이
斜月半窗還少睡, 畫屏閒展吳山翠.
사 월 반 창 환 소 수 화 병 한 전 오 산 취

衣上酒痕詩裏字,
의 상 주 흔 시 리 자
點點行行, 總是凄凉意.
점 점 행 행 총 시 처 량 의
紅燭自憐無好計, 夜寒空替人垂淚.
홍 촉 자 련 무 호 계 야 한 공 체 인 수 루

안수·구양수와 같은 때에 왕기(王琪)·사강(謝絳)·임포(林逋)·매요신(梅堯臣)·섭관경(聶冠卿) 같은 사람들도 사를 짓기는 하였으나, 사를 짓는 데에만 힘을 다 바치지는 못한 사람들이다.

3) 사의 형식과 내용의 발전

장선(張先)·유영(柳永)이 나옴으로써 송사는 큰 변화와 발전을 보여준다. 무엇보다도 이전의 사는 짧은 소령(小令)이 중심이었는데

그들이 나와 길이가 긴 만사(慢詞)를 유행시킨다. 만당·오대에서 북송 초에 이르는 동안에 나온 사는 거의 모두 길이가 짧은 '소령'이었고 '만사'는 극히 드물었는데, 이들에 의하여 사의 창작이 '만사' 위주로 전환하는 것이다.

그리고 내용에 있어서도 이전의 가볍고 아름답던 작풍에서 벗어나, 길이가 길어진 형식에 따라 읊는 사의 내용을 늘어놓는 수법을 활용하여 도시 남녀들의 화려하고 음란한 생활 같은 것을 상세히 묘사하는 방향으로 힘쓰게 되었다. 그리고 시정(市井)의 속된 말도 멋대로 쓰고 남녀의 저속한 관계도 거침없이 그려냈다. 이전의 '소령'이 귀족들의 서정을 중심으로 한 문학이었다면, '만사'는 북송시대 도시경제의 발달로 말미암은 도시의 서민들 생활을 반영하는 문학이라 할 것이다.

장선(990-1078)은 자가 자야(子野)이고 오흥(吳興, 浙江省 嘉興縣 서쪽) 사람이다. 41세에 진사(進士)가 된 뒤 벼슬을 얼마간 하다가 은퇴하여 사를 지으며 유유히 여생을 보낸 사람이다. 그는 85세에도 첩을 두었다 하며,[61] 사집은 『자야사(子野詞)』 또는 『안륙사(安陸詞)』라 부른다. 그는 유영과 함께 음악에도 통달하여, 이들의 사집을 보면 모두 궁조(宮調)가 밝혀져 있고 가사뿐만이 아니라 곡까지도 자신들이 새로 작곡한 작품이 많다. 그 중에도 장조(長調) 형식의 만사가 많은 게 두드러지며, 사패(詞牌) 아래 다시 부제(副題)가 붙어 있는 작품이 많다. 보기를 한 수 든다. 사패 이외에 다시 부제를 붙이게 되면서, '사패'는 그 사 작품의 악곡(樂曲)의 제목, 그리고 '부제'는 그 사 작품의 가사(歌詞)인 글의 제목으로 나뉘어져 발전한다.

61) 宋 葛立方『韻語陽秋』; "張子野八十五猶聘妾. 東坡作詩……"

사지춘만(謝池春慢)

옥선관 가는 도중 사미경을 만나서(玉仙觀道中逢謝媚卿)

담이 둘러 있는 깊은 뜰 안으로,
때때로 꾀꼬리 울음소리 들려오는데,
수놓은 이불은 싸늘함 가려주고,
그림 그려진 장막에 새벽 빛 밝아오고,
붉은 난간 넓직히 하늘로 연해진 위에,
나르는 버들 솜도 고즈넉하던 날,
길가의 잔디 평평하고,
연못물 질펀하며,
해는 길고 바람 고요한데,
꽃그늘 한가히 비치고 있던 때였지.

먼지 향그러운 속에 말 몰다가,
사미경을 성남 도중에서 만났는데,
빼어나게 어여쁜 위에 많은 분 발랐고,
너무나 아리따운 얼굴에 가벼운 미소 떠올랐네.
색정 돋우려는 고운 옷은 엷기만 하였고,
옥을 갈아 만든 한 쌍의 작은 매미 붙어 있었지.
기쁜 일은 찾아오지도 않은 채
봄은 그대로 지나가,
비파 가락에 원망을 흘리며,
모든 것을 상사의 가락에 실었네.

繚牆重院, 時聞有啼鶯到.
료 장 중 원 시 문 유 제 앵 도
繡被掩餘寒, 畫幕明新曉.
수 피 엄 여 한 화 막 명 신 효
朱檻連空闊, 飛絮無多少.
주 함 연 공 활 비 서 무 다 소
徑莎平, 池水渺, 日長風靜, 花影閒相照.
경 사 평 지 수 묘 일 장 풍 정 화 영 한 상 조

塵香拂馬, 逢謝女城南道.
진 향 불 마 봉 사 녀 성 남 도
秀艷過施粉, 多媚生輕笑.
수 염 과 시 분 다 미 생 경 소

鬪色鮮衣薄, 碾玉雙蟬小.
투 색 선 의 박 년 옥 쌍 선 소
歡難偶, 春過了, 琵琶流怨, 都入相思調.
환 난 우 춘 과 료 비 파 류 원 도 입 상 사 조

유영(1045 전후)은 자가 기경(耆卿)이고, 처음 이름은 삼변(三變)이었으며, 숭안(崇安, 福建省 建陽縣 북쪽) 사람이다. 인종(仁宗) 때 진사가 되었으나 벼슬은 둔전원외랑(屯田員外郎)에 그치고 일생을 연락(宴樂) 속에 사를 노래하며 보냈다. 그의 사집으로 『악장집(樂章集)』이 있는데, 도시인의 음란한 즐김과 감상을 주제로 한 '만사'는 그에게서 본격적으로 지어지고 있다. 그를 저속하다고 평하는 사람도 있지만, 그의 사는 "우물을 마시는 곳이면 어디서나 노래 부르고 있다"[62]고 할 정도로 세상에 크게 유행하였다. 우리나라 『고려사(高麗史)』 악지(樂志)에도 그의 사가 여러 편 실려 있는 것을 보면[63] 그의 사는 우리나라에까지도 널리 전하여졌음을 알 수 있다. 대체로 유영은 장선보다 약간 늦게 태어나 일찍 죽은 듯하지만, 북송 사의 발전에 끼친 공로는 오히려 장선보다 두드러지는 듯하다. 그의 사 작품을 한 수 읽어보자.

우림령(雨霖鈴)

가을 매미 소리 처절하고,
장정(長亭)에 해 저무는데,
소낙비는 막 멈추었다.

62) 葉夢得『避署錄話』; "凡有井水飮處, 卽能歌柳詞."

63) 車柱環「高麗史樂志唐樂考」(『震檀學報』, 1962), 「高麗史 樂志 唐樂散詞校釋」(『中國學報』 第6輯, 1967), 『唐樂硏究』(同和出版公社, 1967), 李明九「高麗史 樂志 收載宋詞考」(『成大論文集』 No.10, 1965) 등 참조.

성문 앞에서 마신 이별주로 마음 어수선한 채,
미련 때문에 머뭇거리고 있는데,
님의 배는 떠나가길 재촉한다.
손잡고 눈물 어린 눈 마주보며,
끝내 말없이 목메이기만 한다.
떠나가실 천리 안개와 파도길 생각해보니,
저녁노을 자욱한 저 편 초땅 하늘만 넓다랗다.

다정한 이들 예부터 이별 서러워했다지만,
더 더욱이나 어찌 견디리!
낙엽 지는 맑은 가을철에야!
오늘밤은 어느 곳에서 술을 깨시려나?
버드나무 늘어선 강 언덕
새벽 바람에 조각달 바라보며 깨시겠지.
이번 떠나 해를 넘기면,
이제부턴 좋은 철 아름다운 경치도 헛것이 되고 말리라.
설사 갖가지 멋과 정이 있다손 치더라도,
다시 어느 누구에게 얘기하리?

寒蟬凄切, 對長亭晚, 驟雨初歇.
한 선 처 적 대 장 정 만 취 우 초 헐
都門帳飮無緖, 方留戀處, 蘭舟催發.
도 문 장 음 무 서 방 류 연 처 난 주 최 발
執手相看淚眼, 竟無語凝噎.
집 수 상 춘 누 안 경 무 어 응 일
念去去千里烟波, 暮靄沈沈楚天闊.
념 거 거 천 리 연 파 모 애 침 침 초 천 활

多情自古傷別離, 更那堪, 冷落淸秋節!
다 정 자 고 상 별 리 갱 나 감 냉 락 청 추 절
今宵酒醒何處? 楊柳岸, 曉風殘月.
금 소 주 성 하 처 양 류 안 효 풍 잔 월
此去經年, 應是良辰好景虛設.
차 거 경 년 응 시 양 신 호 경 허 설
便總有千種風情, 更與何人說?
편 총 유 천 종 풍 정 갱 여 하 인 설

유영의 이러한 사는 북송 사의 형식과 풍격을 새롭게 하였다. 뒤의 진관·하주·주방언 같은 작가들의 염사(艶詞)는 모두 유영을 본받은 것이고, 황정견 같은 이도 처음에는 유영의 사를 철저히 흉내냈었다.

송사는 다시 소식(蘇軾)에 이르러 본격적으로 내용상의 변화를 가져온다. 소식은 장선과 유영을 계승하면서, 더욱이 문호로서의 사실적인 묘사와 호방한 감정 같은 것을 사에 담았다. 따라서 이제까지는 여성적이고 감상적이기만 하였던 사가 여기에선 웅대하고도 풍부한 내용의 것으로 발전한 것이다. 다시 말하면 이제까지는 완약한 서정에만 국한되었던 사가 소식에 의하여 호방(豪放)한 감정까지도 노래할 수 있게 된 것이다. 그래서 흔히 소식과 그의 계열에 속하는 작가들을 호방파(豪放派)라 부르며, 이 전의 완약파(婉約派)(또는 花間派)와 대비시킨다. 장선과 유영이 사의 형식을 해방시켰다면, 소식은 사의 내용을 해방시킨 작가라고도 할 수 있다.

이러한 사의 내용의 확대는 한편 사의 시화(詩化) 또는 사의 개성화(個性化) 등을 뜻하기도 한다. 그리고 이것은 사를 노래와 분리시켜 노래의 가사가 아닌 읽고 읊는 사로서의 성격을 짙게 하는 결과를 가져오기도 하였다. 다음의 "적벽에서 옛날을 생각함(赤壁懷古)" 이란 부제가 붙은 사 한 편만 읽어보아도 이러한 여러 가지 소식 사의 특징을 이해하게 될 것이다.

염노교(念奴嬌)

큰 강물 동쪽으로 흘러가는데,
물결과 함께 천고의 멋진 인물들도 가버렸는가!
낡은 보루의 서편이,

삼국(三國) 시대 주유(周瑜)[64]가 활약했던 적벽(赤壁)이라네.
어지러이 바위들 구름 뚫고 솟아 있고,
놀란 파도는 강 언덕을 무너뜨릴 기세로,
천 무더기의 눈 같은 물너울 말아올리네.
강산은 그림 같은데
한 때는 얼마나 많은 호걸들이 활약했던가?

멀리 주유(周瑜)가 활약하던 옛날 생각해 보니,
미인 소교(小嬌)가 갓 시집을 왔었고,
영웅다운 모습은 영기(英氣)를 발했었지.
새 깃 부채 들고 관건(綸巾) 쓰고,
얘기하고 웃고 하면서,
강한 적을 재가 되어 날고 연기되어 사라지게 했었지.
옛 고장에 마음 쓰며 놀고 있자니,
다정한 이들은 응당히 나를 두고 비웃으며,
벌써 흰 머리가 났다고 하겠지.
인간 세상은 꿈같은 것,
한 잔 술을 강물에 비친 달 위에 붓네.

大江東去, 浪淘盡千古風流人物.
대 강 동 거 낭 도 진 천 고 풍 류 인 물
故壘西邊, 人道是三國周郎赤壁.
고 루 서 변 인 도 시 삼 국 주 랑 적 벽
亂石崩雲, 驚濤裂岸, 捲起千堆雪.
란 석 붕 운 경 도 렬 안 권 기 천 퇴 설
江山如畫, 一時多少豪傑?
강 산 여 화 일 시 다 소 호 걸

遙想公瑾當年, 小喬初嫁了, 雄姿英發.
요 상 공 근 당 년 소 교 초 가 료 웅 자 영 발
羽扇綸巾, 談笑間, 强虜灰飛煙滅.
우 선 륜 건 담 소 간 강 로 회 비 연 멸
故國神遊, 多情應笑我, 早生華髮.
고 국 신 유 다 정 응 소 아 조 생 화 발

64) 周瑜는 字가 公瑾, 三國時代 孫權의 장수. 周瑜가 諸葛亮의 지혜를 빌어 曹操의 大軍을 무찌른 곳은 湖北省 嘉魚縣에 있는 赤壁이나, 蘇軾은 黃岡縣(宋 黃州)에 있는 赤壁에서 옛날을 연상하면서 이런 詞를 읊었다.

人生如夢, 一尊還酹江月.
인 생 여 몽 일 존 환 뢰 강 월

북송 소식 계열의 사 작가로는 『임천선생가곡(臨川先生歌曲)』 1권과 『보유(補遺)』 1권을 남긴 왕안석, 『산곡사(山谷詞)』 1권을 남긴 황정견, 『금취외편(琴趣外篇)』 6권을 남긴 조보지, 『동당사(東堂詞)』 1권을 남긴 모방(毛滂) 등이 있다. 이 중 작품 수는 적은 편이지만 왕안석(1021-1089)의 사가 가장 아정(雅正)하여 보기로 한 수 든다.

계지향(桂枝香)

산에 올라 멀리 바라보니,
마침 옛 고장은 늦은 가을로,
날씨 싸늘해지고 있는데,
천리의 맑은 강물 비단 자락 같고,
푸른 산봉우리는 죽순 무더기 같네.
떠나가는 돛배 저녁 햇빛 아래 떠 있고,
서풍에 나부끼며 술집 깃발 비스듬히 서 있네.
호화로운 배 위의 구름은 담담하고,
별 뜨는 강물 위로 백로 날아오르니,
그림으로도 다 그려낼 수 없겠네.

옛날 호화로움 뒤쫓던 일 생각나네.
문 밖 누대 위에 한숨지으니,
슬픈 한 연이어지네.
예부터 높은 곳에 올라,
이런 경치 대하고는 인생의 영욕을 그저 한탄했었지.
이곳에 도읍했던 육조(六朝)의 옛 일도 흐르는 물 따라 사라지고,
다만 싸늘한 안개 속에 시드는 풀엔 푸르름만 엉겨 있네.
지금도 술파는 여자들은,
때때로 아직 망국한(亡國恨) 서린 후정화(後庭花) 옛 가락을 부른다네.

登臨送目, 正故國晚秋, 天氣初肅.
등림송목 정고국만추 천기초숙
千里澄江似練, 翠峯如簇.
천리징강사련 취봉여족
歸帆去棹殘陽裏, 背西風酒旗斜矗.
귀범거도잔양리 배서풍주기사촉
綵舟雲淡, 星河鷺起, 畫圖難足.
채주운담 성하로기 화도난족
念往昔繁華競逐.
념주석번화경축
歎門外樓頭, 悲恨相續.
탄문외누두 비한상속
千古憑高, 對此謾嗟榮辱.
천고빙고 대차만차영욕
六朝舊事隨流水, 但寒煙衰草凝綠.
육조구사수류수 단한연쇠초응록
至今商女, 時時猶唱後庭遺曲.
지금상녀 시시유창후정유곡

4) 사율(詞律)의 발전

장선·유영의 사가 전국에 널리 유행하기는 하였지만 풍격이 저속(低俗)한 흠이 있었고, 소식은 호방한 사를 지어 사의 경계를 확대시키기는 하였지만, 사가 음악과 멀어져 시로 변하는 경향을 지니게 하였다. 이에 사의 음율(音律)을 중시하며 자구(字句)의 표현도 갈고 닦아서, 내용은 완약(婉弱)하면서도 표현은 아정(雅正)한 작품을 쓰려는 사람들이 나왔다. 이에는 진관(秦觀, 1049-1100)과 하주(賀鑄, 1052-1125)가 앞장을 섰고 곧 주방언(周邦彦, 1056-1121)이 나와 이를 더욱 발전시켰으며, 뒤이어 여류 작가인 이청조(李淸照, 1084-1159)도 나왔다. 이들은 사의 격율(格律)을 중시했다 하여 격율사파(格律詞派)라고도 부른다.

어떻든 오대(五代)의 남당(南唐)을 이어 유영·소식을 통하여 닦여 온 사의 작풍(作風)은 이들에 의하여 집대성되어 발전을 극하게 된다. 이들은 남당의 풍정(風情)을 견지하면서도 단조롭거나 협소하지 않았고, 장선과 유영처럼 섬세한 묘사로 염정(艷情)을 담은 만사(慢詞)도 지었으나 저속하지 않았으며, 소식처럼 호방한 기풍(氣風)을 살리며 개성적인 작품도 썼지만 그처럼 방자(放恣)하고 대담하지 않았다. 그래서 흔히 이들을 가장 정통적인 사의 작가라 보는 이들도 있다.

진관은 자를 소유(少游) 또는 태허(太虛)라 하였고, 양주(揚州) 고우(高郵, 江蘇省 江都縣 북쪽) 사람이다. 소문사학사(蘇門四學士) 중의 한 사람이지만 사풍(詞風)은 소식과 달랐다. 그에게는 『회해사(淮海詞)』 또는 『회해거사장단구(淮海居士長短句)』라 불리는 사집이 있는데, 소식과 유영의 장점을 다 취했다 하나 보다 유영 쪽에 가까운 느낌을 주는 작품들이 많다. 보기를 한 수 든다.

만정방(滿庭芳)

산에는 엷은 구름 비끼었고
시든 풀은 하늘 저편까지 펼쳐 있는데,
호각(胡角) 소리 망루(望樓)에서 애절히 들려오네.
잠시 떠나갈 배 멈추고,
함께 이별의 술잔 드는데,
갖가지 회계(會稽)에서의 옛 일 떠올라,
공연히 머리 돌려 바라보니 안개만 자욱하네.
해 기우는 저편에,
싸늘한 까마귀 몇 마리 점점이 있고,
흐르는 물은 외로운 마을 감돌고 있네.

애타는 지고!
이렇게 되고 보니,
몸 여위어 향 주머니 어느새 느슨해지고

비단 띠도 헐거워졌네.
부질없이 기생집만 드나들다,
매정한 자란 이름만 얻게 되었는가!
이제 가면 언제 다시 만나려나?
옷 자락엔 공연히 눈물 자욱만 얼룩졌구나!
가슴 아파,
높은 성 올라 바라보니
어느덧 황혼 속에 등불만 깜박이누나!

山抹微雲, 天粘衰草, 畫角聲斷譙門.
산말미운 천첨쇠초 화각성단초문
暫停征棹, 聊共引離尊.
잠정정도 료공인이존
多少蓬萊舊事, 空回首烟靄紛紛.
다소봉래구사 공회수연애분분
斜陽外, 寒鴉數點, 流水繞孤村.
사양외 한아수점 류수요고촌

消魂! 當此際, 香囊暗解, 羅帶輕分.
소혼 당차제 향낭암해 나대경분
漫贏得青樓, 薄倖名存.
만영득청루 박행명존
此去何時見也? 襟袖上空染啼痕.
차거하시견야 금수상공염제흔
傷情處, 高城望斷, 燈火已黃昏.
상정처 고성망단 등화이황혼

하주는 자가 방회(方回)이고 호는 경호유로(慶湖遺老)라 하였으며, 위주(衛州, 河南省 汲縣) 사람이다. 『동산사(東山詞)』 또는 『동산우성악부(東山寓聲樂府)』라 부르는 사집을 남겼다. 그의 사는 진관보다도 더욱 주방언에 가까워져, 사율(詞律)이 엄정하고 자구의 표현도 더욱 세련되어 있다.

청옥안(靑玉案)

아름다운 여인 횡당로(橫塘路)[65] 지나가지 않게 되고 보니,
다만 꽃 잎 섞인 먼지 날아가는 것만 눈으로 전송하게 되었네.
한창의 좋은 시절 누구와 더불어 보낸단 말인가?
달뜨는 누대(樓臺)며 꽃피는 정자,
무늬 조각한 창이며 화려한 문,
오직 봄을 느끼게 하는 곳만 그대로 있네.

푸른 구름 떠가는 향그런 풀 언덕에 해는 지는데,
붓 들어 새로이 단장의 시구 짓네.
물어보건대 부질없는 시름 모두 얼마나 되는가?
온통 냇가엔 안개와 풀뿐이고,
성 가득히 버들 솜 바람에 날리는데,
부슬비 속에 매실 누렇게 익어가네.

凌波不過橫塘路, 但目送芳塵去.
능 파 불 과 횡 당 로 단 목 송 방 진 거
琴瑟華年誰與度?
금 슬 화 년 수 여 도
月臺花榭, 瑣窗朱戶, 惟有春知處.
월 대 화 사 쇄 창 주 호 유 유 춘 거 처

碧雲冉冉蘅皐暮, 彩筆新題斷腸句.
벽 운 염 염 형 고 모 채 필 신 제 단 장 구
試問閒愁都幾許?
시 문 한 수 도 기 허
一川烟草, 滿城風絮, 梅子黃時雨.
일 천 연 초 만 성 풍 서 매 자 황 시 우

주방언은 자를 미성(美成), 호를 청진거사(淸眞居士)라 하였고, 전당(錢塘, 浙江省) 사람이다. 주방언은 풍부한 학문을 바탕으로 이제

65) 橫塘路는 蘇州의 盤門 남쪽에 있는 제방 윗 길. 賀鑄는 蘇州의 橫塘 근처에 산 일이 있다.

까지의 송사를 집대성한 사람이란 평을 받고 있다. 특히 이제껏 격율(格律)이 제대로 정비되지 않고 있던 만사(慢詞)의 음율을 정리한 것이 가장 큰 공헌이라 할 것이다. 유영의 사만 보더라도 같은 조(調)의 작품의 형식이 일정치 않아 같은 사의 장단에 차이가 있었으나, 주방언에 이르러 그런 일이 없어지고 제대로 정비된 것이다.

그래서 후세에는 그의 작품을 사의 전범(典範)으로 떠받드는 이가 많다. 그리고 그의 작품의 내용을 보면 염정(艶情)을 노래한 것 이외에도 공연한 슬픔이 없는 객관적인 경치나 사물을 묘사한 것들도 많다. 다만 그의 엄정한 격율은 결과적으로는 지나치게 작자의 개성이나 창의까지도 제약을 가하여 내용이 다양하지 못하게 하는 것이 큰 흠이라 할 것이다. 본시 그의 사집은 『청진사집(淸眞詞集)』이라 하였는데, 남송 진원룡(陳元龍)이 주(注)를 붙인 다음 『편옥집(片玉集)』이라 부르게 되었다. 보기로 버드나무를 주제로 한 작품을 한편 읽어보자.

난릉왕(蘭陵王)

버들 그늘 곧게 드리우고,
안개 속에 실가지들이 푸르름을 희롱한다.
수제(隋堤) 위에서,
몇 번이나 보아왔나,
물 위에 가지 스치고 버들 솜 날리며 떠나고 떠나보내는 모습을?
산에 올라 옛 강산 바라보니,
그 누가 알아 보리,
서울의 번화에 싫증난 이 나그네를?
장정(長亭) 앞 길에,
해마다 떠나가고 떠나보내는 이들이,
꺾어 보낸 부드러운 가지 길이 천 척도 넘으리라.

한가히 옛 자취 더듬어 보노니,
이별 술 따라 슬픈 가락 울리고,
등불만이 이별하는 자리 비추는데
배꽃과 느릅나무 불[66]은 한식을 재촉하는 듯했네.
부는 바람 빠른 것이 걱정되고,
상앗대 잠긴 물은 따스한데,
머리 돌려 바라보니 아득히 어느덧 여러 역(驛)을 지나와,
그이는 하늘 북쪽에 있게 되었네.

슬픔이여!
한만이 쌓이네.
잠깐 새 물가에서 이별하고 감돌아 가니,
나루터 이정표만이 적막히 서 있고,
해는 뉘엿뉘엿 기우는데 봄은 끝이 없는 듯했네.
달 밝은 정자에서 손잡고 노닐고,
이슬 내리는 다리 위에서 피리 소리 듣던 때 그립네.
지난 길 가만히 생각해 보니,
꿈결만 같아서,
저도 모르게 눈물만 흐르네.

柳陰直, 煙裏絲絲弄碧.
유 음 직 연 리 사 사 농 벽
隋堤上, 曾見幾番, 拂水飄綿送行色?
수 제 상 증 견 기 번 불 수 표 면 송 행 색
登臨望故國, 誰識, 京華倦客?
등 림 망 고 국 수 식 경 화 권 객
長亭路, 年去歲來, 應折柔條過千尺.
장 정 로 년 거 세 래 응 절 유 조 과 천 척

閒尋舊蹤跡;
한 심 구 종 적
又酒趁哀絃, 燈照離席,
우 주 진 경 현 등 조 리 석
梨花榆火催寒食.
이 화 유 화 최 한 식

---

66)『周禮』春官에 의하면 옛날에 나무를 비벼 불씨를 얻을 때, 淸明 날에 느릅나무와 버드나무 불(楡柳之火)을 취하였다. 寒食은 淸明 二日 전 날임.

愁一箭風快, 半篙波暖,
수 일 전 풍 쾌 반 고 파 난
回頭迢遞便數驛, 望人在天北.
회 두 초 체 편 수 역 망 인 재 천 북

悽惻! 恨堆積.
처 측 한 퇴 적
漸別浦縈廻, 津堠岑寂, 斜陽冉冉春無極.
점 별 포 영 회 진 후 잠 적 사 양 염 염 춘 무 극
念月榭攜手, 露橋聞笛.
념 월 사 휴 수 로 교 문 적
沉思前事, 似夢裏, 淚暗滴.
침 사 전 사 사 몽 리 루 암 적

북송 말엽 주방언의 사풍을 계승하려던 작가는 많았지만 남송까지 걸쳐 산 여류작가인 이청조(李淸照)만큼 두드러지는 이는 없다. 이청조는 호를 이안거사(易安居士)라 하였고, 제남(濟南, 山東省) 사람이다. 그는 학자 집안에서 태어나 조명성(趙明誠)이란 명문자제와 결혼하여, 남편과 함께 학술과 문학으로 문화적인 생활을 누렸다. 그러나 금(金)나라 군대가 남침한 뒤로는 피난을 떠나 강남을 전전하여야 했고, 4년 뒤엔 남편마저 죽어버린다. 그의 행복했던 젊은 시절과 괴롭고 외로웠던 후반생의 대조적인 생활이 시인으로서의 감정을 더욱 물결치게 해 주었을 것이다. 그의 『수옥사(漱玉詞)』에서 '소령'을 한편 골라본다.

여몽령(如夢令)

지난 밤 성근 비에 사나운 바람 분 때문인가,
푹 자고 나도 술기운 가시지 않는다.
발 걷고 있는 아이에게 물어보니,
오히려 해당화는 여전하단다.
아느냐? 모르느냐?
푸르름 더해지고 붉은 꽃은 다 떨어졌을 것을.

昨夜雨疏風驟, 濃睡不消殘酒.
작 야 우 소 풍 취 농 수 불 소 잔 주
試問捲簾人, 却道海棠依舊.
시 문 권 렴 인 각 도 해 당 의 구
知否, 知否?
지 부 지 부
應是綠肥紅瘦.
응 시 녹 비 홍 수

사는 남송 이후로도 창작이 이어졌으나 더 이상의 발전을 이루지는 못하였다. 그러나 주돈유(朱敦儒, 1081-1159)·육유(陸游, 1125-1210)·신기질(辛棄疾, 1140-1207)·유과(劉過, 1154-1206)·강기(姜夔, 1155-1221?)·사달조(史達祖, 1155?-1220?)·오문영(吳文英, 1200-1260)·장첩(蔣捷, 1235?-1300)·주밀(周密, 1222-1308)·왕기손(王沂孫, 1230?-1290?)·장염(張炎, 1248-1320) 등 상당한 수준의 사 작품을 남긴 작가도 적지 않게 나왔다.

중국문학사에서 흔히 '송사(宋詞)'라고 부를 정도로 북송시대에 사의 창작이 발전하였다. 중국의 시는 본시 노래의 가사에서 출발하였는데 세월이 흐르면서 점점 시가 노래와 멀어졌다. 시가 오언(五言)과 칠언(七言)으로 정형화된 것도 음악과의 관계를 멀어지게 하였을 것이다. 중당 시대에 와서 일부 문인들이 외국음악의 유입으로 새로워진 민요의 형식을 본떠서 '사'를 짓기 시작하였고, 이 사의 창작은 만당(晩唐)과 오대(五代)로 이어지다가 북송시대에 와서 본격적인 시가로 발전하였다. 때문에 새로운 장단구(長短句)로 이루어진 '사'는 이전의 시보다도 민간 가요와 더 가까워진 그리고 음악적인 성격이 더 뚜렷해진 시로써 크게 유행하게 된다. 그리고 원(元)대에 가서는 더욱 민요와 가까워진 곡(曲)이 이루어져 새로운 시가로 유행을 이끌게 하는 바탕이 된다. 그러니 사는 곡과 함께 북송 이후 새로워진 중국의 전통시가를 대표하는 시가인 것이다.

제10장 북송 민간연예(民間演藝)의 발전

1. 북송 이전의 민간연예

중국에는 선진(先秦)시대(B.C.221 이전)로부터 산악백희(散樂百戲)라 부를 수 있는 각종 연예가 시대와 지방에 따라 크게 성행하였다. 민간의 계절제(季節祭)와 관련된 가무희(歌舞戲)를 비롯하여 각저희(角抵戲)·참군희(參軍戲)·골계희(滑稽戲)·우희(優戲)·잡기(雜技)·백희(百戲) 등이 그것이다. 개중에는 연출에 있어서 노래와 춤보다는 대화와 동작이 더 중시되는 것이 있고, 듣고 보는 사람들을 웃기고 즐겁게 하는 데 목적이 있는 것이 있고, 작품이 노래와 춤으로 한 가지 얘기를 연출하는 것이 있는가 하면 단순히 노래와 춤으로 보고 듣는 이들을 즐겁게 해주는 것이 있고, 관중에게 특수한 재주를 부려 보여주는 것 등도 섞여있다. 대개의 경우 연희와 여러 가지 백희(百戲)가 함께 연출되기 때문에 그곳에서 공연되는 연희의 특징을 한마디로 요약하기도 쉽지 않다.

중국은 선진(先秦)시대부터 민간에서 발생한 연예가 민간에서 시작하여 궁중에 이르기까지 성행하였다. 주(周, B.C.1111-B.C.250)나라 이전부터 중시되던 예(禮)와 악(樂)의 개념 속에는 가무(歌舞)와 희극(戲

劇)도 포함되어 있어 그 '연예'의 성격도 분명하였다. 주(周)나라 무왕(武王)의 '무(武)' 같은 황제들이 만들어 연주하던 정악(正樂)이나 민간에 성행하던 산악(散樂)은 모두 가무희(歌舞戲)라고도 할 수 있는 성격의 것이었고, 이들은 흔히 여러 가지 백희(百戲)와 함께 공연되었다. 그리고 『시경(詩經)』이나 『초사(楚辭)』 같은 그 시대의 책 속에는 그 시대의 가무(歌舞)를 바탕으로 한 연예를 알아볼 수 있는 자료들이 들어있다. 후세까지 계승된 무당들의 무무(巫舞)와 배우(俳優)들의 우희(優戲)도 매우 성행하였다. 연말에 악귀(惡鬼)를 몰아내는 풍습을 바탕으로 생겨난 나(儺)는 궁중으로부터 민간에 이르기까지 나희(儺戲)라고 부를 수 있는 탈놀이로 지금까지도 유행하고 있다. 이들 연예는 시대에 따라 성격상의 변화는 약간 있었지만 후세에 까지도 계속 전승된다. 다만 대부분의 경우 이들 '가무희'는 여러 가지 '잡희'와 함께 공연되어 그 놀이들의 종류를 하나하나 분별하기가 쉽지 않다. 그리고 민간의 연예는 사대부들이 경시하여 그에 관한 기록이 많지 않아 상세한 실상을 올바로 추구하기가 쉽지 않다. 그리고 주나라 때에도 이들 연예에는 외국문화의 영향이 컸지만, 그 뒤로도 시대에 따라 외국의 노래와 춤이 들어와 여러 가지로 영향을 끼치어 그 연예의 성격을 복잡하게 발전시키고 있다.

한(漢, B.C.206-A.D.220)대에는 연예가 더욱 크게 발전한다. 장형(張衡, 78-139)의 『서경부(西京賦)』에는 궁중의 평악관(平樂觀)의 넓은 광장에서 연출된 '각저의 묘희(角抵之妙戲)에 대하여 다음과 같은 놀이가 있다고 읊고 있다. 가무희로는 '아황(娥皇)과 여영(女英)' 및 '동해황공(東海黃公)'이 나오고, 음악가 홍애(洪涯)의 연주가 공연되고, 강정(扛鼎)·심장(尋橦)·연탁(燕濯)·환검(丸劍)·주색(走索) 등의 기예(技藝)가 연출되면서, 한편 신목(神木)과 영초(靈草)가 자라있고 온갖 짐승

이 뛰어노는 화산(華山) 모양의 큰 산이 실린 산거(山車)가 있고, 또 그 위에서 젊은이들이 뛰어놀고 수많은 말들이 달리며 오랑캐들에게 활도 쏘고 있는 희거(戲車)도 등장한다. 이 한 가지 기록으로도 한 대의 연예가 얼마나 발전했었을까 짐작이 갈 것이다. 위(魏, 220-265)·서진(西晉, 265-317)·동진(東晋, 317-420)에서 남북조(南北朝, 420-581)를 거치는 시대에는 특히 외국의 문물이 자유롭게 들어와 중국의 문화와 함께 '민간연예'까지도 다시 한 단계 더 높은 수준으로 다양하게 발전시킨다. 수(隋, 581-618)·당(唐, 618-907) 시대에는 이전시대에 성행한 연예를 이어받아 발전시킨다. 당대에 공연된 난릉왕(蘭陵王)·답요낭(踏搖娘) 등의 가무희와 서량기(西涼伎)·소막차(蘇莫遮) 같은 오랑캐들의 영향으로 이루어진 호희(胡戲)는 남북조시대의 것을 계승한 것이다. 민간의 연예라 하더라도 귀족들이나 임금의 궁 안으로 옮겨져 공연 상대가 바꾸어지면 그 음악이나 춤 또는 구성에도 변화가 일어나고 함께 공연되는 잡희 성격도 달라짐으로 그 공연 실황은 무척 복잡하다.

여하튼 북송 이전에도 중국에는 민간연예가 무척 성행하였음에 주의해야 한다. 그리고 북송시대로 들어와서는 다른 중국의 전통문화와 함께 이 민간연예도 한 단계 더 높이 발전하였다. 다만 북송에 이르러서도 그에 관한 구체적인 기록이 무척 적다는 것이 매우 아쉬운 실상이다.

2. 북송의 민간연예

1) 북송 민간연예 개황(概況)

북송은 서민들 사이에 지식이 널리 보급되고 생활이 부유하고 세상이 평화로웠기 때문에 서민문화도 크게 발전하였다. 북송의 수도 변량(汴梁)의 문화 환경에 대하여 쓴 맹원로(孟元老, 1126 전후)의 『동경몽화록(東京夢華錄)』에 의하면 도시에는 연극 공연 장소인 와사(瓦舍)와 여러 가지 곡예의 공연장인 구란(勾欄)이 거리에 널려 있었다. 그리고 거기에서는 여러 가지 강창(講唱)·잡극(雜劇)·잡희(雜戲) 등이 연출되었다. 『동경몽화록』 제5권의 두 번째 대목 「경와기예(京瓦伎藝)」에는 변량의 와사(瓦舍)에서 공연되고 있는 여러 가지 기예(伎藝)의 명인들을 소개하고 있다. 거기에 쓰여 있는 기예(伎藝)의 종류를 적혀있는 순서대로 소개하면 대략 다음과 같다.

첫째; 속강(俗講) 종류; 맹자서(孟子書)·소창(小唱)·표창(嘌唱).

둘째; 인형극(傀儡戲) 종류; 장두괴뢰(杖頭傀儡)·현사괴뢰(懸絲傀儡)·약발괴뢰(藥發傀儡).

셋째; 잡기(雜技) 종류; 소도도(小掉刀)·근골상색잡수기(筋骨上索雜手伎)·구장척롱(毬杖踢弄).

넷째; 강설(講說) 종류; 강사(講史)·소설(小說).

다섯째; 잡희(雜戲) 종류; 소잡극(小雜劇)·산악(散樂)·무선(舞旋)·소아상박(小兒相撲)·잡극(雜劇)·도도(掉刀)·만패(蠻牌)·영희(影戲)·농교영희(弄喬影戲)·농충의(弄虫蟻).

여섯째; 연희(演戲) 종류; 솨수재(耍秀才)·제궁조(諸宮調)·상미(商謎)·합생(合生)·설원화(說諢話)·잡반(雜班)·신귀(神鬼)·설삼분(說三

分)·오대사(五代史)·규과자(叫果子).

이상 여섯 가지로 분류한 것은 정확한 분류라고 자신할 수가 없다. 이 밖에도 더 여러 가지 연예(演藝)가 매일 공연되는데, 날씨가 궂으나 맑으나 연일 공연장인 '와사'는 관객으로 만원이라 하였다.

그 밖에도 『동경몽화록』 권6의 「원소(元宵)」를 보면 정월 보름날 밤 대내(大內) 앞에서 "기술이능(奇術異能)과 가무백희(歌舞百戲)"가 연출되는데, 잡극(雜劇)·잡반(雜扮)을 비롯하여 격환축국(擊丸蹴踘)·답색상간(踏索上竿) 등 명인(名人)들의 백희(百戲)가 20종류 가까이 상연되었다고 열거하고 있다. 권7의 「가행임수전관쟁표사연(駕幸臨水殿觀爭標賜宴)」을 보면 임수전(臨水殿) 앞의 수붕(水棚)에서는 신귀(神鬼)와 잡극(雜劇)을 비롯한 여러 가지 '백희'가 상연되고, 물 안의 배에서는 수괴뢰(水傀儡)·수추천(水秋千) 등의 수희(水戲)가 연출되고 있다. 그리고 소룡선(小龍船) 20척·호두선(虎頭船) 10척·비어선(飛魚船) 2척·추어선(鰍魚船) 2척과 대룡선(大龍船)이 나와 악무(樂舞)를 연출하며 여러 가지 진열(陣列)을 만들어 보여준다. 같은 권의 「가등보진루제군정백희(駕登寶津樓諸軍呈百戲)」에서는 여러 가지 '백희'와 함께 가면을 쓴 각종 귀신들의 다양한 춤과 신기에 가까운 승마술(乘馬術)과 무술(武術) 등이 연출되었음을 기록하고 있다. 이밖에도 권8 의 「유월육일최부군생일이십사일신보관신생일(六月六日崔府君生日二十四日神保觀神生日)」, 권10의 「제석(除夕)」 대목에서는 궁중에서 역귀(疫鬼)를 몰아내는 연말 행사를 행하면서 장군(將軍)·문신(門神)과 종규(鐘馗)·소매(小妹)·조신(竈神) 등 1000여 인이 나와 여러 가지 '백희'와 가무를 연출하는 기사가 보인다.

왕궈웨이(王國維, 1877-1927)는 그의 『송원희곡고(宋元戲曲考)』에서 중국의 본격적인 전통희곡인 희문(戲文)과 원잡극(元雜劇)은 금(金)나라와 원(元)나라에서 송(宋)대의 각종 악곡(樂曲)을 종합하여 이룬 것이라 하였다. 그리고 그 '송대의 악곡'을 송지골계희(宋之滑稽戱)·송지잡희소설(宋之雜戱小說)·송지악곡(宋之樂曲)의 세 장(章)으로 나누어 설명하고 있다. 그러나 이것은 북송 시대의 연희와 '악곡'을 제대로 파악하고 분석한 결과는 아닌 것 같다. 북송시대에 들어와 갑자기 민간연예가 크게 발달하고 그것이 귀족사회의 연희(演戱)에 까지도 영향을 미치어 전체적인 발전상황을 제대로 파악하기가 매우 어려운 것 같다. 본시 북송 이전부터도 악(樂)·무(舞)·가무희(歌舞戱)·우희(優戱)·잡기(雜技)·속강(俗講)·탈놀이(儺戱) 등이 뒤섞이어 공연되고 함께 발전하여 왔기 때문에 어쩔 수 없는 일이다. 그러나 왕궈웨이가 『송원희곡고』에서 '송대의 악곡'을 논하면서 잡희소설(雜戱小說)과 악고(樂曲)의 설명에 힘을 준 다음 '송관본잡극단수(宋官本雜劇段數)와 금원본명목(金院本名目)'에 대하여 논하고 있는 것은, 북송에 발전한 민간연예에는 각별히 일정한 역사적 얘기나 전설 같은 얘기를 주제로 하는 소설적인 성격 또는 희극(戱劇)적인 성격이 강해지고 그 공연수단으로 쓰인 노래와 춤이 매우 발전하였음을 들어내기 위한 것이었을 것이다.

2) 북송의 화본소설(話本小說)

북송의 민간연예 중에 가장 먼저 특기해야할 것은 소설 성격을 띈 연예이다. '소설'이란 말은 한(漢)대부터 쓰였고[1], 『위략(魏略)』[2]에는

---

1) 張衡 「西京賦」; "小說九百, 本自虞初." 班固 『漢書』藝文志; 載 "『虞初周說』九百四十四篇".

2) 『三國志』 魏志 王粲傳 注에 引用되고 있음.

"임치후(臨淄侯) 조식(曹植)이 배우소설(俳優小說) 수천언(數千言)을 외었다."고 하였으니 후세의 소설과 비슷한 것이었다고 여겨진다. 다시 남북조(南北朝)시대에는 지괴소설(志怪小說)이 유행하였고, 당(唐)나라에 와서는 전기소설(傳奇小說)이 유행하였다. 그러나 이것들은 모두 북송시대의 '소설'과는 다른 성질의 것이다.

앞에서 『동경몽화록』의 경와기예(京瓦伎藝)를 소개하면서 "넷째 강설(講說) 종류"로 강사(講史)와 소설(小說)이 있다고 하였다. 남송 오자목(吳自牧, 1270 전후)의 『몽량록(夢粱錄)』 권20의 「소설강경사(小說講經史)」 대목을 보면 설화(說話)에는 사가(四家)가 있다고 하면서 '소설'을 비롯하여 담경(談經)·설참청(說參請)·강사서(講史書)가 있다고 하였다. '소설'은 은자아(銀字兒)라고도 하는데, 연분(煙粉)과 영괴(靈怪)와 전기(傳奇)에 관한 얘기를 하는 것이라 하였다. 곧 세상의 여러 가지 일과 사람들 사이의 일 및 귀신과 관계되는 일이나 괴상하고 특수한 일 같은 것을 얘기하는 것이다. '담경'은 설경(說經)이라고도 하며 불경(佛經)의 얘기를 쉽고 재미있게 풀어서 얘기하는 것이다. '설참청'은 작자가 "참선(參禪)이나 오도(悟道)와 관계되는 내용"이라 하였으니 역시 불교와 도교에 관련된 얘기를 하는 것이다. '강사서'는 중국의 역대 역사책에 쓰여 있는 얘기들을 재미있게 얘기하는 것이다. 그리고 뒤에는 "그러나 소설을 하는 사람이 가장 두렵다. 대체로 소설이라는 것은 한 왕조(王朝)나 한 시대의 일을 짧은 시간 안에 짜 맞추어 얘기할 수가 있기 때문이다."[3]고 말하고 있으니 '소설'이 넓은 뜻으로 설화(說話) 전체를 가리키는 말로도 쓰였던 것 같다. 따라서 이 설화사가(說話四家)를 소설사가(小說四家)라고도 부른

3) "但最畏小說人. 盖小說者, 能講一朝一代故事頃刻間捏合."

다. 북송에 와서는 이전의 속강(俗講)과는 달리 창(唱)은 없이 강설(講說) 만으로 얘기를 해주는 연예가 발전하여 이를 '설화'라 부르게 된 것이다. 앞에서 소개한 『동경몽화록』의 「경와기예」 대목의 여섯째 연희(演戲) 종류를 보면 『설삼분(說三分)』과 『오대사(五代史)』가 들어있는데 이는 『삼국지(三國志)』 얘기와 『오대사(五代史)』 얘기를 공연하는 것이다. "첫째 속강(俗講) 종류; 맹자서(孟子書)·소창(小唱)·표창(嘌唱)"과 "여섯째 연희(演戲) 종류; 솨수재(耍秀才)·제궁조(諸宮調)·상미(商謎)·합생(合生)·설원화(說諢話)·잡반(雜班)·신귀(神鬼)·설삼분(說三分)·오대사(五代史)·규과자(叫果子)"는 소설처럼 얘기를 위주로 하는 것들도 있지만 또 '창'을 섞어 강창(講唱)으로 공연하거나 순수한 '창'으로만 공연하는 것들도 있어서 넷째 부류로 분류된 '소설'과는 다른 종류의 것으로 나누어진 것이다. 어떻든 이 '소설' 종류 연예의 대본은 '화본(話本)'이라 하여 후세에 전하여져 이전의 속강(俗講)이나 남북조(南北朝)시대의 지괴(志怪) 또는 당(唐)대의 전기(傳奇) 보다도 더 한 발자국 문학의 한 장르로 분류되는 소설에 가까이 다가가는 발전을 이룬 것이다.

지금 우리에게 전하는 북송 소설은 단편인 '소설'의 화본과 장편인 '강사서'의 화본 두 종류가 있다. 다만 확실한 북송의 작품이 많지 않은 것이 문제이다. 단편은 모두가 순수한 백화체(白話體)의 글로 이루어져 있고, 그 백화문의 운용도 매우 성숙한 단계의 기교를 보여주는 매우 우수한 작품들이다. 이에 비하여 장편은 강사(講史)에 속하는 것이 대부분이고 쉬운 문언문(文言文)이나 미숙한 백화를 섞어 쓴 문장이어서, 문학적인 면에서는 단편의 화본보다 쳐진다. 그러나 그것들은 내용이나 구성 등 모든 면에서 명(明)대와 청(淸)대에 성행한 장회소설(章回小說)의 선구적인 작품이라고 할 수 있다.

원(元)대 나엽(羅燁)의 『취옹담록(醉翁談錄)』과 청대 전증(錢曾)의 『술고당장서목(述古堂藏書目)』과 『야시원서목(也是園書目)』에는 가장 많은 송대의 화본 제목이 수록되어 있으나 그 중의 대부분은 지금 전하지 않는 것들이다. 전증의 두 가지 서목(書目)에는 도합 17종의 화본이 수록되어 있으나, 그 중 5종류만이 『청평산당화본(淸平山堂話本)』 속에 작품이 들어있다. 곧 「간첩화상(簡帖和尙)」·「서호삼탑기(西湖三塔記)」·「유기경시주완강루기(柳耆卿詩酒玩江樓記)」·「풍월서선정(風月瑞仙亭)」·「합동문자기(合同文字記)」의 다섯 종류이다.

송대의 단편 화본으로 『경본통속소설(京本通俗小說)』의 남아 전하는 일부를 먀오촨순(繆荃孫)이 1915년에 발견했다고 하며 발표한 것이 있으나, 이는 풍몽룡(馮夢龍, 1574-1646)의 『경세통언(警世通言)』과 『성세항언(醒世恒言)』을 바탕으로 엮은 가짜임이 증명되었다.[4] 홍편(洪楩)이 명(明)나라 세종(世宗)의 가정(嘉靖) 19년(1540)에서 가정 29년(1550) 무렵에 펴 낸 『청평산당화본(淸平山堂話本)』과 풍몽룡이 편찬한 『유세명언(喩世明言)』·『경세통언』·『성세항언』의 삼언(三言) 등에는 여러 편의 송대의 화본이 들어있다.

풍몽룡의 『경세통언』에 실려 있는 「최대조생사원가(崔待詔生死寃家)」와 「일굴귀나도인제괴(一窟鬼癩道人除怪)」의 두 작품 제목 밑에는 각각 "송인 소설에서는 제목이 「연옥관음(碾玉觀音)」이다.", "송인 소설의 옛 이름은 「서산일굴귀(西山一窟鬼)」이다."는 주서(注書)가 붙어 있고, 『성세항언』에 실려 있는 「십오관희언성교화(十五貫戲言成巧禍)」의 제목 밑에도 "송대 판본에는 「착참최녕(錯斬崔寧)」이라 되어 있다."는 주서가 달려있다. 이것들은 모두 작품을 베끼면서 제목뿐만

---

4) 馬幼垣·馬泰來「京本通俗小說各篇的年代及其眞僞問題」(臺灣『淸華學報』新 5卷 1期, 1965) 참조.

아니라 문장까지도 약간 다듬은 것으로 보인다.

장편으로는 『대당삼장취경시화(大唐三藏取經詩話)』·『오대사평화(五代史平話)』·『대송선화유사(大宋宣和遺事)』·『양공구간(梁公九諫)』 등이 전한다. 그러나 모두 확실한 북송의 것은 아니다. 원대의 것일 가능성도 많다. 이 중 『대송선화유사』는 문언문(文言文)과 백화(白話)를 섞어 쓰면서 송대 사회에서 특출한 열 가지 얘기를 모아놓은 것이니 화본이라 할 수 없다. 송 말엽에 어떤 사람이 설화의 형식을 빌어서 오랜 시일을 두고 써 놓은 것을 뒤에 다시 편찬한 것인 듯하다. 그 밖의 두 가지는 모두 설경(說經) 또는 강사(講史)에 속하는 화본이다. 『대당삼장취경시화』는 『대당삼장법사취경기(大唐三藏法師取經記)』라고도 부르며, 문장도 시원찮고 구성도 엉성하나 중국 장회소설(章回小說)의 시작일 뿐만 아니라, 명나라 오승은(吳承恩, 1500?-1582?)의 『서유기(西遊記)』는 이를 근거로 한 것이다. 『오대사평화』도 내용이나 문장 모두 보잘 것 없으나, 역시 『삼국지연의(三國志演義)』나 『수당연의(隋唐演義)』 같은 중국 역사소설의 조상임에는 틀림없다.

지금 전하는 대부분의 화본들이 원간본(元刊本)일 가능성이 많으나, 어떻든 이것들은 모두 북송 때부터 민간에서 연출하여 온 설화인(說話人)들의 화본이 바탕이 된 것임에는 틀림이 없다. 그리고 책으로는 시원찮다 하더라도 이것들이 이후 중국의 소설 발전에 끼친 영향은 작게만 볼 수는 없을 것이다.

3) 북송의 가무극곡(歌舞劇曲)

또 하나 북송 민간연예의 발전 중의 중요한 사실은 희극(戲劇)의 발전이다. 이전에도 여러 가지 가무희(歌舞戲)가 유행하였으나 북송에 와서는 특히 그 희극적인 성격이 더 한 층 발전한다. 현대의 학자 류융지(劉永濟)의 『송대가무극곡록요(宋代歌舞劇曲錄要)』[5]를 보면 송대의 가무극곡(歌舞劇曲)을 다음과 같은 7종으로 분류하고 있다. ① 대곡(大曲), ② 무곡(舞曲) 및 곡파(曲破), ③ 법곡(法曲), ④ 고자사(鼓子詞), ⑤ 전답(轉踏), ⑥ 제궁조(諸宮調), ⑦ 잠사(賺詞)이다. 이들은 모두 일정한 고사(故事)를 노래와 춤으로 나타내는 놀이이기에 '가무극곡'이라 부른 것이다. 같은 강창(講唱)이라 하더라도 설화(說話)와는 반대로 강설(講說)보다도 노래와 음악의 성분이 더 많고, 거기에 가끔 춤까지 곁들여진다고 생각하여 '가무극곡'이라고 이것들을 분류하였을 것이다. 그리고 이것들은 모두 가무의 연출이나 전체적인 구성에 있어서 정식화(程式化)를 보여주고 있어, 대희(大戲)인 원잡극(元雜劇)으로 더 한 단계 접근하였음을 느끼게 한다. 이들 중에서도 '제궁조' 같은 것은 내용이나 형식에 있어서 금(金) 원(元)대에 발전할 잡극(雜劇) 같은 '대희'에 아주 가까워져 있다.

대곡(大曲)은 여러 편의 가무를 한데 묶어 한 가지 고사를 연출한 일종의 무극(舞劇)에 가까운 성질의 것이다. 지금까지 전하는 대곡의 가사로는 월(越)나라 미인 서시(西施)의 일생을 연출한 동영(董穎, 1140 전후)의 「도궁박미(道宮薄媚)」 10편,[6] 풍연(馮燕)의 일생을 노래한 증포(曾布, 1101 전후)의 「수조가두(水調歌頭)」 7편,[7] 축수(祝壽)하는 내용의 사호(史浩, 1106 전후)의 「채련(採蓮)」 8편(遍)[8]이 있다. 이들은 모두가 송 왕작(王灼, 1162 전후)의 『벽계만지(碧雞漫志)』에 설명되고 있는

5) 上海 古典文學出版社, 1957年 刊本.

6) 曾慥 『樂府雅詞』 卷上 所載 西子詞.

7) 王明淸 『玉照新志』 권2 所載.

8) 史浩 『鄮峯眞隱大曲』 권1.

'대곡'의 형식을 제대로 갖춘 것이 못되니, 아마도 수십 편으로 이루어진 '대곡'도 존재했을 것 같다.

곡파(曲破)는 대곡 중에서 가장 정채가 있는 일부만을 따로 떼어 놓은 것이다. 사호(史浩)의 『무봉진은대곡(鄮峯眞隱大曲)』 권1과 권2에 실려 있는 「채련(採蓮)」·「태청(太淸)」·「자지(柘枝)」 등의 무곡(舞曲)을 '곡파'라 보는 이도 있으나, 확실한 것은 우리나라 『고려사(高麗史)』 악지(樂志)에 실려 있는 작자 불명의 「석노교곡파(惜奴嬌曲破)」가 유일한 것이다.

법곡(法曲)으로는 조훈(曹勛, ?-1174)의 「법곡도정(法曲道情)」 11편이 전하는데(『松隱樂府』), 역시 대곡의 일종이나 법곡부(法曲部)에 속하는 음악이라 하여 따로 구분했던 것 같다.

고자사(鼓子詞)는 강창(講唱)의 일종으로, 여러 가지 얘기를 한 가지 사조(詞調)로 되풀이하여 노래한 횡열식(橫列式)의 것이 있고, 한 가지 사조로 처음부터 끝까지 한 가지 얘기를 계속하여 얘기한 직서식(直敍式)의 것이 있다. 구양수(歐陽修, 1007-1072)의 「채상자(采桑子)」 11편 같은 것이 횡렬식이고, 조령치(趙令畤)의 「상조접련화(商調蝶戀花)」 12편 같은 것이 직서식이다. 모두 민간에 연출되고 있던 '고자사'의 형식을 따라 문인들이 지은 것이지만, 횡렬식보다는 직서식이 더욱 연극에 가까워진 것이다. 특히 「상조접련화」는 당 원진(元稹, 779-831)의 『앵앵전(鶯鶯傳)』을 고자사로 개편한 것으로 문장이나 구성이 매우 빼어났다.

전답(轉踏)은 전달(纏達)이라고도 하며, 구성은 간단하지만 노래와 춤에 대사까지 곁들인 가무희이다. 작품으로는 정근(鄭僅)·진관(秦觀, 1049-1100)·모방(毛滂) 등의 「조소전답(調笑轉踏)」이 전해지고 있다.

잠사(賺詞)는 복잠(覆賺) 또는 창잠(唱賺)이라고도 하는데, 『사림광기(事林廣記)』에 실린 알운가사(遏雲歌社)의 「잠사」 한 대목만 전한다.[9] 산문은 전혀 없는 짧은 아홉 곡의 노래이고, 연회용이라 밝히고 있을 뿐이니, 잠사가 어떤 것이었는지 확실히 알 수 없다. 다만 내득옹(耐得翁, 1235 전후)의 『도성기승(都城紀勝)』의 기록[10] 등에 의하면, 이것이 전답(轉踏)과 대곡(大曲)에서 나왔고 제궁조의 영향을 받은 것인 것 같다고 추측이 가능할 따름이다.

제궁조(諸宮調)는 여러 궁조의 노래들을 합쳐 한 가지 얘기를 연출한다는 뜻에서 붙여진 이름이다. 따라서 가무희라기 보다는 가무극에 가까워진 성격의 것이다. 북송의 여러 가지 민간연예 중에서 고사의 연출이나 전체적인 구성 및 문장에 있어서 연극적으로 가장 발달한 형식의 것이라 할 수 있다. 그러기에 원나라 잡극에 가장 가까워진 체제를 갖추고 있는 것이라고 할 수 있다.

제궁조는 이미 북송 때부터 민간은 물론 궁정에서도 연출되었다. 그러나 지금은 송나라 때의 작자를 알 수 없는 『유지원제궁조(劉知遠諸宮調)』와 금나라 동해원(董解元) 이 쓴 『서상기제궁조(西廂記諸宮調)』(또는 絃色西廂) 와 원나라 왕백성(王伯成)의 『천보유사제궁조(天寶遺事諸宮調)』의 세 가지만이 남아 전한다.

변문(變文)을 비롯한 다른 강창들은 (說話 제외) 대부분 강사(講詞)인 산문은 대우(對偶)로 된 글귀이거나 자연스럽지 못한 산문이고, 창사(唱詞)인 운문은 대체로 6자구 또는 7자구 따위를 짝지어 이루

---

9) 日本 翻元泰定本『事林廣記』戊集 권2에서 발견한 것을 王國維가『宋元戲曲史』에 引用하고 있음.

10) 耐得翁『都城紀勝』; "唱賺在京師, 只有纏令·纏達. 有引子·尾聲爲纏令, 引子後只以兩腔遞且循環間用者爲纏達……. 凡賺最難, 以其兼慢曲·曲破·大曲·嘌曲·耍令·番曲·叫聲·諸家腔譜也."

어 놓은, 형식도 단조롭고 평측(平仄)이나 운률(韻律)도 별로 따질 수 없는 성격의 글이다. 그러나 제궁조를 보면 산문은 자연스럽고도 알기 쉬운 매끄러운 글로 이루어져 있고, 운문은 당(唐) 송(宋)의 대곡(大曲)과 사조(詞調)를 창사로 활용하고 있는데, 척곡(隻曲)을 따로 쓰기도 하지만 같은 궁조의 여러 '척곡'들을 연합시켜 투수(套數)를 이루어 많은 변화와 재미를 강구하고 있다. 특히 창사로는 사조(詞調)를 많이 쓰고 있으나 전첩(前疊)과 후첩(後疊)으로 나누어지는 사의 형식과는 달리 남북곡(南北曲)처럼 '전첩'만을 쓰고 있는 것들이 눈에 띄며, 고정된 사조의 자수와는 달리 '남북곡'처럼 적지 않은 친자(襯字)를 보태어 쓰고 있고, 또 압운(押韻)도 사와는 달리 곡(曲)처럼 사성(四聲)을 가리지 않고 압운하고 있다. 뒤에 나온 '남북곡'은 곡조나 그 구성은 말할 것도 없고 문장기교에 있어서까지도, 제궁조에 사용한 이러한 형식의 사조(詞調)의 영향을 가장 크게 받았다고 보아야 할 것이다. 뒤의 원 잡극(雜劇)은 노래인 창(唱)과 대화인 백(白)과 배우들의 동작인 과(科)의 삼요소로 이루어지는데, '과'를 제외한 '창'과 '백'은 이미 희곡 이전에 제궁조에서 거의 완성된 형식을 보여주고 있다.

지금 전하는 제궁조 세 작품 중에서도 가장 완정하고 빼어난 것은 동해원(董解元)의 『서상기제궁조(西廂記諸宮調)』이다. 흔히 『동서상(董西廂)』이라 약칭하여 원 잡극인 왕실보(王實甫, 1234 전후)의 『서상기』와 구별한다. 『동서상』은 당대 전기소설인 원진(元稹, 779-831)의 『앵앵전(鶯鶯傳)』을 각색한 것으로 앵앵(鶯鶯)과 장생(張生)의 연애 얘기를 다룬 것이다. 제궁조로서 소설보다도 구성이 웅장하며 곡조의 변화가 많고 격율(格律)이 완정한 위에 문장도 빼어나 강창 중의 최고 작품이라 할 것이다. 왕실보의 『서상기』는 구성은 물론 그 문장에 있어서까지도 『동서상』을 근거로 쓴 것임이 분명하다. 북송의 민간의 제궁조도 이와 비슷한 성격의 것이 있었으리라 여겨져 자세히 소개하였다.

류융지(劉永濟)가 『가무극곡록요(歌舞劇曲錄要)』에서 춤이 있었다는 증거가 없는 이 '잠사'와 '제궁조'를 가무극곡(歌舞劇曲) 속에 넣고 있는 것은, 이것들이 뒤에 중국 대희(大戲)를 형성시키는데 있어서 다른 가무희나 강창 못지않은 역할을 하였다고 생각했기 때문일 것이다. 그리고 이것들을 연출할 적에 춤에 가까운 배우들의 동작은 있었을 것이니 '가무극곡'이라 하여도 큰 잘못은 아닐 것이다. 북송의 민간연예 중에서도 이러한 악곡들은 이전의 가무희들보다도 더 연극적인 성격을 띠었고, 그 내용은 일정한 얘기를 통하여 사람들 세상의 일면이나 사람들의 감정을 공연으로 표현하는 방법에 있어서 더욱 큰 발전을 이루었던 것 같다.

왕궈웨이(王國維)는 북송 시대에 발전한 여러 가지 악곡(樂曲)들을 논하면서 '골계희(滑稽戲)'를 가장 먼저 논하고 있으나 오히려 이는 이전의 우희(優戲)로부터 각별히 더 발전한 것이 없다고 여겨진다.

4) 북송의 탈놀이 및 괴뢰희(傀儡戲)

탈놀이는 주(周)나라 이전부터 연말에 역귀(疫鬼)를 내쫓는 행사인 나례(儺禮)를 비롯하여, 여러 가지 종류의 놀이가 민간에서 궁중에 이르기까지 널리 유행하였다. 상(商)나라의 탈도 여러 가지가 전해지고 있으나[11] 그 중에는 놀이에 쓰던 것이 아니라 제의(祭儀)에 쓰

11) 中國 四川省 成都 四川博物館, 미국 시애틀미술관, 미국 시카고예술학원 등에 여러 가지 商대의 假面이 보존되어 있음.

이던 것이라 여겨지는 것들이 많다.[12] 그러나 '나례' 이외에도 왕꿔웨이(王國維)가 『송원희곡고(宋元戲曲考)』에서 지적하고 있는 것처럼 당나라 때에도 이미 항우(項羽)와 한(漢) 고조(高祖)의 '홍문지회(鴻門之會)'를 연출한 인형극이 있었다. 북송에 이르러는 탈놀이도 나희(儺戲)와 더불어 더욱 크게 발전하였다. 먼저 '나희'의 발전을 살펴보기로 한다.

『동경몽화록』 권10 제석(除夕)의 기록을 보면 제일(除日)에 북송의 궁중에서는 대나(大儺)를 행하였는데, 여러 사람들이 가면을 쓰고 장군(將軍)·문신(門神)·판관(判官)·종규(鍾馗)·소매(小妹)·토지(土地)·조신(竈神) 같은 종류로 분장한 천여 명이 나와 '매수(埋祟)'라 부르는 역귀를 쫓는 행사를 하였다고 기록하고 있다.[13] 여기에 이전의 '나'에서는 잘 볼 수가 없었던 집안의 수호신인 '종규'가 보이고 있고, 다시 '소매'는 '종규'의 누이동생임이 분명하다. 이를 통하여 북송의 '나'에서는 방상씨(方相氏)와 진자(侲子) 등이 자취를 감추고 후세에 유명한 종규가매(鍾馗嫁妹)의 얘기 등이 연출되었음을 알게 된다. 기타 '장군'과 '문신' 등 천여 명이 나와 그 행사를 하였다니 북송의 '나'는 규모가 굉장히 커졌고, 상당히 구체적인 얘기를 연출하는 '가무희'를 비롯하여 다양한 놀이가 연출되었다는 사실도 알 수 있다. 민간에서도 성대한 '나'의 행사를 하였는데 같은 『동경몽화록』

---

12) 김학주 『중국의 전통연극과 희곡문물·민간연예를 찾아서』(2007년 4월 명문당 간행). 2. 쓰촨(四川)지방 중심 곡예(曲藝) 답사기; 2월 7일(p.77) 기록 참조 바람.

13) 『東京夢華錄』 권10 除夕; "至除日, 禁中呈大儺儀. …諸班直戴假面, 繡畫色衣, 執金槍龍旗. 教坊使孟景初身品魁偉, 貫全副金鍍銅甲裝將軍. 用鎭殿將軍二人, 亦介冑, 裝門神. 教坊南河炭醜惡魁肥, 裝判官. 又裝鍾馗·小妹·土地·竈神之類, 共千餘人, 自禁中驅祟… 謂之埋祟而罷."

권10 십이월(十二月)의 기록에 그것을 '타야호(打夜胡)'라 불렀다고 말하고 있다. 조언위(趙彦衛, 1195년 전후)의 『운록만초(雲麓漫鈔)』 권9에서도 "세속(世俗)에서는 한 해가 저물 때 마을 사람들이 어울리어 '나'를 행하였는데, 민간에선 그것을 타야호(打夜胡)라고 불렀다."[14]고 하고 있다.

앞에 인용한 『동경몽화록』 경와기예(京瓦伎藝)의 "둘째; 인형극(傀儡戱) 종류"에는 "장두괴뢰(杖頭傀儡) · 현사괴뢰(懸絲傀儡) · 약발괴뢰(藥發傀儡)"가 있었다. '장두괴뢰'는 나무때기로 인형을 조종하고 '현사괴뢰'는 끈으로 인형을 조종하고 '약발괴뢰'는 화약 같은 것으로 인형을 조종하여 놀이를 하는 것이니 놀이에 사용하던 인형 종류만 보더라도 여러 가지의 인형놀이가 있었음을 알 수 있다. 같은 책 권7 가행임수전관쟁표사연(駕幸臨水殿觀爭標賜宴)에는 나무로 만든 인형인 목우(木偶)가 악무(樂舞)를 하고 축구(蹴毬)와 무선(舞旋)을 하는 기록이 있다. 그리고 물을 이용하여 인형을 조종하는 수괴뢰(水傀儡)에 관한 기록도 보이고 있다.

『동경몽화록』의 같은 대목에 "장두괴뢰(杖頭傀儡)에는 그 전문가로 임소삼(任小三)이 있는데, 매일 이른 아침에 두회(頭回)[15]의 소잡극(小雜劇)을 하는데 조금만 늦어도 볼 수가 없다."[16]고 말하고 있다. 그리고 남송의 기록이지만 오자목(吳自牧)의 『몽량록』 권20 백희기예(百戱伎藝)에는 또 이런 글도 보인다.

---

14) 『雲麓漫鈔』 권9; "世俗歲將除, 鄕人相率爲儺, 俚語謂之打野胡."

15) '頭回'는 '得勝頭回'·'笑耍頭回'라고도 하며, 說話 등에서 정식 이야기로 들어가기 전에 청중들의 관심을 모으기 위해 하는 짧은 이야기를 연출하는 것으로, 정식 이야기와 비슷하거나 정반대되는 성격의 내용이 보통이다.

16) "杖頭傀儡任小三, 每日五更頭回小雜劇, 差晩看不及矣."

> "괴뢰(傀儡)는 연분(烟紛)·영괴(靈怪)·철기(鐵騎)·공안(公案)과 역사책의 역대 군신(君臣)과 장상(將相)의 이야기를 연출한다. 화본(話本) 또는 강사(講史) 혹은 잡극(雜劇) 혹은 애사(崖詞)[17]와 같은 것도 연출한다."[18]

다시 『동경몽화록』 권7 가행임수전관쟁표사연(駕幸臨水殿觀爭標賜宴)에서는 임수전(臨水殿) 앞의 수붕(水棚)과 배 위의 채루(彩樓)에서 "대기(大旗)·사표(獅豹)·도도(棹刀)·만패(蠻牌)·신귀(神鬼)·잡극(雜劇) 따위 백희(百戲)를 연출한다."고 하였는데, 바로 뒤이어 묘사하고 있는 수괴뢰(水傀儡)는 '잡극'임이 분명하다. 원(元) 초 마단림(馬端臨)의 『문헌통고(文獻通考)』 권146 악고(樂考)에도 송나라 운소부(雲韶部)에는 괴뢰(傀儡) 8인이 있었는데, '잡극'은 '괴뢰'를 사용했었다고 말하고 있다. 그러니 북송의 인형극은 사람들이 하는 여러 가지 잡희(雜戲)와 희극(戲劇)을 모두 공연하였음을 알 수 있다. 그리고 인형극의 종류도 다양하고 인형의 성격도 여러 가지 서로 다른 것들이 있었음을 알 수 있다.

또 인형극과 가까운 '그림자놀이'인 영희(影戲)에 관한 기록도 보인다. 『동경몽화록』의 「경와기예(京瓦伎藝)」에는 '영희'와 '교영희(喬影戲)'라는 두 가지 그림자놀이의 전문가들이 소개되고 있다. 그리고 같은 책 권6의 「십륙일(十六日)」의 기록을 보면, 북송 도성의 모든 거리에는 가무와 잡희를 공연하는 악붕(樂棚)이 세워져 있는데, '악붕'이 없는 골목에는 대부분 작은 그림자놀이를 공연하는 영희붕자(影

17) '崖詞'는 '涯詞'라고도 쓰며 宋대에 유행하던 講唱의 일종임.

18) 『夢粱錄』 권20 百戲伎藝; "凡傀儡, 敷演烟紛·靈怪·鐵騎·公案, 史書歷代君臣將相故事, 話本. 或講史, 或作雜劇, 或如崖詞."(耐得翁의 『都城紀勝』 瓦舍衆伎에도 같은 기록이 보임.)

戲棚子)가 세워져 있다고 하였으니 그림자놀이도 매우 성행하였음을 알 수 있다. 다시 남송의 기록이지만 오자목(吳自牧, 1270 전후)의 『몽량록(夢粱錄)』 권20 「백희기예(百戲伎藝)」에는 "원래 북송의 변경(汴京)에서 처음에는 흰 종이를 오려서 영희를 하다가 뒤에는 기술이 정교해져서 양 가죽으로 모양을 조각하여 만들고 채색으로 장식하여 씀으로서 찢어지는 일이 없게 되었다."[19]고 하였고, 또 내득옹(耐得翁, 1235 전후)의 『도성기승(都城紀勝)』에서는 '영희'에 대하여 이와 비슷한 말을 한 뒤 "그 화본(話本)은 강사서(講史書)와 매우 같았다." 고 말하고 있다. 북송 때 이미 양 가죽을 오려서 그림자놀이에 필요한 여러 종류의 재료를 만들었고, 그림자놀이의 내용은 일정한 얘기를 연출하는 것이 일반적이었던 것 같다. 따라서 북송의 '영희'의 발전은 '괴뢰희'와 함께 중국 희극의 발전에 크게 공헌하였다고 할 수 있다.

연극을 탈이나 인형 또는 그림자 같은 것까지 이용하여 공연하였기 때문에, 그 내용에는 현실을 초월하는 귀신과 연관되는 놀이도 크게 성행하였다. 『동경몽화록』 권7 「가등보진루제군정백희(駕登寶津樓諸軍呈百戲)」를 보면, 황제가 보진루(寶津樓)에 행차했을 때 그 누각 아래에서는 제군(諸軍)의 백희가 다음과 같이 펼쳐진다. 먼저 수십 명이 줄을 서서 북을 치는 중에 한 사람이 나와 치어(致語)를 하고 노래를 합창한 뒤에, 사표(獅豹)놀이, 깃발을 들고 춤을 추는 박기자(撲旗子), 상간(上竿)과 재주넘기 등의 잡희(雜戲), 백여 명의 군사들이 벌이는 여러 가지 형태의 군진(軍陣)과 함께 예닐곱 가지의 무술시합이 진행된다. 그리고 뒤이어 다음과 같은 놀이가 이어진다.

---

19) 『夢粱錄』 百戲伎藝; "更有弄影戲者, 元汴京初, 以素紙雕簇, 自後人巧工精, 以羊皮雕形, 用以綵色妝飾, 不致損壞."

“갑자기 폭장(爆仗)이라 부르는 벽력같은 소리가 나면 …… 연기와 불이 크게 일면서 가면에 헝클어진 머리를 하고, 입에서는 긴 이빨 사이로 연기와 불을 뿜는 귀신 모양을 한 자가 등장하여 …… 나아갔다 물러났다 하며 춤을 추는데 이를 포라(抱鑼)라고 한다 ……

다시 폭장(爆仗)이 울리면 악부(樂部)에선 배신월만곡(拜新月慢曲)을 연주하고, 얼굴에 청록색 빛을 하고 금빛 눈망울의 가면을 쓰고 표범가죽과 수놓은 비단 넓은 띠 같은 것으로 장식한 사람이 나오는데 경귀(哽鬼)라 부른다. …… 쫓고 잡고 보고 듣는 모양을 한다.

또 폭장이 울리면 긴 수염이 달린 가면을 쓰고 …… 종규(鐘馗)의 모양을 한 사람이 옆의 한 꽹과리를 든 사람과 함께 어울리어 춤추며 왔다갔다하는데, 이를 무판(舞判)이라 한다.

이어서 두세 명의 깡마르고 흰 분을 온 몸에 바른 금빛 눈망울에 흰 얼굴을 지닌 해골 모양을 한 사람들이 …… 배희(排戲) 같은 거동을 하는데 이를 아잡극(啞雜劇)이라 부른다.

또 폭장이 울리면 연기와 불길이 솟아나와 사람들 얼굴을 서로 분간할 수 없게 되는데, 연기 속에 일곱 명이 모두 머리를 풀어헤치고 문신을 하고서 …… 진짜 칼을 들고 서로 싸우며 치고 찌르는데 …… 이것을 칠성도(七聖刀)라 한다.

갑자기 폭장이 울리고 다시 연기와 불길이 치솟으면 …… 수십 명이 모두 가면을 쓰고 기이한 옷차림으로 줄지어 나오는데, 마치 사묘(祠廟)의 귀신조각 같으며, 이를 헐장(歇帳)이라 부른다.

다시 폭장이 울리면 모두 물러나고 다음엔 한 사람이 꽹과리를 치며 백여 명을 끌고 나오는데……황백분(黃白粉)으로 그들의 얼굴을 칠하였고, 이를 말창(抹蹌)이라 불렀다. …… 함께 소리를 지르며 몇 차례 군진(軍陣)을 변화시킨다. 일자진(一字陣)을 이루고는 두 사람씩 진(陣)에서 나와 격투를 하는데 …… 이를 판락(板落)이라고 한다.[20]

---

20) 『東京夢華錄』; “忽作一聲如霹靂, 謂之爆仗, … 煙火大起, 有假面披髮, 口吐狼牙煙火, 如鬼神狀者上場. …步舞而進退, 謂之抱鑼. … 又一聲爆仗, 樂府動拜新月慢曲, 有面塗青碌, 戴面具金睛, 飾以豹皮錦繡看帶之類, 謂之硬鬼. …爲驅捉視聽之狀. 又爆仗一聲, 有假面長髯 …如鍾馗像者, 傍一人以小鑼相招和舞步, 謂之舞判. 繼有二三瘦瘠, 以紛塗身, 金睛白面, 如髑髏狀, … 擧止若排戲, 謂之啞雜劇. 又爆仗響, 有煙火就湧出, 人面不相覩, 煙中有七人, 皆披髮文身, … 執眞刀, 互相擊鬪擊刺, … 謂之七聖刀. 忽有爆

이 뒤로도 시골 남녀로 분장한 사람들이 나와 놀이를 하고, 잡극(雜劇)을 두 단(段) 연출한 다음에는 여러 가지 기마술(騎馬術)과 말을 타고 부리는 재주 등 수십 가지를 상연하고, 두 무리가 겨루는 격구(擊毬)로 끝을 장식하게 된다.

여기에서 우리는 여러 가지 귀신이 등장하는 놀이를 발견하게 된다. 포라(抱鑼)·경귀(硬鬼)·무판(舞判)·헐장(歇帳) 등은 모두 귀신의 탈을 쓴 가면놀이이나 아잡극(啞雜劇)·칠성도(七聖刀)·말창(抹蹌)·판락(板落) 등의 연출자는 모두 도면(塗面)을 한 귀신은 아니지만 독특한 모습을 한 사람들이다. 이것은 중국의 전통적인 연극의 성격 변화에 따라 가면으로부터 도면(塗面)으로 넘어가는 과도기적인 현상으로 보인다. 같은 책의 「가행림수전관쟁표사연(駕幸臨水殿觀爭標賜宴)」에도 수괴뢰(水傀儡) 연출의 상세한 기록에 앞서 임수전(臨水殿)에서 제군(諸軍)이 연출하는 '백희'에 관한 기록이 보이는데 "대기(大旗)·사표(獅豹)·도도(棹刀)·만패(蠻牌)·신귀(神鬼)·잡극(雜劇)" 같은 종류가 있었다 하였으니, 보진루(寶津樓)에서의 제군백희(諸軍百戲)와 비슷한 내용이었을 것이다.

이밖에도 남송의 『몽량록』을 보면 권1 「원소(元宵)」에는 거리에서 연출되는 무대(舞隊) 중에 '신귀(神鬼)'가 보이며, 「팔일사산성탄(八日祠山聖誕)」에는 서호(西湖)에서 놀이를 하던 배에 "칠성(七聖)·이랑신(二郎神)·신귀(神鬼)" 등을 마련해 놓는다고 하였다. 『동경몽화록』 권8 「유월육일최부군생일이십사일신보관신생일(六月六日崔府君生日二十四日神保觀神生日)」에는 연출되던 '백희'에 '잡극'과 함께 '장귀(裝

仗響, 又復煙火, … 列數十輩, 皆假面異服, 如祠廟中神鬼塑像, 謂之歇帳. 又爆仗響, 卷退, 次有一擊小銅鑼, 引百餘人, … 以黃白紛塗其面, 謂之抹蹌. … 喝喊變陣子數次. 成一字陣, 兩兩出陣格鬪, … 謂之板落. …"

鬼)'도 끼어 있고, "장귀신(裝鬼神)·토연화(吐煙火)"에 대한 설명도 보인다. 그러므로 '나'로 말미암아 발전한 귀신놀이가 상당히 보편화되었음을 알 수 있다.『동경몽화록』 권5「경와기예(京瓦伎藝)」의 30여 종 속에도 '신귀(神鬼)'가 들어 있고, 남송의『몽량록』 권20의「백희기예(百戲伎藝)」 속에는 "장귀신(裝鬼神)·무판관(舞判官)"이 보이며,『도성기승(都城紀勝)』의「와사중기(瓦舍衆伎)」에는 '장귀신(裝鬼神)·포라(抱鑼)·무판(舞判)'이 보이고,『무림구사(武林舊事)』 권6의「제색기예인(諸色技藝人)」 속에도 '신귀(神鬼)'가 보이니 북송시대에 발달한 귀신놀이가 남송에 가서도 상당히 보편화되고 전문화되어 있었음을 알 수 있다.

다시 남송의『무림구사』 권2「무대(舞隊)」에는 '대소전붕괴뢰(大小全棚傀儡)'라는 제목 아래 사사귀(查查鬼)·할판관(瞎判官)·포라장귀(抱鑼裝鬼) 등의 명목(名目)이 보이는데, 역시 대부분이 인형을 이용하는 귀신놀이임이 분명하다. 다만 여기에선 연출자인 무대(舞臺)의 인원이 어디에서 어디까지가 인형이고 어디서부터가 사람인지 구분이 분명치 않다. 여기에는 대소작도포로(大小斫刀鮑老)·교곤포로(交袞鮑老) 등의 명목도 보이는데, 순카이디(孫楷第)는『괴뢰희고원(傀儡戲考原)』「1.한조인소위괴뢰(漢朝人所謂魁儡)」에서 '괴뢰'에 대하여 다음과 같이 논하고 있다.

> "근대의 괴뢰(傀儡)에는 두 파가 있는데, 하나는 진짜 사람이 '괴뢰'로 분장하는 것이다. 송대의 '괴뢰'인 무포로(舞鮑老)·솨화상(耍和尚) 같은 것이다. 무포로(舞鮑老)와 솨화상(耍和尚)은 가수(假首)를 썼으므로 한(漢)대의 방상무(方相舞)와 같은 것이다. 지금의 무대에서 귀신으로 분장하거나 정월 보름 '괴뢰'로 분장하는 데에, 아직도 그런 수법이 남아 있는 것이다.[21]

21)『傀儡戲考原』; "近代傀儡有二派. 一以眞人扮演, 如宋之傀儡 '舞鮑老'·'耍

한(漢) 이후 성행된 귀신놀이는 '가무희'의 발전에 따라 귀신보다도 사람들과의 관련이 더욱 많아지다가, 북송시대에 와서는 다시 귀신들과 관련이 밀접해지며 크게 '나희(儺戲)'로 발전하였던 것이다. 곧 귀신놀이와 함께 중당(中唐, 756-835) 무렵부터 일기 시작했던 '가무희'의 변화는 북송시대에 이르러 중국의 연극을 진일보 더욱 다양하게 발전시키어 완전히 다른 성격의 것으로 바꿔 놓게 되는 것이다.

5) 북송의 잡극(雜劇)

(1) '잡극'의 뜻

'잡극'이란 말은 그 뜻이 명확하지 않다. 일정한 연희(演戲)를 가리키는 말로도 쓰였지만, 상당히 넓은 뜻으로 여러 가지 놀이를 총합(總合)하여 부르는 말로도 쓰였다. 앞에서 북송의 연예를 설명하기 위하여 인용한 글 중에 이미 '잡극'이란 말이 여러 번 보였으니 그러한 느낌을 받았을 것이다. 곧 넓은 뜻으로는 '잡희'는 백희(百戲)와 거의 같은 뜻으로 쓰이고, 좁은 뜻으로는 북송 때 유행한 간단한 희극(戲劇) 성격을 띤 놀이를 가리킨다. 그 위에 민간에서 발생한 이들 연희가 귀족이나 왕실로 옮겨가면서 또 다른 많은 변화가 일어나고, 다시 공연하는 때나 장소에 따라 놀이의 성격이 유동적이었기 때문에 같은 놀이라 하더라도 그 성격에 변화가 있을 수밖에 없다. 여하튼 먼저 북송시대 '잡극'의 성격을 분명히 인식하기 위하여

和尙' 等是也. '舞鮑老'·'耍和尙' 戴假首, 與漢之舞方相同. 今戲臺扮鬼神及元夕扮傀儡, 尙存此制."

그에 관한 여러 가지 기록을 인용하면서 그 뜻을 분석하여 풀이해 보고자 한다.

첫째; '잡극'은 '백희(百戲)' 중의 일종이었다. 맹원로(孟元老)의 『동경몽화록』만 보더라도 권6의 「원소(元宵)」에는 정월 보름날 연출된 "기술이능(奇術異能)과 가무백희(歌舞百戲)"를 설명하면서, 격환축국(擊丸蹴踘)·답색상간(踏索上竿)·도끽냉도(倒喫冷淘)·탄철검(呑鐵劍)·약법괴뢰(藥法傀儡)·토오색수(吐五色水)·선소니환자(旋燒泥丸子)·회약(灰藥) 등에 이어 '잡극'을 들고, 다시 혜금(嵇琴)·소관(簫管)·소련약방(燒煉藥方)·작극술(作劇術)·잡반(雜扮)·축구(築毬)·오대사(五代史)·충의(虫蟻)·고적(鼓笛) 등의 명인들과 또 다른 잡희(雜戲)들을 소개하고 있다.

권7의 「가행임수전관쟁표사연(駕幸臨水殿觀爭標賜宴)」에는 '제군백희(諸軍百戲)'로 대기(大旗)·사표(獅豹)·도도(棹刀)·만패(蠻牌)·신귀(神鬼) 등과 함께 '잡극'을 들고 있다. 권8의 「유월육일최부군생일이십사일신보관신생일(六月六日崔府君生日二十四日神保觀神生日)」에서는 신보관(神保觀)에서 상연된 '백희'로 상간(上竿)·적농(趯弄)·도색(跳索)·상복(相撲)·고판(鼓板)·소창(小唱)·투계(鬪鷄)·설원화(說諢話)·잡반(雜扮)·상미(商謎)·합생(合笙)·교근골(喬筋骨)·교상복(喬相撲)·낭자(浪子)·규과자(叫果子)·학상생(學像生)·탁도(倬刀)·장귀(裝鬼)·아고(砑鼓)·패봉(牌棒)·도술(道術) 등 중간에 '잡극'을 들고 있다.

그러므로 '잡극'은 '백희(百戲)'의 일종으로 여겨졌음이 분명한데, 경우에 따라서는 '백희'와 같은 뜻의 말인 '잡희'와 같은 뜻으로도 쓰였던 것 같다. 『동경몽화록』 권9의 「재집친왕종실백관입내상수(宰執親王宗室百官入內上壽)」를 보면, '제오잔(第五盞)'에서 소아대무(小兒隊舞)를 연출하고 난 뒤에 일장양단(一場兩段)의 '잡극'을 연출하게 된다. 그리고 그때의 교방(敎坊) 잡극색(雜劇色)을 소개하고 나서 이런 말을 하고 있다.

> "내전(內殿)의 '잡희'는 잔치에 참여하는 외국 사신들이 있기 때문에 감히 심한 익살을 하지는 못하고, 오직 무리를 이용하여 그 비슷한 형상만을 연출했기 때문에 세간의 말로는 예천(拽串)이라 불렀다. '잡희'가 끝나면 참군색(參軍色)이 작어(作語)를 하고 소아대(小兒隊)를 퇴장시킨다."[22]

다시 '제칠잔(第七盞)'에서도 여동대무(女童隊舞)의 끝머리에 '잡희'를 인도하여 가지고 들어와 일장양단(一場兩段)의 연출을 하게 한다. 이에 의하면 '잡희'는 '잡극'과 같은 말로 쓰이고 있음이 분명하다. 오자목(吳自牧, 1270년 전후)의 『몽량록(夢粱錄)』 권3의 「재집친왕종실백관입내상수(宰執親王宗室百官入內上壽)」의 기록을 보면, 역시 제오잔(第五盞)과 제칠잔(第七盞)에서는 '일장양단(一場兩段)'의 '잡극'을 연출하고 있으니, 이를 통해서도 앞의 '잡희'는 '잡극'의 뜻이었음을 알 수 있다.

둘째; 과백(科白)을 위주로 하는 '골계희'도 '잡극'이라 불렀다. 그것은 이미 왕궈웨이(王國維)가 그의 『송원희곡고』 제2장 「송지골계희(宋之滑稽戲)」에서 지적한 바이며, 그가 인용하고 있는 '골계희'의 예문 중의 여러 곳에서 '골계희'를 '잡극'이라 부르고 있다. 홍매(洪邁, 1123-1202년)의 『이견지(夷堅志)』 정집(丁集, 권4)에서는 '잡극'의 뜻을 다음과 같이 설명하고 있다.

> "배우와 난쟁이는 주(周)나라 기예(技藝) 중에서도 낮고도 천한 자들이

22) 『東京夢華錄』; "內殿雜戲, 爲有使人預宴, 不敢深作諧謔, 惟用群隊裝其似像, 市語謂之拽串. 雜戲畢, 參軍色作語, 放小兒隊."

> 다. 그러나 농담으로써 정치를 바르게 풍자하여 옛날 장님이 글을 외우고 악공으로 간(諫)하던 뜻과 합치되는데, 세상에서 '잡극'이라 부르는 것이 그것이다.[23]

그에 의하면 풍간(諷諫)을 목표로 하는 '골계희'를 세상에서는 '잡극'이라고도 부르고 있다는 것이다. 한편 런얼베이(任二北)는 『돈황곡초탐(敦煌曲初探)』에서 당(唐)대의 희극을 가무류희(歌舞類戲)와 과백류희(科白類戲)의 두 가지로 크게 나누고 있는데, 제5장 「잡고여억설(雜考與臆說)」의 당대 희극의 체제를 논한 대목에서 "과백류희 안에는 가곡이 중간에 쓰이는 것들도 있었다."고 지적하고 있다. 과백류희는 '골계희'가 그 중심을 이루고 있고, 과백(科白)이 위주이기는 하지만 몇 곡의 가곡(歌曲)도 쓰인 것을 흔히 발견하게 된다. 그런데 북송에 와서 '과백'을 위주로 하는 '골계희'를 '잡극'이라 부르게 되었던 것이다.

셋째; 북송 '잡극'은 '가무희'를 가리키기도 한다. 『송사(宋史)』 권142 악지(樂志)에 다음과 같은 기록이 보인다.

> "진종(眞宗, 998-1022년 재위)은 정성(鄭聲)을 좋아하지 않아 어떤 이가 잡극사(雜劇詞)를 짓기도 하였으나 밖으로 그것을 선포한 일은 없었다."[24]

여기의 "잡극사(雜劇詞)"는 '가무희'의 가사라고 보아야 할 것이다. 남송 『몽량록(夢粱錄)』 권20의 「기악(伎樂)」에 보이는 다음과 같은 기

---

23) 『夷堅志』; "俳優侏儒, 周技之下且賤者, 然亦能因戲語而箴諷時政, 有合于古矇誦工諫之義, 世目爲雜劇者是已."

24) 『宋史』; "眞宗不喜鄭聲, 而或爲雜劇詞, 未嘗宣布于外."

록도 참고로 삼을 수 있을 것이다.

> "전에 변경(汴京)의 교방대사(敎坊大使) 맹각구(孟角毬)가 잡극본자(雜劇本子)를 지은 일이 있고, 갈수성(葛守誠)은 사십대곡(四十大曲)을 지었으며, 정선현(丁仙現)은 재주가 뛰어나고 음악을 잘 알았다."[25]

다시 주밀(周密, 1232-1308년)의 『무림구사(武林舊事)』 권10의 「관본잡극단수(官本雜劇段數)」에는 모두 280본(本)의 '잡극' 명목(名目)이 실려 있는데, 그 중 대곡(大曲)을 쓰고 있는 것이 103본, 법곡(法曲)을 쓴 것이 4본, 제궁조(諸宮調)를 쓴 것이 2본, 보통 사조(詞調)를 쓴 것이 35본이나 되니,[26] 이를 통하여 여기의 '잡극'은 태반이 '가무희'였음을 알 수 있다. '대곡'과 '법곡' 및 '제궁조'는 모두 공연의 형식이 가무희임에 틀림이 없는 것들이다.

넷째; 북송 '잡극'은 괴뢰희(傀儡戲)로도 연출하였다. 『동경몽화록』 권5의 「경와기예(京瓦伎藝)」에 이런 대목이 보인다.

> "잡극을 연출하는 '장두괴뢰(杖頭傀儡)'를 임소삼(任小三)이란 배우가, 매일 이른 아침 소잡극(小雜劇)을 두회(頭回)로 연출하는데, 약간 늦어도 구경할 수가 없었다."[27]

인형놀이로도 골계희나 가무희를 연출했을 것임은 의심의 여지도 없는 것이다. 여기의 '두회'라는 말은 정식 '잡극'을 연출하기에

---

25) 『夢粱錄』; "向者, 汴京敎坊大使孟角毬曾做雜劇本子, 葛守誠撰四十大曲, 丁仙現捷才知音."

26) 王國維, 『宋元戲曲史』 五. 宋官本雜劇段數 참조.

27) 「京瓦伎藝」; "般雜劇, 杖頭傀儡任小三, 每日五更頭回小雜劇, 差晩看不及矣."

앞서 미리 간단한 '잡극'을 선보이는 것이다. 더구나 북송의 '잡극'은 한 가지 연예를 가리키는 말로 쓰일 경우에, 그 '잡극'은 얘기를 연출하는 기능이 뚜렷해졌는데, '괴뢰희'도 북송에 와서는 그런 특징을 보이고 있음으로 이들 사이에 밀접한 연관이 있는 것은 매우 자연스런 현상이다.

이상을 종합해 보면 잡극에는 화극(話劇)도 있고 가무극(歌舞劇)도 있었으며, 짧고 단순한 연극적인 놀이도 있었고 상당히 긴 장편 형식의 작품도 있었다. 곧 잡극은 형식이나 내용이 매우 다양하였다.

(2) 소잡극(小雜劇)

앞에 인용한 『동경몽화록』에 '소잡극'이란 말이 보였는데, 이에 의하면 '잡극'에는 소잡극(小雜劇)과 대잡극(大雜劇)의 구별이 있었음이 분명하다. 순카이디(孫楷第)는 『괴뢰희고원(傀儡戲考原)』의 「3. 송지괴뢰희(宋之傀儡戲)」에서 다음과 같은 주장을 하고 있다.

> "소잡극이란 대체로 골계소극(滑稽小劇)으로 당시에 진짜 사람들이 연출하던 '잡극'과 같은 것이다. 소(小)라는 것은 연분(煙粉)·영괴(靈怪)·철기(鐵騎)·공안(公案) 같은 여러 '괴뢰희'와 구별해서 말한 것이다. 당시 진짜 사람들이 연출하던 '잡극'에 대소의 구분이 있어서 그것을 괴뢰희로 옮겨 적용한 것이 아님이 극히 분명하다. 대체로 당시에 진짜 사람들이 연출하던 '잡극'에는 그 구성이 작지 않은 것이란 없었으니 소극(小劇) 가운데에서 다시 크고 작은 것을 분별할 수는 없었다."[28]

28) 『傀儡戲考原』; "小雜劇者, 蓋是滑稽小劇, 與當時以眞人扮演之雜劇同. 小者, 別於煙粉·靈怪·鐵騎·公案諸傀儡戲而言, 非因當時以眞人扮演之雜劇有大小之分, 移稱於傀儡戲甚明. 蓋當時以眞人扮演之雜劇, 其劇無不小者, 不得于小劇之中, 更分別大小也."

그는 그 당시의 사람들이 연출하던 '잡극'은 모두가 '소잡극'이라고 본 것이다. 그러나 사람들이 연출하는 '잡극'에도 대소(大小)의 구별이 있었음이 분명하다. 송대 홍손(洪巽)의 『양곡만록(暘谷謾錄)』을 보면, "경도(京都)의 중하(中下)의 집안에서는 아들 낳는 것을 중히 여기지 아니하고 딸을 낳기만 하면 구슬을 받들고 진주를 위하듯 애호하였다."고 하면서, 그 이유는 이들이 커서 기예(技藝)를 배워 사대부들을 위해 일하는 신변인(身邊人)·본사인(本事人)·공과인(供過人)·침선인(針線人)·당전대잡극인(堂前大雜劇人) 등의 일을 할 수 있기 때문이라 하였다.[29] '잡극(雜劇)'은 '극잡(劇雜)'으로 된 판본도 있으나 잘못일 것이다.

남송 주밀(周密)의 『무림구사』 권1 성절(聖節)의 「천기성절배당악차(天基聖節排當樂次)」를 보면, 초좌(初坐)의 제사잔(第四盞) 끝머리에 가서 오사현(吳師賢) 이하의 영인(伶人)들이 먼저 '소잡극'을 연출하고 나서, 다시 '잡극' 「군성신현찬(君聖臣賢爨)」을 연출하고 있다. 여기에서도 '소잡극'은 두회(頭回)의 형식이었을 것이다. 그 뒤로도 제오잔(第五盞)에선 '잡극' 「삼경하서(三京下書)」, 재좌(再坐)의 제사잔(第四盞)에선 '잡극' 「양반(楊飯)」, 제오잔(第五盞)에선 '잡극' 「사야소년유(四偌少年遊)」가 상연되고 있으나 '소잡극'은 없다. 이들은 술자리라서 내용이 간단한 작품이어서 '소잡극'이 필요치 않았을 것이다. 어떻든 사람들이 연출하는 '잡극'에도 '대잡극'이 있었다고 보아야 할 것이다. 『동경몽화록』 권8의 「중원절(中元節)」 대목을 보면 7월 칠석이 되면 보름날에 이르기까지 「목련구모(目連救母)」 잡극을 연출하였다는

29) 『暘谷謾錄』; "京都中下之戶, 不重生男, 每生女, 則愛護如捧璧擎珠. 甫長成, 則隨其資質, 教以藝業, 用備士大夫採拾娛侍, 名目不一, 有所謂身邊人·本事人·供過人·針線人·堂前大雜劇人·折洗人·琴童·棋童·廚子."

기록이 있다. '목련이 자기 어머니를 지옥으로부터 구출해낸다'는 그 얘기 줄거리로 보거나, 후세 각 지방에서 제의(祭儀)와 함께 연출되고 있는 여러 가지 「목련구모」 연극을 놓고 볼 때, 이 잡극은 '대잡극'일 뿐만이 아니라 그 구성이 거의 후세의 '대희'에 가까운 것이 아니었을까 짐작이 간다.

같은 『동경몽화록』 권7의 「가등보진루제군정백희(駕登寶津樓諸軍呈百戲)」 대목을 보면 '아잡극(啞雜劇)'이라는 것을 두세 명의 흰 칠을 몸에 하고 하얀 얼굴에 금빛 눈알을 단 해골 모양의 사람들이 나와 연출한다. 무언극이어서 '아잡극'이란 호칭이 붙은 것이 아닌가 한다. 어떻든 송대의 잡극에는 성격이 다양하고, 내용도 서로 다른 여러 종류의 것들이 있는 반면, 가무극에 매우 가까워진 잡극도 있었음을 알 수 있다.

이상을 간추려 보면 북송시대에는 정잡극인 대잡극(大雜劇)을 공연하기에 앞서 두회(頭回) 형식으로 연출하던 간단한 형식의 '소잡극'이 있었다고 하여야 할 것이다.

(3) 잔치 때 상연한 '잡극'

'잡극'은 궁전의 잔치자리에서도 상연되었다. 『송사(宋史)』 권142 악지(樂志)를 보면 '춘추성절삼대연(春秋聖節三大宴)'의 제십(第十)과 제십오(第十五)에 '잡극'이 보인다. 『동경몽화록』 권9의 「재집친왕종실백관입내상수(宰執親王宗室百官入內上壽)」의 연회 절차를 보면, 제사잔(第四盞)에 여러 잡극색(雜劇色)이 등장하여 "작어(作語)"하고 대곡(大曲)에 맞추어 춤을 추며, 제오잔(第五盞)에선 소아대무(小兒隊舞) 끝머리에, 제칠잔(第七盞)에선 여동대무(女童隊舞) 끝머리에 "일장양단(一場兩段)"의 '잡극'을 연출하고 있다. 이 밖에도 궁전의 연회나 행사에 '잡극'을 상연하였다는 기록은 상당히 많다. 그 밖에 연사(燕射)나 유연(遊宴)을 비롯한 임금의 여러 가지 행사와 원소(元宵) 및 신관(神觀)에서의 행사 등에도 '잡극'이 연출되었고,[30] 다시 잡극색(雜劇色)이 동원된 행사도 여러 가지가 있었다.[31] 그러니 무엇보다도 '잡극'은 잔치나 술자리의 오락용이 가장 많았던 듯하다.

그런데 『동경몽화록』 권9의 기록을 보면, 세사잔(第四盞)에는 "참군색(參軍色)이 죽간불자(竹竿拂子)를 들고 나와 치어(致語)와 구호(口號)를 읊으면, 여러 잡극색(雜劇色)들이 이에 화(和)하고 다시 작어(作語)를 하고는 대곡(大曲)에 맞추어 춤을 춘다."[32]고 하였다. 이에 의하면 잡극색(雜劇色)의 연출은 몇 명이 대곡(大曲)에 맞추어 춤을 추는 것이다. '대곡'에는 음악뿐만 아니라 노래가 있고 고사(故事)의 연출도 있었을 것이니, 그것은 가무희(歌舞戲) 또는 가무극(歌舞劇)이라 할 만한 성격의 것이었을 것이다. 남송(南宋)의 기록인 오자목(吳自牧)의 『몽량록』 권20 기악(妓樂) 대목을 보면[33] "전에 변경(汴京)의 교방대사(敎坊大使) 맹각구(孟角毬)가 '잡극'의 본자(本子)를 만들었고, 갈수성(葛守誠)은 사십 대곡을 지었으며, 또 정선현(丁仙現)이 재주가 많고 음악을 잘 알았다."[34]

30) 『東京夢華錄』 권6 元宵, 권7 駕幸臨水殿觀爭標賜宴, 駕登寶津樓諸軍呈雜戲, 권8 六月六日崔府君生日二十四日神保觀神生日, 권10 下赦 및 武林舊事, 권1 燕射, 권3 迎新 등 참조.

31) 『夢粱錄』 권1 車駕詣景靈宮孟饗, 권6 孟冬行朝饗禮遇明禋歲行恭謝禮; 『武林舊事』 권1 大禮, 恭謝 등 참조.

32) 『東京夢華錄』; "參軍色執竹竿拂子, 念致語口號, 諸雜劇色打和, 再作語, 勾合大曲舞."

33) 耐得翁의 『都城紀勝』 瓦舍衆伎에도 비슷한 기록이 있음.

34) "向者汴京敎坊大使孟角毬曾做雜劇本子, 葛守誠撰四十大曲, 丁仙現捷才知音."

는 기록이 있다. 여기에서 갈수성 이 지었다는 사십본의 대곡(大曲)은 '잡극'을 위한 것이 분명하며, "본자(本子)"란 대본(臺本)을 뜻할 것이니 상당히 긴 고사(故事)를 연출한 것일 것이다. 정선현은 북송 신종(神宗, 1068-1085년 재위) 때에 활약한 유명한 '잡극'의 명인이다.[35] 또 주밀의 『무림구사』에 실린 「관본잡극단수(官本雜劇段數)」에는 '대곡'을 사용한 작품이 103본(本)이나 실려 있다. 그러므로 여기의 '잡극'은 대곡의 연주로 어떤 고사를 연출한 '가무희'임이 분명하다. 이에 대하여는 뒤에 좀 더 자세히 논술할 예정이다.

그러나 제오잔(第五盞)과 제칠잔(第七盞)에서 소아대무(小兒隊舞)와 여동대무(女童隊舞) 뒤에 연출된 '잡극'은 "일장양단(一場兩段)"이라 하였으니,[36] 이는 대곡의 연출이 아님이 분명하다. 남송 때의 『몽량록』 권20 「기악(妓樂)」 대목을 보면 '잡극'의 "일장양단"에 대하여 다음과 같이 설명하고 있다.

> "또한 이르기를 '잡극' 중에선 말니(末泥)가 우두머리이며, 일장(一場)마다 4명 또는 5명이 한다고 한다. 먼저 보통 잘 아는 일을 1단(段) 연출하는데, 이를 염단(艷段)이라 부른다. 그 다음에야 정잡극(正雜劇)을 연출하는데 통틀어 양단(兩段)이라 부른다."[37]

---

35) 宋 無名氏, 『續墨客揮犀』 권5, 李薦, 『師友談記』 권10(以上 王國維, 『宋元戲曲史』 宋之滑稽戲 引).

36) 『夢粱錄』 권3 宰執親王南班百官入內上壽賜宴의 第五盞과 第七盞에서는 모두 隊舞없이 雜劇만을 연출하고 있고, 앞에서는 "一場兩段", 뒤에서는 "三段"이라 하였다.

37) 『夢粱錄』; "且謂雜劇中, 末泥爲長, 每一場四人或五人. 先做尋常熟事一段, 名曰艷段. 次做正雜劇, 通名兩段."(耐得翁의 『都城紀勝』 瓦舍衆伎에도 비슷한 기록이 있음.)

그러니 '일장'의 '잡극'을 공연하는데, 일단의 염단(艶段)을 연출한 다음 정잡극(正雜劇)을 연출하여 이를 양단(兩段)이라 부른다. 같은 책 권3「재집친왕남반백관입내상수사연(宰執親王南班百官入內上壽賜宴)」의 제칠잔(第七盞)에서는 참군색(參軍色)이 입장하여 삼단(三段)의 잡극을 연출한다고 하였다.

그 내용에 대하여는『몽량록』의「기악(伎樂)」에서 다음과 같이 말하고 있다.

> "대체로 모두 고사(故事)를 연출하는데, 골계(滑稽)한 것을 창(唱)하고 말하기에 힘쓰며, 전체적으로 '창'과 '말'을 서로 주고 받게 된다. 여기에는 본시 교훈이나 훈계를 하거나, 또는 잘못을 풍자하는 뜻을 담고 있으나, 자유로운 방법으로 표현하여 무과충(無過虫)이라고도 불렀다. 만약 임금 앞에서 연출하더라도 처벌을 받는 일이 없었으며, 일시적으로 임금의 얼굴에서 웃음을 피어나게 하면 되었다. 무릇 누가 잘못을 간(諫)하거나 간관(諫官)이 어떤 일을 아뢰어도 임금이 따라 주지 않으면, 이들이 고사(故事)를 가장하여 그 실정은 숨긴 채 그 일을 간하였는데, 임금은 얼굴에 노여움이 없었다."[38]

그러므로 이 일장양단(一場兩段)의 '잡극'은 골계(滑稽)를 위주로 하고 창념(唱念)을 서로 주고 받는 형식으로 이루어졌음을 알 수 있다. 소식(蘇軾, 1036-1101)의「집영전춘연교방사(集英殿春宴敎坊詞)」[39]를 보면, 소아대무(小兒隊舞) 뒤의 구잡극(勾雜劇) 하는 말로, "잘 웃고 즐기게 하기 위하여 여러 배우들의 재주를 삼가 연출하겠습니다."

---

38)『夢粱錄』; "大抵全以故事, 務在滑稽唱念, 應對通徧. 此本是鑒戒, 又隱于諫諍, 故從便跣露, 謂之無過虫耳. 若欲駕前承應, 亦無責罰, 一時取聖顔笑. 凡有諫諍, 或諫官陳事, 上不從, 則此輩妝做故事, 隱其情而諫之, 于上顔亦無怒也."(『都城紀勝』瓦舍衆伎에도 비슷한 기록이 있음.)

39)『蘇東坡全集』續集 권9 樂語.

라고 하였고, 여동대무(女童隊舞) 뒤의 구잡극(勾雜劇) 하는 말로는 "해는 마당 느티나무 가지 아래로 처졌지만 익살 피우는 배우들의 놀이를 삼가 연출하겠습니다."[40]고 하였다. 대무(隊舞)뒤에 연출되던 '잡극'은 골계와 익살을 위주로 하였음이 분명하다. 그리고 단순한 골계에 그치지 않고 간쟁(諫諍)의 뜻이 담긴 내용을 중시하였다.

다시 『몽량록』 권20의 「기악(伎樂)」 대목을 보면[41] 남송에 와서는 '잡극'의 후산단(後散段)으로 또 잡반(雜扮, 雜班·經元子·拔和 등으로도 부름)이 생겼는데, 시골 촌 노인의 모습을 한 배우가 나와 우스갯짓을 하는 1단(段)이라 하였다.

한편 이들 '잡극'은 창(唱)과 말을 주고받는 형식으로 이루어진다 하였지만, 실제로는 말과 동작을 사용하는 과백희(科白戲)에 가까운 것들이었다. 장단의(張端義, 1235년 전후)의 『귀이집(貴耳集)』 권 상(上)과 권 하(下)에 실린 궁전연회에서의 '잡극' 내용을 읽어보자.

> "효종(孝宗, 1163-1189년 재위)이 재상을 위해 잔치를 베풀었는데, 황제 앞에서 '잡극'을 하게 되었다. 수재(秀才)로 분장한 세 사람이 등장하여 먼저 물었다. '첫째 수재(秀才)님! 고향은 어디지요?' '상당(上黨) 사람입니다.' 둘째에게도 물었다. '둘째 수재님! 고향은 어디지요?' '택주(澤州) 사람입니다.' 그 다음에 또 물었다. '셋째 수재님! 고향은 어디지요?' '호주(湖州)사람입니다.' 다시 물었다. '택주(澤州) 수재님! 당신 고향에선 무슨 생약이 납니까?' '저의 고향에선 감초(甘草)가 납니다.' 다시 물었다. '호주(湖州)에선 어떤 생약이 납니까?' '황벽(黃蘗)이 납니다.' '어째서 호주에선 황벽이 나는 거지요?' '무엇보다도 황벽은 사람들에게 쓰기 때문입니다.' 당시 황제의 형인 수왕(秀王)이 호주에 있었기 때문에 그런 말이 나왔던 것이다. 효종은 그날로 수왕을 불러들여 집을 주고 조청(朝請)을 받들도

40) 「勾雜劇」; "宜資載笑之歡, 少進君優之技." 又 "日轉庭槐, 少進詼優之戲."

41) 『都城紀勝』 瓦舍衆伎에도 비슷한 기록이 보임.

록 하였다."[42]

"원언순(袁彦純)이 경윤(京尹)이 되었는데, 오로지 술의 유통에만 유의하였다. 술을 데워 다 팔아 버리고 나서는 상주(常州) 의흥현(宜興縣)의 술과 구주(衢州) 용유현(龍遊縣)의 술을 가져다가 도성에서 팔았다. 황제 앞에서 '잡극'을 하는데, 세 벼슬아치가 나와 첫째 사람은 경윤(京尹)이라 하고, 둘째 사람은 상주태수(常州太守)라 하고, 셋째 사람은 구주태수(衢州太守)라 하였다. 이 세 사람들이 자리다툼을 하다가, 상주태수가 먼저 경윤에게 양보하였다. '어찌 우리 두 고을 밑으로 처져서야 되겠소?' 그러나 구주태수는 다투면서 말하였다. '경윤이 우리 두 고을 아래 있어야만 하오!' 상주태수가 물었다. '어째서 그렇게 말하는 거지요?' 구주태수가 말하였다. '저 사람은 우리 두 고을의 도매 장사꾼이 아니오!' 영종(寧宗, 1195-1224년 재위)도 크게 웃었다.[43]

이것은 남송 때의 기록이나 북송의 잡극도 이와 같은 성격의 것들이었을 것이다. '잡극' 중에서도 간쟁(諫諍)의 뜻이 있는 것들이 주로 지식인들의 기록 속에 남아 있고, 또 그 뜻을 전하는 데 목적이 있으므로 완전히 과백희(科白戲)인 것처럼 기록되었다고 할 수도 있다. 그러나 이를 감안하더라도 일장양단(一場兩段)의 '잡극'[44]은 과백

42) 『貴耳集』; "壽皇賜宰執宴, 御前雜劇, 裝秀才三人. 首問曰, 第一秀才, 仙鄉何處? 曰, 上黨人. 次問, 第二秀才, 仙鄉何處? 曰, 澤州人. 次問, 第三秀才, 仙鄉何處? 曰, 湖州人. 又問, 上黨秀才, 汝鄉出甚生藥? 曰, 某鄉出人蔘. 次問, 澤州秀才, 汝鄉出甚生藥? 曰, 某鄉出甘草. 次問, 湖州出甚生藥? 曰, 出黃蘗. 如何湖州出黃蘗? 最是黃蘗苦人. 當時, 皇伯秀王在湖州, 故有此語. 壽皇卽日召入, 賜第, 奉朝請."

43) 『貴耳集』; "袁彦純尹京, 專一留意酒政, 煮酒賣盡, 取常州宜興縣酒, 衢州龍游縣酒, 在都下賣. 御前雜劇, 三個官人, 一曰京尹, 二曰常州太守, 三曰衢州太守. 三人爭坐位, 常守讓京尹曰, 豈宜在我二州之下? 衢守爭曰, 京尹合在我二州之下. 常守問曰, 如何有此說? 衢守云, 他是我二州拍戶. 寧廟亦大笑."

44) 『東京夢華錄』 권9 宰執親王宗室百官入內上壽의 宴會節次에서 第五盞과

희에 가까운 구성이어서, '가무희'와는 거리가 약간 멀어진 것이라 할 수도 있다. 그래도 정잡극(正雜劇)에는 노래와 춤의 성분이 어느 정도 남아 있었을 것이나 앞의 염단(艶段)과 뒤의 산단(散段)은 특히 골계(滑稽) 위주의 '과백희'였을 것으로 추측된다.

그리고 그 구성이 '염단' 1장(場)과 '정잡극' 1장의 양단(兩段)으로 이루어졌다는 것은 '잡극'이 더욱 정식화(程式化) 하였음을 뜻하는 것이다. 남송에 와서 잡반(雜扮)이라는 후산단(後散段)이 더 생겨났다는 것은 '잡극'의 정식화가 더욱 급속도로 추진되었음을 말해준다. 그리고 그것은 남송에 들어와 '잡극'에 등장하는 여러 가지 각색(脚色)의 명칭이 제대로 자리 잡혔던 것으로도 증명될 수 있는 일이다. 오자목(吳自牧, 1270 전후)의 『몽량록』 권20 「기악(伎樂)」 대목[45]에는 이런 기록이 있다.

> "또한 '잡극' 중에서도 말니(末泥)가 우두머리가 되는데, …… 말니색(末泥色)은 주장(主張)을 하고, 인희색(引戱色)은 분부(分付)를 하며, 부정색(副淨色)은 발교(發喬)를 하고, 부말색(副末色)은 타원(打諢)을 한다. 간혹 한사람을 더 보태어 장고(裝孤)라고도 한다."[46]

곧 '잡극'에는 말니(末泥)·인희(引戱)·부정(副淨)·부말(副末)·장고(裝孤) 등의 각색(脚色)이 있는데, '말니'는 '잡극'을 총지휘하고, '인희'는 놀이의 연출을 담당하며, '부정'은 어리석거나 잘못하는 모양을 가장하여 풍자할 자료를 만들어 주고, '부말'은 그것을 근거로 우스

第七盞의 雜劇을 모두 '一場兩段'이라 설명하고 있다.

45) 『都城紀勝』 *瓦舍衆伎*에도 대체로 같은 기록이 보인다.

46) 『夢粱錄』; "且謂雜劇中末泥爲長, …. 末泥色主張, 引戱 色分付, 副淨色發喬, 副末色打諢. 或添一人, 名曰裝孤."

개짓을 하는 것이며, '장고'는 관리노릇을 하는 각색이다.[47] 주밀(周密, 1232-1308)의 『무림구사』 권4 「잡극삼갑(雜劇三甲)」을 보면 희두(戲頭)·인희(引戲)·차정(次淨)·부말(副末)·장단(裝旦) 등의 각색명이 보이는데, 희두(戲頭)는 말니(末泥)와 같고, 차정(次淨)은 부정(副淨)과 같으며, 장단(裝旦)은 부녀자로 분장하는 각색이었다.

주밀의 『무림구사』를 보면 잔치자리에서 연출되던 '잡극'에 모두 제명(題名)이 기록되어 있다. 권1 「천기성절배당악차(天基聖節排當樂次)」를 보면 '초좌(初坐)'의 제사잔(第四盞)에선 '잡극' 「군성신현찬(君聖臣賢爨)」을, 제오잔(第五盞)에선 '잡극' 「삼경하서(三京下書)」를 연출하고, '재좌(再坐)'의 제사잔(第四盞)에선 '잡극' 「양반(楊飯)」을, 제육잔(第六盞)에선 '잡극' 「사야소년유(四偌少年遊)」를 연출한다. 권8 「황후귀알가묘(皇后歸謁家廟)」에선 '사연초좌(賜宴初坐)'의 제사잔(第四盞)에서 잡극색(雜劇色)이 「요순우탕(堯舜禹湯)」을, '재좌(再坐)'의 제칠잔(第七盞)에선 '잡극' 「연년호(年年好)」를 연출한다. 그리고 같은 책 권10의 「관본잡극단수(官本雜劇段數)」에는 280본(本)에 달하는 '잡극'의 제목(題目) 이름이 실려 있다.

앞에 이미 인용한 바와 같이 『몽량록』 권20 「기악(伎樂)」에는 "전에 변경(汴京)의 교방대사(敎坊大使) 맹각구(孟角毬)가 '잡극'의 본자(本子)를 만든 일이 있고, 갈수성(葛守誠)은 사십대곡(四十大曲)을 지었다."고 하였으니, 이미 북송 때부터 대본(臺本)에 의한 '잡극'들이 연출되었음이 분명하다. 남송에 와서는 '잡극'이 더욱 정식화(程式化)하여, 각색명(脚色名)도 자리를 잡고 놀이의 구성도 일정해졌으며 사용하는 음악에도 일정한 규정이 생기면서, 모두 일정한 대본에 의

47) 王國維『宋元戲曲史』七. 古劇之結構 참조.

하여 상연되는 연극으로 발전한 것이다. 「관본잡극단수(官本雜劇段數)」에도 대곡(大曲)을 사용한 것 103본(本), 법곡(法曲)을 사용한 것 4본(本) 등이 있으니, 갈수성(葛守誠)이 지었다는 사십대곡(四十大曲)도 '잡극'을 위한 것일 것이며, 또 '잡극'은 대곡(大曲)이나 법곡(法曲) 같은 음악 규범에 의하여도 정식화되었음을 알 수 있다.

특히, 당시의 극장인 와사(瓦舍)나 구린(勾欄)에서 상연되던 '잡극'은 술자리에서 연출되던 것들보다는 대체로 규모를 제대로 갖춘 '잡극'들이 중심이었을 것이다. 『몽량록』 권20의 「기악(伎樂)」 첫머리[48]에 이렇게 말하고 있다.

> "산악(散樂)은 교방삼십부(敎坊三十部)에서 전해진 것인데, 오직 '잡극'으로서 정색(正色)을 삼는다."[49]

대체로 극장인 와사에서 상연되던 여러 가지 잡예(雜藝) 중에서는 '잡극'이 가장 중시되었을 것으로 추측된다.

『동경몽화록』 권8 「중원절(中元節)」을 보면, "7월 15일을 중원절(中元節)이라 부르는데" "칠석날부터 『존승목련경(尊勝目連經)』을 찍어서 팔고" "구사(枸肆)의 악인(樂人)들은 칠석날이 지나면서부터 「목련구모(目連救母)」 잡극을 상연하기 시작하여 15일이 되어야 멈추는데, 구경꾼들은 두 배로 늘어난다."[50]고 하였다. 이에 의하면 이미 북송에서도 와사에서는 완전한 제명(題名)도 있고 이야기 줄거리도 상당히 복잡한 큰 규모의 '잡극'이 상연되었음을 알 수 있다.

---

48) 『都城紀勝』 瓦舍衆伎에도 비슷한 기록이 보임.

49) 『夢粱錄』; "散樂傳學敎坊十三部, 唯以雜劇爲正色."

50) 『東京夢華錄』; "七月十五日, 中元節. … (七夕) 及印賣尊勝目連經. … 构肆樂人, 自過七夕, 便般目連救母雜劇, 直至十五日止, 觀者增培."

(4) 악곡(樂曲)을 사용한 '잡극'

앞에서 북송 잡극(雜劇) 중에는 대곡(大曲) 등의 악곡(樂曲)을 사용한 것들이 있음을 지적하였는데, 북송 잡극 중에서 '가무희'라고 불러도 좋은 것은 이 부류에 속하는 것들이다. 류융지(劉永濟)의 『송대가무극곡록요(宋代歌舞劇曲錄要)』[51]를 보면 가무극(歌舞劇)으로서 송대 사람들의 저술이나 사집(詞集) 중에 보이는 것으로 다음과 같은 것들을 수록하고 있다. 여기에는 남송의 것들도 들어있지만 모두 북송의 것을 이어받은 것이기 때문에 참고가 되리라 여겨져 그대로 옮겨 적는다.

가) 대곡(大曲)에 속하는 것들;

① 동영(董穎, 1140년 전후) 「도궁박미(道宮薄媚)」 10편(遍)(曾慥, 1147년 전후, 『樂府雅詞』 卷上에 실림).

② 증포(曾布, 1101년 전후) 「수조가두(水調歌頭)」 7편(遍)(王明淸, 1127-1214?, 『玉照新志』 卷2에 실림).

③ 사호(史浩, 1106-1194) 「채련(採蓮)」 8편(遍)(본인의 『鄮峯眞隱大曲』 卷1에 실림).

나) 무곡(舞曲)[52]에 속하는 것들;

① 사호(史浩) 「채련무(採蓮舞)」(이하 모두 『鄮峯眞隱大曲』 권1·권2에 실림).

② 「화무(花舞)」

---

51) 上海 古典文學出版社, 1957 發行.

52) 劉永濟는 「總論」에서 "舞曲" 아래 "舞曲亦大曲, 但多用入破部份, 故前人亦有名之爲曲破者."라고 注書하고 있음.

③「검무(劍舞)」

④「어부무(漁父舞)」

다) 곡파(曲破)에 속하는 것;

① 무명씨(無名氏)「석노교(惜奴嬌)」곡파(曲破)(『高麗史』권71 樂志에 실림).

라) 법곡(法曲)에 속하는 것;

① 조훈(曹勛, ?-1174)「법곡도정(法曲道情)」(본인의『松隱樂府』에 실림).

그런데 류융지(劉永濟)는 '무곡(舞曲)'도 역시 대곡(大曲)으로 대부분 그 입파(入破) 부분을 사용하고 있어 이것을 곡파(曲破)라 부른 사람도 있다고 설명하고 있다. '곡파(曲破)'는 말할 것도 없이 '대곡'의 입파(入破) 부분으로 이루어지고, '법곡(法曲)'도 역시 '대곡'이나 그것이 법곡부(法曲部)에 속했다 하여 '법곡'이라 부른 것이라 하였다.[53] 왕궈웨이(王國維)도『송원희곡고』의「5. 송관본잡극단수(宋官本雜劇段數)」에서『사원(詞源)』권하(下)를 인용하여 "대곡(大曲)의 편수(片數, 곧 遍數)는 법곡(法曲)과 서로 비슷하니, 곧 이 두 가지는 대략 비슷한 것이었다."[54]고 설명하고 있다. 그러니 이것들은 모두 기본적으로 '대곡'을 사용한 것이라 하여도 좋을 것이다.

북송의 '대곡'은 당(唐)의 대곡을 계승 발전시킨 것인데,『송사(宋史)』권142 악지(樂志)에 "18조(調), 40대곡(大曲)"의 곡명(曲名)이 실려 있고, 왕궈웨이의『당송대곡고(唐宋大曲考)』에 의하면 그밖에도 송대

53) 이상 劉永濟,『歌舞劇曲錄要』總論의 自注 인용.

54)『宋元戲曲考』; "詞源(卷下)謂, 大曲片數(即遍數)與法曲相上下, 則二者畧相似也."

의 사람들의 저술 속에는 많은 '대곡'의 곡명이 보인다. '대곡'에는 모두 노래와 춤이 쓰였을 것인데, 완전한 '대곡'의 전편(全遍)이 전하는 것은 없어 그 구성의 전모를 알아보기는 힘들다.

그런데 '대곡'의 구성과 연창(演唱) 방법에 대하여는 심괄(沈括, 1030-1094)의 『몽계필담(夢溪筆談)』 권5에 다음과 같은 기록이 있다.

> "이른바 대편(大偏)이란 것에는 서(序)·인가(引歌)·삽(颯)·최(嗺)·초(哨)·최(催)·전(攧)·곤(衮)·파(破)·행(行)·중강(中腔)·답가 (踏歌)의 종류로 수십 해(解)가 있고, 또 해(解)마다 여러 첩(疊)이 있다. 그것을 일부 잘라 내어 쓰는 것을 적편(摘偏)이라 부른다. 지금 사람들의 '대곡'은 모두가 잘라 내어 쓰는 것이니, 모두 대편(大遍)은 아닌 것이다."[55]

왕작(王灼, 1162년 전후)의 『벽계만지(碧溪漫志)』 권3에는 다시 다음과 같은 설명이 실려 있다.

> "모든 '대곡'에는 산서(散序)·삽(颯)·배편(排遍)·전(攧)·정전(正攧)·입파(入破)·허최(虛催)·실최(實催)·곤편(衮遍)·헐박(歇拍)·쇄곤(殺衮)이 있어야 비로소 한 곡이 이루어지며, 그것을 대편(大遍)이라 한다. 그런데 나는 양주배편(楊州排遍) 10본(本)을 본 일이 있는데, 24단(段)이 있었다. 후세에 '대곡'의 가사를 짓는 사람들은 간편하게 생략하는 방법을 쓰고, 연주가들도 또 처음부터 끝까지 연주하려 들지 않게 되었으며, 심지어는 다 배우지도 못하는 경우도 있다."[56]

---

55) 『夢溪筆談』; "所謂大遍者, 有序·引歌·颯·嗺·哨·催·攧·衮·破·行·中腔·踏歌之類, 凡數十解, 每解有數疊者. 裁截用之, 謂之摘遍. 今人大曲, 皆是裁用, 悉非大遍也."

56) 『碧鷄漫志』; "凡大曲有散序·颯·排遍·攧·正攧·入破·虛催·實催·衮遍·歇拍·殺衮, 始成一曲, 此謂大遍. 而涼州排遍予曾見一本, 有二十四段. 後世就大曲製詞者, 類從簡省, 而管絃家又不肯從首至尾吹彈, 甚者學不能盡."

위의 기록 중에서 '대편(大遍)'이란 여러 편(遍)으로 이루어진 '대곡'을 이르는 말이며, 편명(遍名)은 여러 가지가 있었고, 또 한 편(遍, 또는 解)은 여러 첩(疊)으로 이루어지는 것이 보통이다. '배편(排遍)'은 "중서(中序) 또는 박서(拍序)라고도 하고" "가두(歌頭)라고도 하는"[57] '대곡'의 편명(遍名)인데, 24단(段)에 이르는 양주배편(楊州排遍)이 있었다니 대단히 큰 규모의 '대곡'이 있었음을 알게 된다.

류융지(劉永濟)는 여러 가지 송대의 기록들을 종합하여 송의 '대곡'은 대체로 다음과 같은 세 부분으로 연주의 순서가 구성되어 있다고 하였다.[58]

① 산서(散序) 1·2·3·4·5·6.

② 배편(排遍, 비로소 拍이 있음) 가두(歌頭, 引歌) 1·2·3·4·5·6·7·8·9연편(延遍, 帶花遍)·10전편(攧遍, 花十八, 正攧).

③ 입파(入破, 舞者가 입장한다) 1·2허최(虛催)·3전곤(前袞)·4실최(實催, 催拍)·5중곤(中袞)·6헐박(歇拍)·7쇄곤(殺袞, 徹).

지금 전하는 송대의 '대곡'·무곡(舞曲)·법곡(法曲) 등의 편수(遍數)는 서로 같지 않지만, 기본적으로 모두 이러한 구성으로 이루어지는 것이다. 심괄(沈括)의 삽(颯)·최(嗺)·초(哨)·행(行)·중강(中腔)·답가(踏歌)와 왕작(王灼)의 삽(颯)은 모두 '대곡'의 곡편(曲遍)이 아닌 것으로 여겨져 넣지 않았다고 하였다.

『송대가무극곡록요(宋代歌舞劇曲錄要)』에 실린 '대곡'들만 보아도 '대곡'이 큰 규모의 조곡(組曲)으로서 상당히 복잡하고 긴 고사(故事)

57) 王國維, 『唐宋大曲考』.

58) 『宋代歌舞劇曲錄要』 總論.

를 연출한 '가무희'였음을 알기에는 충분하다. 동영(董穎)의 「도궁박미(道宮薄媚)」 10편은 서시(西施)의 이야기를 중심으로 하여 춘추(春秋)시대에 오(吳)나라와 월(越)나라가 싸웠던 일을 연창(演唱)한 것이고, 증포(曾布)의 「수조가두(水調歌頭)」 7편은 당(唐)나라 심아지(沈亞之, 825 전후)의 전기(傳奇) 『풍연전(馮燕傳)』을 연창한 것이며, 사호(史浩)의 「채련(採蓮)」은 「수향사(壽鄉詞)」라는 부제(副題)가 뜻하듯이 송수연(頌壽宴) 같은 데서 연창하던 것이다.

이들보다도 가무(歌舞) 연창의 실상을 보다 상세히 알려주는 것은 무곡(舞曲) 4종이다. 보기로 사호(史浩)의 「채련무(採蓮舞)」의 구성을 살펴보기로 한다.

① 공연을 위하여 다섯 사람이 일자(一字)로 대청을 향하여 선다. 그리고 죽간자(竹竿子)가 구대사(勾隊詞)를 읊는다(16句의 勾隊詞).

② '구대사'를 읊고 나면 뒤에서 「쌍두련령(雙頭蓮令)」이 연주되며, 춤이 시작되고 춤추는 사람들이 오방(五方)으로 나누어져 춤을 춘다. '죽간자'가 또 '구대사'를 읊는다(10句의 勾隊詞).

③ '구대사'를 읊고 나면 뒤에서 「채련령(採蓮令)」이 연주되며, 춤추는 사람들은 돌아서 한 줄로 서고, 함께 「채련령」을 노래한다(21句의 「採蓮令」).

④ 노래가 끝나면 뒤에서 「채련령」을 연주하고, 춤은 오방(五方)으로 나뉘어져 춘다. '죽간자'가 '구대사'를 읊는다(12句의 勾隊詞).

⑤ 화심(花心)이 등장하여 아뢰는 말을 읊는다(12句의 念詞).

⑥ '죽간자'가 묻는 말을 읊는다(2句).

'화심'이 대답하며 묻는다(1句).

'죽간자'가 다시 묻는 말을 읊는다(1句).

'화심'이 대답을 읊는다(1句).

⑦ 읊고 나면 뒤에서 「채련곡파(採蓮曲破)」를 연주하고 다섯 사람들이 어울리어 「입파(入破)」를 춤춘다. 먼저 두 사람이 춤추며 나아와서, 춤을 추다가 깔린 자리 위에 멎었다가 선 곳에서 춤을 끝내며, 다른 두 사람도 춤을 추다가 역시 멎으며 선 곳에 그대로 있고, 그런 뒤에야 '화심'도 춤을 끝낸다. '죽간자'가 읊는다(8句의 念詞).

⑧ 읊고 나면 '화심'이 시를 읊는다(7言 4句의 詩).

⑨ 읊고 나면 뒤에서 「어가오(漁家傲)」를 연주한다. '화심'이 춤추며 나아와 꽃을 꺾고 「어가오」를 노래한다(10句의 「漁家傲」詞).

⑩ 노래가 끝나면 뒤에서 「어가오」를 연주한다. 다섯 사람이 춤추다 위치를 바꾸어 앉고, '화심'에 해당하는 서 있는 사람이 시를 읊는다(7言 4句의 詩).

⑪ 읊고 나면 뒤에서 「어가오」를 연주한다. '화심'이 춤추며 나와 꽃을 꺾고 「어가오」를 노래한다(10句의 「漁家傲」詞).

⑫ 노래가 끝나면 뒤에서 「어가오」를 연주한다. 다섯 사람이 춤추다 위치를 바꾸어 앉고, '화심'에 해당하는 서있는 사람이 시를 읊는다(7言 4句의 詩).

⑬ 읊고 나면 뒤에서 「어가오」를 연주한다. '화심'이 춤추며 나와 꽃을 꺾고 「어가오」를 노래한다(10句의 「漁家傲」詞).

⑭ 노래가 끝나면 뒤에서 「어가오」를 연주한다. 다섯 사람이 춤추다 위치를 바꾸어 앉고, '화심'에 해당하는 서있는 사람이 시를 읊는다(7言 4句의 詩).

⑮ 읊고 나면 뒤에서 「어가오」를 연주한다. '화심'이 춤추며 나와 꽃을 꺾고 「어가오」를 노래한다(10句의 「漁家傲」詞).

⑯ 노래가 끝나면 뒤에서 「어가오」를 연주한다. 다섯 사람이 춤추

다 위치를 바꾸어 앉고, '화심'에 해당하는 서있는 사람이 시를 읊는다(7言 4句의 詩).

⑰ 읊고 나면 뒤에서 「어가오」를 연주한다. '화심'이 춤추며 나와 꽃을 꺾고 「어가오」를 노래한다(10句의 「漁家傲」詞).

⑱ 노래가 끝나면 뒤에서 「어가오」를 연주한다. 다섯 사람은 춤추다가 먼저처럼 위치를 바꾸어 앉는다. '죽간자'가 구대사(勾隊詞)를 읊는다(16句의 勾隊詞).

⑲ 읊고 나면 모두가 「화당춘(畵堂春)」을 합창한다(9句의 「畵堂春」詞).

⑳ 노래가 끝나면 뒤에서 「화당춘」을 연주한다. 여럿이 춤을 추고 춤이 끝나면 또 「하전(河傳)」을 노래한다(13句의 「河傳」詞).

㉑ 노래가 끝나면 뒤에서 「하전」을 연주한다. 여럿이 춤을 추고 춤이 끝나면 '죽간자'가 견대사(遣隊詞)를 읊는다(6句의 遣隊詞).

㉒ 읊고 나면 뒤에서 「쌍두련령(雙頭蓮令)」을 연주한다. 다섯 사람이 춤을 추며 돌아서 한 줄로 늘어서서 대청을 향하여 장고를 치며 퇴장한다.

여기에는 악곡 연주도 있고 노래도 하고 읊기도 하며 춤도 춘다. 악곡도 있고 가사도 있으며, 구대사(勾隊詞)·견대사(遣隊詞)와 문답(問答) 및 시(詩)가 있다. 춤에는 화심무(花心舞)·오인무(五人舞)·이인무(二人舞)·중무(衆舞)가 있고, 꽃을 꺾는 동작도 하고 있다. 악곡에는 「쌍두련령(雙頭蓮令)」·「채련령(採蓮令)」·「채련곡파(採蓮曲破)」·「어가오(漁家傲)」·「화당춘(畵堂春)」·「하전(河傳)」등이 사용되고 있는데, 오직「쌍두련령」만이 가사가 없다.

이밖에도 「화무(花舞)」·「검무(劍舞)」·「어부무(漁夫舞)」 등의 구성을 보면 규모만 서로 작고 클 뿐 비슷한 성격의 것들이다. 특히 「검무(劍舞)」에는 한(漢)나라 때의 홍문연(鴻門宴)과 당(唐)나라 때의 공손대낭(公孫大娘)의 '검무'의 고사(故事)가 깃들어 있다. 이것들은 대체로 '대곡'의 입파(入破) 이후의 부분을 약간 변화시켜 만든 것이라 볼 수 있다. 모두 아름다운 글로 이루어진 가사들이니, 여기에 쓰이던 음악도 춤도 고도로 세련되고 우아한 성격의 것이었다고 여겨진다. 이것들은 모두 당(唐) 이전의 전통적인 '가무희'에 비하여 매우 정식화(程式化)되고 희극적인 요소가 크게 발전한 성격의 것들이다.

(5) 북송 잡극은 금(金) 원본(院本)과 어떻게 다른가?

한편 북송 말엽에 건국하여, 북송을 멸망시킨 뒤 남송(1127-1279) 때 몽고(蒙古, 1206-1259)에게 멸망당한 금(金)나라(1115-1234)에는 남송의 '잡극'과 비슷한 성격의 원본(院本)이 유행하였다. 도종의(陶宗儀, 1360년 전후)는 『철경록(輟耕錄)』 권25의 「원본명목(院本名目)」의 해제(解題)에서 이렇게 말하고 있다.

> "당(唐)나라에는 전기(傳奇)가 있고, 송(宋)나라에는 희곡(戲曲)·창원(唱諢)·사설(詞說)이 있고, 금(金)나라에는 원본(院本)·잡극(雜劇)·제공조(諸公調)가 있는데, '원본'과 '잡극'은 사실상 같은 것이다. 원(元)나라(1260-1368)에 와서야 '원본'과 '잡극'이 비로소 둘로 다르게 변하여 나누어졌다. '원본'은 5명이 하는데, 부정(副淨) …… 부말(副末) …… 인희(引戲)·말니(末泥)·고장(孤裝)이다. …… 또 염단(豔段)이 있는데, 역시 '원본'의 뜻이나 다만 비교적 간단하다."[59]

59) 『輟耕錄』; "唐有傳奇, 宋有戲曲·唱諢·詞說, 金有院本·雜劇·諸公調. 院本·雜劇, 其實一也. 國朝, 院本·雜劇始釐而二之. 院本則五人, 一曰副淨, … 一曰副末, … 一曰引戲, 一曰末泥, 一曰孤裝. … 又有豔段, 亦院本之意,

금(金)나라는 북송과 거의 같은 시대이다. 특히 앞에서 이미 논한 남송의 '잡극'은 여기에서 설명하고 있는 금대의 '원본'과 각생명(脚色名)이며 염단(談段, 艷段)이 있는 것 등 모두가 같았다. 그리고 『철경록』에서 원대에 이르러 '잡극'과 '원본'이 둘로 나누어졌다고 한 '잡극'은 대희(大戲)인 원잡극(元雜劇)을 가리키는 말이다. 북송의 잡극과는 다른 것이다.

『철경록(輟耕錄)』의 「원본명목(院本名目)」에는 도합 11류(類) 690종(種)의 '원본'의 제목(題目) 이름이 실려 있다. 그런데 왕궈웨이(王國維)가 『송원희곡고』에서 지적한 바와 같이 "이 명목(名目)을 통해서 볼 때 「송관본잡극단수(宋官本雜劇段數)」와 매우 비슷하며, 그보다 좀 더 복잡해져 있다."[60]는 정도의 차이이다. 이어서 왕궈웨이는 주밀(周密, 1232-1308)의 『무림구사(武林舊事)』에 실려 있는 「관본잡극단수」와 이 「원본명목」을 비교분석하여, 대곡(大曲)을 사용한 것은 '잡극'이 103종인데 비하여 '원본'은 16종, 법곡(法曲)을 사용한 것은 '잡극'이 4종인데 비하여 '원본'은 7종, 제궁조(諸宮調)를 사용한 것은 '잡극'이 2종인데 비하여 '원본'은 1종, 그리고 '잡극'은 보통 사조(詞調)를 사용한 것 35종인데 비하여 '원본'은 사곡조(詞曲調)를 사용한 것 37종이라 하였다. '원본'은 모두 690종, '잡극'은 모두 280종의 명목이 각각 수록되어있는 것을 감안하면, '원본'은 '잡곡'에 비하여 대곡(大曲)·법곡(法曲)·제궁조(諸宮調) 및 사조(詞調) 등의 악곡을 이용한 작품이 크게 줄어든 데 반하여, 설창(說唱)·잡희(雜戲) 등이 끼어 있는 「타략전축(打略拴搐)」 139종, 「제잡체(諸雜體)」 30종 등으로 크게 늘어

但差簡耳."

60) 『宋元戲曲考』 六. 金院本名目; "自此目觀之, 甚與宋官本雜劇段數相似, 而復雜過之."

나 있다. 이는 '잡극'이 북송 이전의 전통적인 악무(樂舞)를 계승하여 이루어진 것임에 비하여 '원본'에는 민간의 저속한 성격의 이질적인 연희 등이 다분히 보태어져 이루어진 것이라고 볼 수 있다. 바로 뒤에 논할 예정이지만 여기에서 말하는 '이질적'이란 것은 바로 '외국의 악무'를 가리키는 것이다.

한편 음악면에서 볼 적에 북송 '잡극'은 사(詞)의 가락으로 노래하고 '원본'은 곡(曲)의 가락으로 노래하였다. '사'와 '곡'은 문장의 형식면에서 볼 적에 구성이 매우 비슷하지만 그 음악적인 성격은 판연히 서로 달랐다. '사'는 '안록산(安祿山)의 난(755-763)' 이후 당나라 후기에 서민들의 가요의 형식을 본떠서 이백(李白, 701-762)을 비롯하여 백거이(白居易)와 유우석(劉禹錫, 772-842) 등에 의하여 지어지기 시작한 새로운 형식의 시이다. 이 새로운 '사'는 만당(晩唐) 오대(五代)를 거치면서 문인들에 의하여 본격적으로 새로운 시가로 창작되기 시작하고, 북송에 이르러는 마침내 그 시대를 대표하는 문학형식의 하나로 크게 유행하여 송사(宋詞)라는 말이 생겨날 정도로 발전한다. 그러나 북송 말엽에는 금(金)나라가 중원(中原) 땅을 차지하고 이어서 몽고족(蒙古族)이 남쪽으로 세력을 펼치면서 이들 오랑캐들의 전혀 다른 가락의 음악이 세상을 휩쓸게 된다. 증민행(曾敏行, ?-1175)의 『독성잡지(獨醒雜志)』 권5에는 다음과 같은 기록이 있다.

> "아버님께서 전에 말씀하시기를 '선화(宣和)연간(1119-1125) 말엽 변경(汴京)에 머물적에, 길거리의 사람들이 오랑캐 노래를 많이 부르는데, 곡목은 이국조(異國調) · 사국조(四國調) · 육국조(六國調) · 만패서(蠻牌序) · 봉봉화(蓬蓬花) 따위였다. 그 가사(歌詞)가 지극히 천박했으나 한 때 사대부들도 모두 그 노래를 불렀단다.'고 하셨다."[61]

61) 曾敏行 『獨醒雜志』; "先君嘗言, 宣和末, 客京師, 街巷鄙人, 多歌蕃曲, 名

북송 말엽에 이미 민간에는 오랑캐 노래가 크게 유행하였고 사대부들조차도 그 유행을 따랐음을 알 수 있다. 때문에 남송은 '사'의 창작을 이어받았다고 하나 '사'를 더 이상 발전시키지 못하고 원(元)나라 이후로는 오랑캐 음악을 바탕으로 한 '곡'의 시대가 된다.

이 '사'와 '곡'은 문장의 형식에 있어서는 매우 비슷하다. 때문에 문학사에 있어서는 '곡'은 '사'로부터 자연스럽게 발전한 악부 계열의 같은 성격의 시가라고 보는 이들이 많다. 그러나 '사'와 '곡'을 발전시킨 문화사적인 배경, 곧 '곡'과 '사'를 낳은 사회와 문화적인 성격 같은 것은 현격히 서로 다르다. '사'와 '곡'은 그 노래의 가락이며 그것을 반주하던 악기도 다르고 노래의 분위기도 완전히 서로 다른 것이다.

'곡'에는 단순한 노래인 산곡(散曲)과 가무로 이야기를 연출하는 잡극(雜劇)이 있다. 이 '잡극'은 앞에서 논한 북송의 '잡극'과는 전혀 다른 흔히 원잡극(元雜劇)이라 부르는 원대의 문학을 대표하는 희극이다. 음악에 있어서는 '산곡'과 '잡극'이 다를 바가 없어서 이를 아울러 '곡'이라고도 부른다.

왕세정(王世貞, 1526-1590)은 『곡조(曲藻)』 서문에서 '곡'의 발생에 대하여 이렇게 설명하고 있다.

> "'곡'이란 '사'가 변한 것이다. 금나라와 원나라가 중국 땅을 침입하여 지배하게 되면서 쓰게 된 오랑캐 음악으로, 시끄럽고 잡되고 처량하면서도 빨라서 리듬이 더디고 빠른 것을 '사'로서는 따라갈 수가 없어서 다시 새로운 곡조로서 그들에게 잘 보이려 한 것이다."[62]

曰異國調·四國調·六國調·蠻牌序·蓬蓬花等. 其言至俚, 一時士大夫亦皆歌之."

62) 王世貞『曲藻』序; "曲者, 詞之變. 自金元入主中國, 所用胡樂, 嘈雜淒緊,

'곡'은 본시 오랑캐 음악인 호곡(胡曲)에서 발전한 것이다. '곡'을 공연할 적에 쓰는 악기도 '사'와는 전혀 다른 것으로 변하였다. 명대 왕기덕(王驥德)의 『곡률(曲律)』에는 다음과 같은 말이 보인다.

> "원나라 때 북쪽 오랑캐들이 쓰던 악기는 쟁(箏)·진(秦)·비파(琵琶)·호금(胡琴)·혼불사(渾不似) 같은 종류였고, 그것들로 연주하던 악곡도 한인(漢人)들과는 같지 않은 것이었다. (陶九成이 지은) 『철경록(輟耕錄)』에 보이는데, 그 음조(音調)와 가사(歌詞)의 뜻이 어떠하였는지는 모르지만 그러나 역시 각각 한 가지 방식의 체제(體制)를 갖추고 있으니, 누가 오랑캐들에게는 제대로 된 사람이 없다고 말하겠는가?"[63]

'사'와 '곡'은 가락이나 노래의 성격이 전혀 달랐고 그 노래를 반주하는 악기도 전혀 다른 종류의 것이었다. 그런데 앞에서 북송 '잡극'은 사의 가락으로 노래하고 '원본'은 곡의 가락으로 노래하였다고 하였다. 그것은 북송의 '잡극'은 사와 같은 시대의 것이고 금나라 '원본'은 곡과 같은 시대의 것이기 때문이다. 사를 바탕으로 곡이 발전한 것처럼 '잡극'을 바탕으로 '원본'이 발전하여 문학적인 구성면에서는 두 가지가 비슷하게 보이지만 음악면에 있어서는 큰 차이가 있었다. 같은 시대의 민간가요이기 때문에 '잡극'과 사, '원본'과 '곡'의 음악은 같을 수밖에 없는 것이다. 그리고 이후에 발전한 희문(戲文)이나 원대의 잡극(雜劇)은 '원본'을 바탕으로 하여 발전한 연극임에는 의심의 여지가 없다. 이것들의 형식을 보더라도 '잡극'보다는 '원본'이 좀 더 얘기를 연출하는 방식이나 규모가 발전하였고, 뒤

緩急之間, 詞不能按, 乃更爲新聲以媚之."

63) 王驥德 『曲律』 권4 雜論 第三十九 下 ; "元時北虜達達所用樂器, 如箏·秦·琵琶·胡琴·渾不似之類, 其所彈之曲, 亦如漢人不同. 見『輟耕錄』, 不知其音調詞義如何, 然亦各具一方之製, 誰謂胡無人哉?"

의 '대희'들이 지니는 정식(程式)과 각색(脚色) 및 구성이 이미 더 대희인 희문(戲文)이나 원잡극(元雜劇)에 접근하고 있기 때문이다.

'잡극'과 '원본'은 얼핏 보기에 매우 유사한 연예인 것 같지만 실은 완전히 서로 다른 성격의 연예였다.

(6) 희문(戲文)의 성립

이상 얘기한 북송대의 '가무희'와 '강창' 및 '잡극'은 마침내 북송 말엽에 가서는 그 연출 형식이 보다 복잡해진 희문(戲文)이란 새로운 양식의 대희(大戲)를 발전시킨다. 이 '희문'은 원(元, 1260-1368)대의 잡극(雜劇), 명(明, 1368-1661)대의 전기(傳奇), 청(淸, 1616-1911)대의 화부희(花部戲)로 이어지는 새로운 희곡 발전의 시작이니, 곧 새로운 중국희곡사의 시작을 뜻하기도 하는 것이다.

이 희문은 여진족(女眞族) 금(金)나라(1115-1234)와 몽고족(蒙古族) 원(元)나라가 중원(中原)을 지배하여 그들의 문화를 중국 땅에 편 영향으로 이루어진 것이다. 따라서 같은 노래와 춤을 바탕으로 한 연극이라 하지만 새로 생겨난 대희인 희문의 노래 가락이나 춤사위며 연출 방법은 이전의 가무희나 잡희 같은 소희(小戲)와는 크게 달라진 것이다. 다만 이 희문이 언제 어디에서 어떻게 생겨난 것인지 확실한 기록이 없다.

그런데 이 오랑캐 노래를 바탕으로 한 새로운 희문이 남송 말엽 또는 원나라 초엽에는 중국의 북쪽지방 뿐만이 아니라 강남지역에서도 널리 공연되고 있었을 알려주는 기록이 있다. 원(元)대의 유일청(劉一淸)의 『전당유사(錢塘遺事)』를 보면 이런 기록이 있다.

> "가사도(賈似道) … 재상이 된 뒤에 평복을 입고 숨어 돌아다니며 세상을 살피다가 가끔 기생집에 들러 술도 마셨다. 무진(戊辰) 기사(己巳)연간에 이르러는『왕환(王煥)』희문이 남송 도읍에도 성행하였다."[64]

같은 시대의 섭자기(葉子奇)는『초목자(草木子)』에서 또 이런 말을 하고 있다.

> "배우들의 희문(戲文)은『왕괴(王魁)』에서 시작 되었는데 영가(永嘉) 사람이 만든 것이다."[65]

다시 남송 말엽 사람 유훈(劉塤)의『수운촌고(水雲村稿)』권4의「사인오용장전(詞人吳用章傳)」에는 또 이런 기록이 있다.

> "함순(咸淳)연간(1265-1274)에 이르러 영가희곡(永嘉戲曲)이 나왔는데, … 그 뒤로 음란한 음악이 성행하고 정음(正音)은 사글어들었다."[66]

『전당유사』에서 말한 무진(戊辰)년과 기사(己巳)년은 가사도(賈似道)가 재상으로 있던 기간이니 역시 함순(咸淳) 4년(1268)과 5년(1269)이다. 그리고 영가(永嘉)는 온주(溫州, 浙江)의 옛 이름이다. 이들에 의하면 남송 말엽 도종(度宗)의 함순(咸淳)연간 또는 원나라 초엽 세조(世祖)의 지원(至元)연간(1264-1294) 초기에 오랑캐 음악의 영향 아래 발전한 새로운 대희(大戲)인 희문(戲文)이 강남의 온주(溫州)지역에서 이루어져 남송의 도읍 임안(臨安)에서도 공연되고 있었음을 알 수 있다.

---

64) 劉一淸『錢塘遺事』; "賈似道 … 自入相後, 猶微服閑行, 或飮于妓家. 至戊辰己巳間, 王煥戲文盛行于都下."

65) 葉子奇『草木子』; "俳優戲文, 始于王魁, 永嘉人作之."

66) 劉塤「詞人吳用章傳」; "至咸淳, 永嘉戲曲出, … 而後淫哇盛, 正音歇."

그런데 북송 말엽에는 민간에 이미 여진족과 몽고족의 오랑캐 노래가 널리 유행하고 있었음을 알려주는 기록이 있다. 앞에서 '곡'의 발전을 설명하면서 인용한 증민행(曾敏行, ?-1175)의 『독성잡지(獨醒雜志)』 권5의 다음 기록을 다시 한 번 상기해 주기 바란다.

> "아버님께서 말씀하시기를 '선화(宣和)연간(1119-1125) 말엽에 변경(汴京)에 갔을 적에, 길거리의 사람들이 오랑캐 노래를 많이 부르는데, 곡목은 이국조(異國調)·사국조(四國調)·육국조(六國調)·만패서(蠻牌序)·봉봉화(蓬蓬花) 따위였다. 그 가사(歌詞)가 지극히 천박했으나 한 때 사대부들도 모두 그 노래를 불렀단다.'고 하셨다."[67]

그리고 명대 학자들의 기록에는 이와는 달리 북송 말엽에 이미 희문이 이루어졌음을 알려주는 기록이 있다. 그러니 북송 말엽에 이미 오랑캐 음악이나 그것을 바탕으로 이루어진 희문은 민간에 있어서는 강남지방에 까지도 널리 유행하고 있었다고 여겨진다. 축윤명(祝允明, 1460-1526)은 『외담(猥談)』에서 이렇게 말하고 있다.

> "남희(南戲)는 선화(宣和) 연간(1119-1125) 이후 남도(南渡)할 무렵(1127)에 생겨났는데 그것을 온주잡극(溫州雜劇)이라고 불렀다. 나는 「조굉부방금(趙閎夫榜禁)」이란 옛 기록을 보았는데, 「조정녀채이랑(趙貞女蔡二郞)」 같은 적지 않은 명목(名目)이 기록되어 있었으나, 또한 매우 많은 것은 아니었다."[68]

---

67) 曾敏行『獨醒雜志』; "先君嘗言, 宣和末, 客京師, 街巷鄙人, 多歌蕃曲, 名曰異國調·四國調·六國調·蠻牌序·蓬蓬花等. 其言至俚, 一時士大夫亦皆歌之."

68)『猥談』; "南戲出於宣和之後, 南渡之際, 謂之溫州雜劇. 余見舊牒, 有趙閎夫榜禁, 頗述名目, 如趙貞女蔡二郎等, 亦不甚多."

다시 서위(徐渭, 1521-1593)는『남사서록(南詞敍錄)』에 또 다음과 같은 가록을 남기고 있다.

> "남희는 송(宋) 광종(光宗)때 (1190-1194)시작되었는데, 영가(永嘉) 사람이 만든「조정녀(趙貞女)」와「왕괴(王魁)」두 가지가 실로 첫째 것이었다. … 어떤 이는 선화(宣和)연간(1119-1125)에 이미 시작되었고 그것이 성행된 것은 남도(南渡)한 이후라고도 한다. 그것을 영가잡극(永嘉雜劇) 또는 골령성수(鶻伶聲嗽)라고도 불렀다. 그 곡은 송대 사람들의 사(詞)에 길거리 가요를 더 보태놓은 것이어서 궁조(宮調)가 들어맞지 않아 사대부들은 관심을 거의 두지 않았다."[69]

'희문'은 '남희(南戲)'·'남희문(南戲文)' 등으로도 불리었다. 서위는 남송의 광종 때 '희문'이 시작되었다고 말한 뒤, 다시 축윤명이 말한 북송 휘종(徽宗)의 '선화연간'에 시작되었으나 그것이 성행한 것은 남송 이후라고 한 말도 받아들이고 있다. 희문은 또 '온주잡극'·'영가희곡'·'영가잡극' 또는 '골령성수'라고도 불렀음을 알 수 있다. 그리고 그 시대에 공연되었다는 희문 작품으로는「왕괴(王魁)」·「왕환(王煥)」·「조정녀(趙貞女)」·「조정녀채이랑(趙貞女蔡二郎)」등 몇 가지가 보일뿐이다. 송원희문(宋元戲文)의 명목은 명대 서위의『남사서록(南詞敍錄)』·『영락대전(永樂大全)』등에 모두 238종[70]이 보이나 지금 전해지고 있는 본래 희문의 모습을 간직하고 있다는 작품은『장협장원(張協狀元)』·『환문자제착립신(宦門子弟錯立身)』·『소손도(小孫屠)』·『백

---

69)『南詞敍錄』; "南戲始於宋光宗朝, 永嘉人所作趙貞女·王魁二種實首之. … 或云, 宣和間已濫觴, 其盛行則自南渡, 號曰永嘉雜劇, 又曰鶻伶聲嗽. 其曲則宋人詞而益以里巷歌謠, 不協宮調, 故士夫罕有留意者."

70) 錢南揚『戲文概論』(1981.3. 上海古籍出版社刊) 劇本 第三 第一章 一篇 總帳 p.82 依據.

토기(白兎記)』·『비파기(琵琶記)』의 다섯 가지이다.

이처럼 중국의 규모가 크게 갖추어진 연극으로 남곡(南曲)인 희문이 가장 먼저 이룩되었으나, 뒤를 이은 원나라가 북방 몽고족이어서 원대에는 다시 북곡(北曲)인 잡극(雜劇)이 성행하여 희문은 거의 자취를 감췄다. 그리고 희문을 계승 발전시켜 전기(傳奇)를 성행케 하였던 명(明)나라 사람들은 흔히 희문을 이속(俚俗)하다 하여 매우 경시하였다. 이런 때문에 청(淸)나라시대에 이르러는 마침내 북송시대에 희문이 이루어졌다는 사실조차도 잊어버리는 지경에 이르렀다.

어떻든 북송시대에는 민간연예조차도 크게 발전하여, 그 뒤로 중국을 지배한 여진족(女眞族)과 몽고족(蒙古族)의 영향 아래 이전의 중국 전통희곡과는 음악이나 무용 및 연출방법이 전혀 달라진 대희(大戱)인 희문(戱文)까지도 이루어지게 하였다. 그러나 이 희문의 발전은 북송시대에 크게 발전한 중국의 전통문화가 이미 그때부터 이질적인 방향으로 기울어지기 시작하였음을 알려주는 사실이기도 하다.

제11장
중국역사상 가장 위대한 북송왕조(北宋王朝)

– 끝맺는 말

중국역사상 여러 면에서 가장 훌륭한 왕조를 들라고 하면 북송을 들어야 한다. 이미 앞에서 논술한 것처럼 나라를 이상적으로 잘 다스린 왕조가 북송이다. 북송은 건국부터가 중국의 다른 일반 왕조와는 다른 방식으로 이루어졌다. 곧 태조(960-975 재위)·조광윤(趙匡胤)은 자신의 의사와는 상관없이 밑의 부하들이 추대하고 또 후주(後周)의 임금이 황제 자리를 자진하여 물려주어 황제가 되고 북송 나라를 세우게 되었다. 군대를 몰고 들어가 잔인하게 약탈과 살인으로 상대방을 없애버리고 나라를 세운 중국의 다른 왕조들과는 건국의 방법부터가 전혀 달랐다.

나라를 세운 다음에는 덕(德)으로 정치를 하였다. 이전 나라 왕이며 왕족을 비롯하여 모든 사람들을 제대로 대우하였다. 항복을 해오는 나라의 왕이며 왕족들에게도 모두 대우를 제대로 하여 주었다. 50여 년 동안에 10여개의 나라가 생겨났다 망했다 한 오대(五代)의 후주(931-960)를 이어받아 북송(960-1127)이 이루어졌지만 북송은 별로 전쟁을 하지 않고 천하를 통일한다. 후주가 망할 때에도 남당

(南唐)·오월(吳越)·후촉(後蜀)·남한(南漢)·북한(北漢)·남평(南平)의 여섯 나라가 남아 있었으나, 네 나라는 태조 때 제대로 싸우지도 않고 모두 항복하여 왔고, 남은 두 나라는 태종(太宗, 976-997 재위)의 태평흥국(太平興國) 3년(978)에 오월 임금이 스스로 항복하여 왔고, 다음 해 태종이 북한을 치려하자 그들도 투항해 와서 천하가 완전히 북송의 것이 된 것이다.

당나라 중엽부터 오대에 이르기까지 여러 지역의 방위와 치안을 맡아온 장수들이 모두 임금 자리를 노리어 나라가 오래 가지 못했음을 감안하여, 태조와 태종은 천하를 통일하면서 지방의 장수들이 갖고 있던 병권(兵權)과 재정권(財政權) 등을 모두 거두어들이어 황제의 권한을 강화하였다. 그리고 중앙과 지방의 관제(官制)를 모두 바꾸고 문관(文官)으로 모든 중요한 벼슬자리를 채웠다. 심지어 나라의 군대를 총괄하는 추밀원(樞密院)의 장관도 문신(文臣)을 임명하였고, 지방의 행정장관인 지주(知州)나 통판(通判)도 모두가 문신으로 바뀌었다.

외국이 무력 도발을 해와도 북송은 그들을 맞아 싸우려 들지 않았다. 북송 동북지역에는 거란족(契丹族)의 요(遼)나라가 강성해서 오대 때부터 중국의 영토인 유주(幽州, 지금의 北京) 지역을 차지하고 있었다. 북송 태종은 북한을 멸하여 천하통일을 이룬 뒤 바로 다음 해(979)에는 요나라가 차지하고 있는 유주 땅을 되찾으려고 포위 공격하였으나 실패하여 큰 손실만을 보았다. 그 뒤로 요나라 군대가 북송을 자주 공격하기 시작하였다. 옹희(雍熙) 3년(986)에는 북송이 동부의 유주를 비롯하여 중부와 서부 세 부분으로 나뉘어 요나라를 공격했으나 결과적으로는 실패였다. 이에 요나라의 형세만이 더 강해졌다. 북송 진종(眞宗, 998-1022 재위)의 경덕(景德) 원년(1004)에는 요나라의 대군이 남침하여 변경(汴京)이 300리 거리인 전주(澶州, 河北省)까지 왔다. 진종도 나가서 약간 상대를 하여 싸우다가 곧 두 나라는 형(북송)과 아우(요) 관계의 화약(和約)을 맺는데, 북송은 해마다 요나라에 은 10만 냥(兩)과 비단 20만 필(匹)을 보내주기로 하고, 두 나라 국경지대에 양쪽 모두 시장을 열어 물건을 서로 바꾸고 팔기로 하였다. 이것이 유명한 '전연지맹(澶淵之盟)'이다. 인종(仁宗, 1023-1063 재위) 때에는 요나라가 유주(幽州)에 군사를 모아놓고 땅을 내놓으라고 요구하자, 북송은 대신 매년 은 10만 냥과 비단 10만 필을 더 보내주기로 하였다. 북송은 요나라에 은과 비단을 보내주며 우호관계를 유지하고 평화롭게 지낼 수가 있었다.

또 청해(靑海)의 강족(羌族)의 일파인 탕구트족(唐古特族)의 서하(西夏) 나라도 북송시대에 들어와 세력을 커져가고 있었다. 북송 인종의 경력(慶歷) 4년(1044)에는 서하가 북송에 군사적인 압박을 쉴 새 없이 가해오자 북송은 서하에도 매년 은 7만2천 냥과 비단 15만 3천필 및 차 3만근을 보내주기로 하고 화약(和約)을 맺어 두 나라는 평화롭게 지내게 되었다. 북송 신종(神宗) 때에 가서는 다시 두 나라는 군사적인 충돌을 시작했으나 철종(哲宗, 1086-1100 재위) 원년에 다시 화의를 맺고 잘 지냈다. 다시 여진족(女眞族)의 금(金, 1115-1234)나라가 일어나 강성해지자 북송은 이들과 손을 잡고 약해진 요나라를 쳐서 잃은 북쪽 땅을 되찾으려고, 북송 휘종(徽宗, 1101-1125 재위) 때 두 번이나 사신을 보내어 그 나라와 화약을 맺고 해마다 요나라에 주던 것과 같은 양의 은과 비단을 보내주기로 한다.

북송의 태도는 비열한 것 같지만 북송이 이들 오랑캐 나라에 주던 재물은 실제 전쟁 비용에 비하면 훨씬 적다고 한다. 북송은 외국과 평화로운 관계를 유지하고, 자기 백성들도 죽게 하는 전쟁을 되도록 피하려 하였던 것이다.

이상과 같은 정책 덕분에 백성들의 생활도 안정되어 농업과 상업 및 수공업 등이 발달하여 도시와 농촌을 막론하고 태평 속에 부유한 생활을 누리게 되었다. 태종을 뒤이은 진종(眞宗)·인종(仁宗)·영종(英宗)·신종(神宗)·철종(哲宗)·휘종(徽宗) 등이 모두 그러한 정치를 한 훌륭한 임금들이었다. 그러나 태평성세를 이룬 사회에서도 사람들의 이해관계는 모두 다르기 때문에 여러 가지 모순이 생기지 않을 수가 없다. 그 모순들이 날로 커져서 신종 때에 와서는 결국 왕안석(王安石, 1021-1086)이라는 대 학자요 문인인 동시에 정치가가 나와 이를 해결하려는 '신법(新法)'을 추진하였다. 평온한 사회에 문제를 일으키는 것이 신법이라고 생각하는 많은 반대자들도 나와 이 신법운동의 문제는 북송이 망할 때까지 여러 가지 복잡한 문제를 일으키게 된다. 왕안석의 신법이 북송 사회에 생겨난 여러 가지 문제를 해결하는데 공헌했다고 할 수는 없지만, 이 신법도 결국은 풍유하고 태평스럽게 잘 살아온 북송사회가 탄생시킨 문제였다고도 할 수 있다.

이상은 제1장으로부터 제7장에 이르는 부분의 내용을 요약한 것이다. '제8장 도학(道學)의 발전'과 '제9장 북송 문학의 발전'은 그 중에서도 가장 중요하다고 여겨지는 학술과 문학의 발전을 보다 상세하게 서술하기 위하여 마련한 것이다. '도학의 발전'을 통하여는 북송 이후 중국의 학술과 사상을 이끌어온 유학(儒學)이 달라진 원인을 파악할 수 있었을 것이다. 그리고 북송시대 시와 고문 사의 발전의 서술을 통하여 중국의 전통문학이 북송 때 최고조로 발전하였던 사실을 확인하였을 것으로 믿는다.

끝머리 '제10장 북송 민간연예의 발전'에서는 중국에서 전통적으로 경시하여 온 민간연예도 북송시대에 이르러 굉장히 발전한 사실을 자세히 설명하려고 하였다. 한편 북송 민간연예의 발전은 그 시대 낮은 백성들도 평화로운 분위기 속에 비교적 부유하고 여유 있게 잘 살았고, 민간에도 지식이 상당히 보급되었음을 방증하는 것이라 할 수도 있다.

이상 논술한 모든 사항을 종합하여 볼 때, 북송이란 왕조는 중국 사람들이 꿈꾸던 정치 이상에 가장 가까이 다가갔던 시대라고 할 수 있다. 곧 북송은 중국역사상 나라를 가장 잘 다스리어 백성들이 평화롭게 부를 누리며 잘 살았고, 중국의 학술문화와 문학도 최고 수준으로 발전하였던 시대임이 증명되었을 것이다.

김학주

서울대학교 문리대 중문과 졸업
대만대학교 중문연구소(문학석사)
미국 Princeton대학에서 중문학 연구
서울대학교 대학원 문학박사
서울대학교 중문과 교수 역임
서울대학교 명예교수, 대한민국학술원 회원

저서

「중국문학사」, 「중국문학개론」, 「중국문학의 이해」
「漢代의 文人과 詩」, 「樂府詩選」, 「陶淵明시선」 외 다수

중국의 북송시대

1판 1쇄 발행 _ 2018년 1월 20일

저 자 · 김 학 주
발행인 · 정 현 걸
발 행 · 신 아 사
인 쇄 · 토탈프로세스
주 소 · 서울특별시 은평구 통일로 59길 4 (2층)
전 화 · (02) 382-6411 **팩스** · (02) 382-6401
홈페이지 · www.shinasa.co.kr
E-mail · shinasa@daum.net
출판등록 · 1956년 1월 5일(제9-52호)

ISBN: 978-89-8396-249-2(93820)

정가 *15,000* 원